《中国名人大传》
ZHONGGUO MINGREN DAZHUAN

# 康有为传

黄 晶◎著

北京联合出版公司
Beijing United Publishing Co.,Ltd.

**图书在版编目(CIP)数据**

康有为传/黄晶编著．—北京:北京联合出版公司,2013.11(2022.1重印)

(中国名人大传/马道宗主编)

ISBN 978－7－5502－2155－0

Ⅰ.①康… Ⅱ.①黄… Ⅲ.①康有为(1858～1927)

Ⅳ.①B258.5

中国版本图书馆 CIP 数据核字(2013)第 253191 号

# 康有为传

编　著:黄　晶

版式设计:东方视点

北京联合出版公司出版

(北京市西城区德外大街 83 号楼 9 层　100088)

北京一鑫印务有限责任公司印刷　新华书店经销

字数 230 千字　710 毫米×1000 毫米　1/16　15 印张

2013 年 11 月第 1 版　2022 年 1 月第 3 次印刷

ISBN 978－7－5502－2155－0

定价: 49.80 元

# 前 言

康有为（1858—1927 年），原名祖诒，字广厦，号长素，广东南海人，清末资产阶级改良派领袖，后为保皇派首领。6 岁跟简凤仪学传统儒学，后又跟朱次琦学习，接受其"济人经世，不为无用之空谈高论"的思想。康有为受其影响，感到"日埋古纸堆中，汩其灵明，因弃之"，遂"静坐养心"。

国家的危亡，现实的刺激，使他怀疑起旧学来。

1879 年，康有为接触到西方资本主义思想和当时的改良思潮。光绪八年（1882 年），康有为到顺天参加乡试，"道经上海之繁盛，益知西人治术之有本。舟车行路，大购西书以归讲求"。他从此开始跳出八股制艺的桎梏，把目光转向西方世界。

1886 年，康有为撰《教学通议》，主张"言教通治""言古切今"，尊周公，崇《周礼》，试图将古今中西的思想糅合起来，改良政治。1888 年 10 月，鉴于中法战争后"国势日蹙"，形势险恶，康有为第一次向光绪帝上书，指出"倭伺吉林于东，英启藏卫而窥川滇于西，俄筑铁路于北而迫盛京，法煽乱民于南以取滇粤"，提出"变成法、通下情、慎左右"的政治主张。1891 年，康有为在长兴讲学时，在弟子的帮助下，刊行了《新学伪经考》，并开始为《孔子改制考》的编纂作准备。1895 年，《马关条约》签订后，举国震惊，康有为于 5 月 2 日将在北京会试的一千三百余名举人联合起来发动了"公车上书"。

1897 年胶州湾被德国强占，俄国强租旅大，帝国主义瓜分中国的危机日深。康又急忙赶到北京，上书光绪帝，要求"采法俄、日以定国是，大集群才而谋变政，听任疆臣各自变法"，还向光绪帝提出这样的警告：不变法即将亡国。

1898 年 4 月，康有为在北京成立保国会，宗旨为"保国、保种、保教"。根据翁同龢、徐致靖、杨深秀等人建议，6 月 11 日光绪帝下诏明定国是，宣布变法。6 月 16 日光绪帝召见康有为，非常赏识他。康又呈上所撰《俄大彼得变法考》《日本变政考》等。在维新变法期间，康有为递上奏折，草拟诏令，对政

治、经济、军事、文教等方面提出改革建议，与谭嗣同等倾力筹划新政，期望按照西方资本主义国家的模式改变中国的国家制度和社会制度，挽救民族危亡。然而维新运动触动了以慈禧太后为首的保守政治势力的利益，遭到了他们的顽固抵制。9月21日，慈禧太后发动政变，捕杀维新派，康有为被迫流亡海外。1899年7月，与李福基等人在加拿大创设保夏会。

1900年发生义和团运动，他提出"助外人攻团匪以救上"的主张，策动康才常等人主持的自立军勤王，以救光绪皇帝，但由于自立军宗旨模糊，没有经费，旋即失败。康有为再无作为。

1907年，保皇会被改为国民宪政会（后正式定为"帝国宪政会"），成为对清政府实施宪政起推动作用的政治团体。辛亥革命后，康仍以为"共和政体不能行于中国"，宣扬"虚君共和"。1913年回国，在上海主编《不忍》杂志，发表言论反对共和、保存国粹，并任孔教会会长。1917年参与张勋复辟事件，迅速失败。康有为晚年在上海办天游学院，讲授国学。1927年3月8日，康有为70大寿，溥仪"赐寿"，31日，病逝于青岛。

康有为一生著作颇丰，蒋贵麟将他的著作编辑成《康南海先生遗著汇刊》《万木草堂遗稿》《万木草堂遗稿外编》等。

在当时中华民族处于亡国灭种的生死关头，康有为发起维新变法，并为救国救民寻求出路，流亡海外十数载。尽管由于其方法不对，没有改变中国当时的状况，但仍不失为一个伟大的资产阶级改良派的领袖。

# 目 录

Contents

# 第一章 故乡·家世·成长

## 一、人杰地灵

近代中国资产阶级维新运动的领袖康有为，1858 年 3 月 19 日，诞生于广东省南海县银塘乡敦仁里的延香老屋。

康有为的故乡南海县，是中国历史最悠久的县份之一。它位于美丽富饶的珠江三角洲的中南部，毗邻广州，环绕佛山，早在周朝末年春秋时期南海之名就出现了。据《羊城古钞》卷七《古迹》记载："及越灭吴，遂有南海，其后为楚所灭，越王子孙自皋乡入始兴，有鼻天子城，令公师隅修吴故南武城，既不果往，而赵佗遂都之。"

南海正式定为郡县始于秦朝。公元前 221 年秦始皇统一中国之际，派大将王翦平定南越，为了加强对中国南方地区的统治，秦王朝在岭南地区设置了南越三郡，即象郡、桂林、南海。

不久，越人起来反抗秦朝统治，秦始皇又于公元前 214 年，派任嚣、赵佗南下平定越人反抗。《史记索隐》记载："三十三年，复遣任嚣、赵佗定南越，以嚣为南海郡尉。"任嚣进入番禺之前，驻扎在泷口。明代黄佐《广东通志》记述说："秦南海尉署，始于任嚣，居泷口西岸万人城。"泷口，即今浈阳峡附近，至今其地还有关于万人城的古老传说。

在中国封建社会开头的兴盛年代，大批人口从中原地区迁至岭南，使这个地区的经济和文化得到了迅速的发展。到了公元 590 年，隋文帝设置了南海县，一度设县城于广州，后迁至佛山，相沿至今，已有一千四百多年的历史了。

南海县紧临广州城的西面，"东接白云山，西接三水大尧山、石牛山、凤起山，北接花县横山头、文旒岭、象岭、花岭，南接海目山"。南海县确是个物华天宝、人杰地灵的好地方。它不只历史悠久，而且景色秀丽，物产丰富，有着勤劳勇敢而又聪明智慧的劳动人民。

南海县由于背靠广东省会，濒临珠江口，所以交通便利，与外界联系密切，

在近代西方文明的冲击下，比较早地受到了西方资本主义经济和文化的影响。这里的人们最早意识到了时代发展的趋势不是维新就是革命。所以在这片古老的土地上不仅孕育了中国近代杰出的政治家、思想家康有为，而且产生了中国历史上第一个铁路工程师——詹天佑。著名的民主主义革命家何香凝的出生地虽然在香港，但祖籍也是在南海。

放眼南海，在广州方圆三百里的热土上，产生了维新运动的领袖康有为、梁启超，近代中国农民革命的领袖洪秀全、洪仁玕，资产阶级革命的领袖孙中山等伟大人物。这种历史现象绝非偶然。每当中华民族灾难深重，整个社会处于大动荡、大变革之际，必然有许多有识之士，为了挽救民族的危亡，建功立业，维新革命，写下了光辉的历史篇章，立下了不世之功，推动了社会历史的发展。所以，这个时期必然人才辈出，各领风骚。洪秀全、洪仁玕、康有为、梁启超、孙中山和廖仲恺，他们都是在中国共产党诞生前，向西方寻求救国救民真理的旧民主主义革命的先行者。

广东有句谚语说："桂林山水甲天下，南粤名山数二樵。"所谓"二樵"，就是指博罗县的东樵山和南海县的西樵山。东樵山雄伟壮丽，西樵山秀美清幽，康有为等人曾慕名在西樵山的"三湖书院"读书讲学。现在人们为了纪念康有为，在三湖书院旧址辟有"康有为先生读书处"，游人至此，无不触景生情，浮想联翩。

银塘乡又名苏村，属于南海县的伏隆堡，《南海县志》介绍当时的行政区划说，伏隆堡在省城西面，距省城一百一十里，堡内一共有十四个村。

据康有为自述说，南海康氏的始祖康建元，在宋朝末年自庾岭山脉中的南雄县珠玑里，迁到南海县银塘乡。康氏家族第十九代孙康国器，即康有为的叔祖父，因镇压太平天国运动有功，受清政府赏识，官至护理广西巡抚。

康国器晚年回到故乡，耗巨资建大宗祠，修新园林，周围环以水塘，水塘中间修建了亭台楼阁，并在澹如楼和二万卷书楼中藏有大量图书。两座书楼相对，碧水如镜，花木繁茂，长有七株数百年树龄的古桧，临以精室曰"七松轩"，导以飞桥为"虹蝠台"。亭、台、楼、阁，错落有致，典籍盈室，松涛有声，成为南海盛极一时的园林。康有为在叙事诗《澹如楼读书》中记其事说："楼在西樵山北银塘乡七桧园，先叔祖友之公自桂抚归休所筑，藏书数万卷，吾少读书于此十余年，七桧为数百年物矣。"这是康有为用笔写下的真实记录。

青少年时代的康有为，常常在晴朗的夏天，带领弟弟有博，把卷帙浩繁的书籍全部搬到台阶前一棵梅树下，点燃一炷线香，在香烟袅袅中，他们小心地把书籍摊开来晾晒，以去潮驱虫，使典籍保存长久不坏。康有为后来特意写下一首七绝《延香老屋率幼博弟曝书》：

百年旧宅剩楹书，旧史曾伤付蠹鱼。

一树梅花清影下，焚香晒帙午晴初。

康有为诞生在延香老屋，但读书学习却是在藏书丰富的澹如楼，在他的诗作中，有好几首诗对这段时期的生活作了描述。

康有为后来长期从事教育工作，并发动和领导了激荡神州的戊戌维新变法运动，成为中国近代史上的风云人物。人们按照传统的习俗，把他和故乡联在一起，尊称他为"康南海"或者"南海先生"，给他以特殊的荣誉。这当然不仅仅是康有为个人的殊荣，也是人杰地灵、人才辈出的南海县的荣誉。

自从戊戌维新运动失败以后，清政府查抄了康有为的家产，还掘了他家的祖坟，世事风云变幻，自然沧桑变迁，转眼之间，已过去一个世纪了。当年因澹如楼及由七株古桧树而在南海赫赫有名的康氏园林早已不复存在了，留给人们的只有一些淡淡的回忆和无限的惆怅。1983 年，南海县人民政府拨款重建康有为故居，并于当年 7 月竣工。

康有为故居坐落在苏村延香老屋旧基上，占地九十八平方米。在乡间与康有为最亲近的，至今唯一在世的只有康有为的堂侄孙康保基了。康保基已年过古稀，一直在家乡务农，虽然他一直没有见过康有为，但在少年时代曾跟着祖母一起住在延香老屋里，现在这座延香老屋就是根据他的回忆重建的。重建时，除保留原来的老屋风貌外，还增设了文物陈列室，陈列着一些康有为从少年时代至戊戌维新时期的照片和历史文物。

经过整修的康有为故居，是一幢在珠江三角洲上随处可见的青砖"镬耳屋"。方方正正，布局严谨，进门穿过小廊，内有"门官""土地"，然后是天井，与天井正对的是大厅，一盏大油灯高高地吊在门中央。出厅门举目一望，只见小小的天井对面有高高的院墙，四个红色大字"一官赐福"竖直嵌在墙上。在阳光照射下，四个字油光发亮，似乎在告诉人们，永远不断地向康氏家族无偿地恩赐福气。天井的另一边是厨房，是康家煮饭烹饪的地方，老屋前面有一眼水井，井口是由整块方石凿成的，俯视井底，水非常深，只见人影，不见其底。

延香老屋外的场地上、池塘边有一对"旗杆夹"，那是康有为在 1895 年赴京师会试，中进士后用麻石雕制而成的，对康有为于 1895 年参加北京会试的有关史料作了简单介绍。

还有一对精工雕琢的石狮子，不料在"文化大革命"期间，被投进村前的池塘里，在水底待了十余年之久，修复故居时才被重新打捞起来，得以重见天日，这也是不幸中的一件幸事。

继重建康有为故居后，南海县人民政府不久又决定在康有为的故居旁，兴建一座规模宏大的康有为纪念馆，以纪念这位戊戌维新运动中风云一时的领袖人物。康有为纪念馆分为五个区，占地 17,000 平方米，与延香老屋以及澹如楼隔池相望，新铸的康有为全身铜立像耸立在鲜花和绿荫之中。这里已成为归国旅游观光的爱国华侨和国内人民重温中国近代史的重要基地，也是为纪念在中国近代史上作出杰出贡献的先驱者而建的纪念堂。

# 二、出身名门

1858 年 3 月 19 日，康有为降生在康氏老屋中。他的出生给其父亲带来了莫大的喜悦。因为他的诞生，康氏的香火可以延续了。康有为的父亲康达初，字植谋，号少农，又名致祥，曾拜声名显赫的粤中大儒朱次琦为师，他"聪敏仁孝"，"勤学负大志"，后来官至江西知县。可惜康达初体弱多病，在康有为年仅 11 岁时就离开了人世。在整个康氏家族中，对康有为影响最大的应该是他的叔祖父康国器。康国器字交修，号友之，官至护理广西巡抚。1847 年出任江西赣县巡检。当太平天国革命运动蓬勃发展进军江西之时，康国器配合左宗棠领导的军队转战于浙西、福建，后来又进入广东剿杀太平军，为清王朝立下了汗马功劳。康有为对此也曾扬扬自得地吹嘘过："友之中丞公克复浙闽，兵事大定，以新授闽桌假，诸父咸从凯旋。于是门中以从军起家者甚众。阿大中郎胡羯末，父龙兄虎，左文右武，号称至盛。土木之工，游宴之事，棋咏之乐，孺子嬉戏其间，诸父爱其聪明，多获从焉。"由于康国器战功显赫，很受左宗棠的赏识，"许为入粤战功第一"。1884 年，双手沾满太平军鲜血的康国器死于南海西樵。左宗棠曾高度评价过他："综其平生，大小百战，克复坚城十余处。历任江、浙、闽、粤，廉正朴诚，无所缘附。"他请求朝廷破格"照军营积劳病故例议恤，并将事迹宣付史馆立传"。

康有为的成长一方面与康氏世代为官的家族有密不可分的联系，另一方面，康有为的母亲劳莲枝的言传身教也影响了他。康有为的母亲出身于官僚地主家庭，她的父亲劳以迪曾是候选知府，"才局干练，有名于时"。曾修广东贡院，办科场，还在乡里设立书院。因此，可以说康有为的母亲也是书香门第出身。她自然成了康有为的第一个启蒙老师。

康氏家族有一位人物名叫康国熹，也就是康有为的伯祖父，又名懿修，号种之，对康有为也产生了很大的影响。康国熹曾把附近乡镇的团练联合起来，办成"同人局"。这是一支规模庞大的地主武装，在维护地方治安，镇压农民革命方面起到了极其重要的作用。所谓"局中地十余里,三十二乡,人丁五万"。可见其规模不小。

康氏家族入仕途的人非常之多,正所谓"从戎仕宦,朱紫盈门"。根据《康氏家庙碑》记载,从19至21世纪,入朝做官的竟有三十一人,所以其家境何等兴旺可想而知。康氏家族经代代积累,藏书很多。大量的藏书,优美的学习环境,浓厚的学术氛围,为康有为的成长提供了很好的条件,也为以后成为维新变法的领袖奠定了坚实基础。

康氏家族是个封建官僚大家族,既有文官,也有武将,整个家族大多是些能文善武之人。

康有为的降生给其父带来了无比的喜悦。为什么这么说呢?原来事情是这样的。康有为的母亲在生下他之前已生了两个女孩儿,自从她怀上第三胎,康家的人都在为她祈祷,盼望她能生下一个男孩,这样可使康氏香火延续下去。尤其是康有为的祖父母盼孙心切。一个男婴天遂人愿地降生在康氏老屋里。婴儿的父亲康达初立刻写信给远在广西钦州做官的婴儿祖父康赞修,并请求他为婴儿起个名字。康赞修闻此喜讯,高兴得彻夜难眠。当时按康氏家族家谱,婴儿应是"有"字辈。因为当时康赞修正在钦州上任,为了纪念他在钦州任上喜得长孙,所以为孙儿起名为"有钦"。钦州在广东省最西端(今属广东省钦州市),距银塘乡有一千多里,况且当时的交通非常不方便,只有靠驿站传递书信。即使送信之人快马加鞭也是非常慢的,所以康氏家族的人迟迟未收到回信。他们都急切地盼望着尽快给这个宝贝儿子起个名字。在这种情况下,大伯祖父康学修便给他起了个名字叫"有为"。

梦寐以求的夙愿终于实现了,康赞修自然是喜上眉梢,但他又想到辞世不久的老伴,她是带着盼望长孙的深深遗憾离去的。想到这里,他不禁百感交集,当即写下一首七律诗《闻长孙有钦生》:

> 久切孙谋望眼穿,震雷未发巽风先。
> 漫将璋瓦猜三索,忽报桑弧画一乾。
> 画省孤灯官独冷,书香再世汝应延。
> 可怜大母含朝露,空话饴慰九泉。

诗中的字里行间流露出对孙儿的期望和对九泉之下老伴的告慰。"书香再世汝应延",表达了他期望孙儿能使康氏家族世代书香门第的家风继续延续下去。为此,康赞修特意把由曾祖父传下来又是康有为出生地的老屋命名为"延香老屋"。

康氏家族世代都是书香门第，家中拥有大量的藏书，这一切为康有为的成长奠定了良好的基础。据记载，康有为"四龄已有知识，五龄能背诵唐诗数百首。诸父以予颇敏，多提携教诵唐人诗，从伯父教谕彝仲公，尤爱而教之。于时能诵唐诗数百首，连州公见而喜，外祖父闽公极爱之，期以将来大器矣"。康氏家族期望着这个"延香老屋"的宠儿能早日成才，光宗耀祖。

# 三、少年成长

康有为出生在封建社会的末期，当时中国正面临资本主义列强的侵略。但他出生在一个官僚簪缨世家，在中国算是标准的书香门第，当他还在襁褓中时，家里人就抱着他看画识字，从有记忆起，就耳濡目染受着封建文化的熏陶。

叔伯们见他聪敏活泼，勤学好问，见面总要教他咿咿呀呀地吟诵几首唐诗，久而久之，竟能背诵几百首。他记忆力极强，同龄儿童无法与之相比。祖父康赞修和外祖父劳以迪两位老先生见此情景非常高兴，都把年仅五岁的康有为视为掌上明珠，盼望他早日长大成为国家的栋梁和救世的良才。

康有为从六岁开始，跟随启蒙老师番禺简凤仪先生读《大学》《中庸》《论语》，以及朱注《孝经》，在康有为充满天真、童稚的脑海里，灌输的全是儒家的经典。读书之余，父辈们常以对对子的方式，试试他的才气，叔伯们出上句"柳成絮"，小家伙应声对以"鱼化龙"。这出语不凡的清脆童声，简直像佛语纶音的冲击波，使父辈们备感震惊，激动的热泪模糊了他们的眼睛。伯父康达棻连忙拿出上好的纸和笔，对小有为予以奖励，捋着胡须笑哈哈地说："此子终非池中之物也。"

除简凤仪外，康有为还有几位启蒙先生，如陈鹤侨、梁健修、陈萐生、杨学华、张公辅和吕拔湖诸先生，他们都按照封建正统教育的规范，严格督促康有为尊孔读经，学作八股文章，以便日后能应举子之业。虽然康有为天资聪颖，过目成诵，"十一龄能文，十二览传记"，被视为神童，然而，自古神童多寂寞。康有为自幼讨厌八股制艺，喜欢博览群书，好写那意气风发、豪迈跌宕的诗文，尤其酷爱阅读经说、史学、考据等方面的书。因此，虽然他从十四岁开始参加童子试，但常常是文不对题，又不善于作陈腐的八股文体，故而是每每名落孙山。

当然，少年康有为最快乐的时候，还是跟着祖父康赞修在连州学署官舍读书游览。康赞修笃守程朱之学，纯德行，重器识，敦行谊，而薄浮华，为岭南之元夫醇儒和诲人不倦的导师，被尊称为"连州公"，是对少年康有为影响最大的人物。

康有为从八岁开始，就经常在祖父身边读书诵经，在他的精心指导下，康有为接受着严格的封建正统教育，核心内容是封建伦理道德，在康有为幼小的心灵中，深深扎下了以"三纲五常"为核心内容的封建伦理道德的根。

那时，康赞修在广府学宫孝悌祠设堂授徒，专讲程朱理学，不久到南海学宫志局中主修《南海县志》。不管祖父走到哪儿，康有为都一直跟着他受经诵书。虽然他小小年纪，可每次能读两篇，读几遍就能够非常流利地背下来，颇有些过目成诵的本领，令各位长老吃惊不小。

康赞修生性喜好游览，每当春秋佳节，风和日丽之时，总是带上康有为兴致勃勃地登上镇海楼仰视俯瞰，赴五羊观谈古论今，进蒲涧寺礼佛赏花。康赞修就地取材，指点形胜，授以诗文，教以道义，康有为因此知识大为增长，视野大为开阔。后来康有为一生游览成癖，也许就是深受这位"连州公"的影响吧。

在康有为父亲康达初去世后，十一岁的康有为就随祖父住在连州官舍里，由康赞修亲自执教，康有为后来回忆说："连州公日夜摩导以先儒高义、文学条理，始览《纲鉴》而知古今，次观《大清会典》《东华录》而知掌故，遂读《明史》《三国志》。"在他十二岁时，有一天，他跟着祖父登连州城北的纪念刘梦得的画不如楼，俯视城外，万松连云；放眼远眺，青山耸立，祖国的大好河山真使人心旷神怡。他神采飞扬，意气风发，写下了一首意味深长的七绝小诗：

> 万松乱石著仙居，绝好青山画不如。
> 我爱登楼最高处，日看云气夜看书。

从这明快、淡雅、气势非凡的诗句，我们可以看出康有为幼小的心灵里升腾起的一股对祖国无限的深深眷恋之情。

祖父意味深长地给他讲了一个关于画不如楼的故事：这刘梦得就是唐朝著名的文学家和哲学家刘禹锡（772—842年），梦得是他的字，洛阳人，祖籍中山（今河北定县），贞元进士，官至监察御史。唐顺宗年间，因与翰林学士王叔文、监察御史柳宗元等提倡政治改革，失败后被贬播州（今贵州遵义县境），柳宗元被贬到柳州（今广西壮族自治区柳江县）。刘、柳二人交情很深，柳宗元看到刘禹锡有老母在堂，哭着要以条件较好的柳州与刘禹锡的谪地、气候恶劣的播州交换，表示纵然再一次获罪，也无怨无悔。唐宪宗因此就让刘禹锡改任连州刺使。

康赞修对古人这种笃于友谊的风范大加称赞，而对当时世俗之交情薄如纸，感喟唏嘘；对那些献媚权贵，乘人之危的势利小人，则更认为他们连禽兽也不如。听了这感人的故事，康有为情不自禁地频频回首望着那座画不如楼，似乎感觉那凌空挺拔的楼宇，正代表了古人那纯真高尚的友谊。

少年康有为朝气蓬勃，神锋开豁，聪敏好学，每天不知疲倦地攻读文史典籍。东方刚泛白，康有为就已在桌旁端坐琅琅读书，在知识的海洋里遨游了；不觉太阳西下，室内渐渐暗淡下来，康有为急忙捧着书本走出房门，倚在屋檐下的廊柱上，借着落日的余晖又读了起来，连那灿烂的晚霞他都忘记了欣赏。正是在这清亮的读书声中，康有为朝迎晨曦，暮送晚霞，度过了无数个令人难忘的日日夜夜。

到了晚上，他又点起了灯烛，埋头攻读。一卷在手，全神贯注，捧读揣摩，全无倦意，直到夜深人静，整个州城都进入梦乡。祖父见他这样用功很高兴，可也心疼小孙子，命他掩卷入睡。但是，康有为一部书不读完决不罢休，就躲到帐子里，点上一盏小篝灯（把灯放在小竹笼里），就着微弱的灯光，津津有味地读下去，一直到深夜。

一天，康有为读了《明史·袁督师传》，见袁崇焕这位威震一方的明末大将，修筑关外重镇宁远城时，登长城察看形势，筹划边防，向崇祯皇帝提出了五年破后金的建议，不禁为袁崇焕的凌云壮志所感染，抚掌低徊思慕其为人。祖父康赞修也在一旁满怀遗憾地评论道："这是因为清室太宗忌怕他的才能，在皇上面前挑拨而把他除掉了。"康有为认为这位炮伤努尔哈赤，取得"宁远大捷"的东莞乡亲，雄才大略，忠烈武棱，真有鲁阳挥戈的英雄气概。他想："假若间不行而能尽其才，明或不亡延命至今也。"

在连州州学官舍附近有宋代张南轩先生濯缨堂、敬一亭的遗址。康赞修在公事之余，常带着心爱的长孙康有为到那儿游览，谈古论今，谈话的内容大多是"圣贤之学，先正之风，凡两庑之贤哲，寺观之祖，儒流之大贤，以若碑帖诗文中才名之士，皆随时指告"。

康有为在连州官舍里看到了清政府频频发到各地官署的《邸报》，这使他眼界大开。他正是从这上面渐渐知道了朝廷里的政事，初识了曾国藩、骆秉章、左宗棠等人的事业。少年康有为从连州官舍的窗口，似乎看到了风云突变的天下大势，"而慷慨有远志矣"。

由于康有为从小就接受了一整套的封建正统教育，又经常得到祖辈、父辈的耳提面命，其性情自然是非常虔诚，成年之时，便有志于圣贤之学，成天开口闭口不离"圣人圣人"的，其名又叫"有为"，乡亲们觉得他挺有意思，便送给他一个半是期许半是揶揄的外号"圣人为"。

1870年，康赞修被调到省城广州，康有为跟随祖父从连州乘船赴广州。他们由涟江口驶入碧波荡漾的北江。当时正值初秋，江水泱泱，稻花飘香，一派丰收景象。他立于船头，远处浓黛的青山，近处蔚蓝的江水一一向后退去。他尽情领略着祖国岭南秀丽的山光水色，似乎感到自己就像这时张满风帆的轻舟，有朝一日定要乘长风破万里浪，为祖国和人民干出一番事业来。当他跟着祖父在广州上岸时，都市的一片繁华喧闹的景象，又使他大为惊奇，这里的一切深深地吸引了他。

广州城在当时是岭南的文化中心，这里书院林立，名士荟萃。不久，康赞修被任命为羊城书院监院。康有为常随着祖父到处寻师访友，穿梭于士林之间，如饥似渴地博览群书，不管是学问还是社会阅历都大有长进。但他对八股文尤其厌恶。名为学文，绝不一作，这招致了祖父和叔伯们的责骂，于是他只好去学习写作八股制艺。

1873年底，康有为参加了社学考试，他才思敏捷，一天之内写出了六篇八股文，考官在一百多篇密封的试卷中，取中十五篇，没想到他写的六篇文章竟全被选中，而前三名的试卷也都是他的。从此康有为的文采不胫而走，在当地也成了颇有名气的才子。

康有为因为长期受其祖父品学处世的熏陶，又有共同的爱好情趣，所以对祖父感情特别深。1877年，康赞修正在连州训导任上，恰巧当地发生水灾，老先生不顾年迈，亲临水灾现场，指导救灾，不幸浪涛汹涌，墙倾舟覆，落水身亡，时年七十一岁。失去慈祥博学的祖父，康有为在感情上经历了一次很大的打击。直到三十多年后，他在为其祖父的遗集作序时，仍然满怀深情地写道："有为自髫卯含识，即侍先祖连州府君，几席衽趾，杖履游观，无不从焉。垂及冠年，日闻其贤哲之大义微言，日德古豪杰之壮节高行，浸之饫之，泳之游之，皆连州府君之庭训也。"

康有为喜好读书，他回到银塘乡，住进七桧园，从澹如楼及二万卷书楼里搬出一卷一卷的书，在百年古桧下，他或者坐着，或者躺着看书，放声朗读时也是康有为陶醉其中的时刻。康有为的叔叔伯伯们个个知识都很渊博，不仅细心指导康有为读书，而且与他谈诗论文，相互作答。康有为有一首七绝《题七才会园唱和集》，其中描绘了他们气氛浓郁的读书生活，情趣盎然，简直是一幅读书行乐图。

> 七桧荒僵几百年，倚台临水饱风烟。
> 读书桧下收残叶，煮茗谈诗月上天。

康有为读书非常刻苦，据说他每天读书以寸计。夜晚读书困了，便登楼远望银河星群，仰望奥妙的太空，以观天象。"圣人为"手不释卷，废寝忘食，常常在七桧园里边走边看书，或者是摇头晃脑地背诵诗文，由于他全神贯注，忘记了一切，一不留神，就碰到树干上了。所以乡亲们又亲昵地称他"戆康"。

"戆康"一点也不戆。他们康家虽是名门，官运亨通，但人丁并不是很旺，当地有这样一句传言："糠（康）无百粒米。"意思就是指康家男丁少，又跟村中几族大姓不能和睦相处。少年时代的康有为颇明事理，经常劝导家人，不能"以邻为壑"，跟同村异姓争斗更是不明智的举动。他常说："有千年大族，无百岁功名。"意思是劝家人不要恃着有功名就瞧不起别的大家族，同村人要友好相处。

康有为少年时曾就读于西樵山三湖书院，在白云洞旁，在天池边，在柳堤上，他常跟人争论佛、儒、道等学术上的问题，人们认为他有点"拗劲"，因此又送他一个外号叫"拗康"。

1874 年，康有为正值十七岁，在康家的万卷藏书中，第一次看到了《海国图志》《瀛环志略》和地球图，还读到了利玛窦、艾儒略、徐光启等人翻译的西洋书。虽然他对这些外国历史地理知识的了解是很粗浅的，但站在七棵古老的参天桧树下放眼望去，他又似乎看到了世界各国的一些形胜和风俗，明白了地球的生成与运转的道理，视野一下开阔多了。但是，诚如他自己所说："当是时窥书甚多，见闻杂博而无师承门径。唯好凭学而妄行，东捃西撵，苦无向导也。"

聪敏好学，心志高远的康有为这时迫切需要名师的指点。

# 第二章　青年时期

## 一、拜师九江

1876 年，康有为已十九岁，即将跨入弱冠之年。然而康有为以荫生应乡试，却因不善作八股文而落榜。他对自己科场失意，学业无成感到非常焦虑和难过，于是他下决心求名师指导，发愤苦读几年。这时候，他想到了祖父康赞修的好朋友、父亲康达初的老师朱次琦。他在离银塘乡不远的九江镇礼山草堂办学多年，师从他的人很多，在方圆几十里内颇有名气。康有为便到朱次琦那里拜师求学，终于找到了他终生难忘的旧学导师。

朱次琦（1807—1881 年），字子襄，号雅圭，广东南海县九江人，所以人们又称他为朱九江先生。道光进士。咸丰初年，朱次琦曾担任过山西省襄陵知县，但在任仅一百九十天就辞去官职隐归故里了。关于他辞官的原因说法不一，有人说他是不熟悉官场之事，有人说他怀才不遇。康有为说："先生令山西襄陵百九十日，政化大行，以巡抚某为亲王嬖人，拂衣归，讲学于其九江乡礼山草堂，垂三十年。"我们认为当时清朝末年政治腐败，官场黑暗，而朱九江又是一个才德俱佳之人，"先生硕德高行，博览群书，其品诣学术，在涑水东莱之间，与国朝亭林、船山为近，而德器过之"。所以他不可能与贪官污吏同流合污。正如他自己所说："君子立身行事，当昭昭日月之明，离离若星辰之行，微特较然不欺其志而已，安能随波靡，犯笑侮，招逆亿，以察察之躬，为当世所指目耶？"正因为他已看透了官场之事，所以他在初赴任时就预备好了回家的旅费，以便离职南归时，不带走山西的一文钱。没想到朱次琦南归时，一路上兵荒马乱，又生病，到江西赣州时，钱已全部花光，只好把毛裘典当了才回到广东老家。在清朝末年，吏治腐败，贪污成风，"三年清知府，十万雪花银"，是对当时官场贪污风气的真实写照，像朱次琦这样两袖清风的知县，比今天的范匡夫可难找多了。

从 1858 年起，朱次琦在九江礼山草堂执教二十余年，不再出山做官，讲学终老。他是一个不满足于科举功名而力求对历史作出贡献的杰出学者。

朱次琦是一位理学大师，其治学以程朱理学为主，但也间采陆王，治经则扫除治宋门户，而主张以孔子为宗。他认为读经的目的在于"济人经世"，这种观点与今文经学的主张比较接近。他推崇清初汉族爱国志士顾炎武和王夫之的儒家学说，对当时充斥社会的浮华和罪恶表示强烈不满，并常常加以抨击。朱次琦的文章道德很投康有为的志趣，使他有如鱼得水、如鸟入林的感觉："于时捧手受教，乃如旅人之得宿，盲者之睹明，乃洗心绝欲，一意皈依，以圣贤为必可期，以群书为三十岁前必可尽读，以一身为必能有立，以天下为必可为。从此谢绝科举之文，土芥富贵之事，超然立于群伦之表，与古贤豪君子为群，信乎大贤之能起人也。"从这段立意高远的记述中，可以看出康有为拜朱次琦为师这件事。

朱次琦主要以"四行五学"的内容作为教学的宗旨。四行即指：敦行孝悌、崇尚名节、变化气质、检摄威仪。五学即指：经学、文学、掌故之学、性理之学、词章之学。朱次琦的"四行五学"教育思想，实际上包括了封建主义教育的德育和智育两个方面。而且，他非常注意身体力行，成为学生的表率。康有为说："先生动止有法，进退有度，博闻强记，每议一事，论一学，贯串今古，能举其词，发先圣大道之本，举修己爱人之义，扫去汉宋之门户，而归宗于孔子。"

朱次琦的学术思想和治学方法，以及治学态度都对康有为产生了很大的影响。从此以后，康有为便洗心绝欲，一意皈依，立志在三十岁以前读完群书，做一个圣贤人物，以天下为己任，卓立于大地群伦之间。

康有为刚进礼山草堂时，朱次琦为了考查他的学业水平，便出了一试题：《五代史史裁论》。康有为仿效《史通》的体裁，博考群书，竟然洋洋洒洒地写出了二十几页。朱次琦看了很高兴，称赞此文"赅博雅洽"。这件事极大地鼓舞了康有为，使他认识到著书立说并不是高不可攀的事情。

在礼山草堂，他每天天不亮就起床，到深夜才睡觉，刻苦攻读，对孔子时代的历史、文学、哲学，特别是先秦诸子的哲学进行了一番系统的研究，博览了唐代和唐代以前的诗文。1878 年，他用整整一年的时间，对中国哲学家、经济学家及古代思想家庄子、荀子、管子、韩非子的著作作了专门探讨。据他自己说，这一年"大肆力于群书，攻周礼仪礼尔雅说文水经之学，楚辞汉书文选杜诗徐庾文，皆能背诵"。兼综并鹜，学业日进。

他除读书外还喜欢发表评论，经常与同学简朝亮、胡景棠在一起讨论各种问题。康有为很会融会贯通，过去积累的杂博之学，被他广征博引，居然是得心应手，颇有说服力。加之他所作的文章，常引经据典，文中常有警策动人之句，九江先生对此颇为欣赏。

康有为在求学的过程中很善于独立思考，绝不盲从，表现了自己独特的思想和个性。朱次琦的理学，以程朱为主，而间采陆王，可是康有为却偏偏鄙弃程朱，喜欢陆王，认为陆王之学"直捷明诚，活泼有用"，因而师徒俩在评价韩愈问题上，发生了一场尖锐的争论。

朱次琦向来对韩愈倍加推崇，尤其对他的《原道》一文极为欣赏。康有为在跟随朱次琦学习古文时，却认为韩愈学术浅薄，文中空洞无物。他向朱次琦请教时当面指出，讲"道"应当像《庄子》或《荀子》，讲"治"应当像《管子》和《韩非子》，就是《素问》（即《黄帝内经素问》）讲"医"，也自成一体。尖锐地批评了韩愈"不过为文工于抑扬演灏，但能言耳，于道无与，即《原道》亦极肤浅，而浪有大名，千年来文家颉颃作气势自负，实无有知道者"。

康有为否定韩愈，实质上也是对朱次琦推崇韩愈的观点提出质疑。所论各点，言之有据，言之成理，又不盲目附和老师，敢于提出自己的观点，做老师的本来应当对此感到高兴，并及时给以支持和鼓励。但在当时，传统的儒家思想学术理论强调"一统化"观念，只需要求同思维，而不需要求异思维，康有为的这种学术自由讨论的风气当然是不受欢迎的，况且，在那时代讲求师道尊严，朱次琦没能放下架子去对这个青年学子独到的见解和非凡才气表示赏识。朱次琦心里显然被康有为的胆识所震动，却笑着斥责他太狂妄！

年轻的康有为对此大惑不解。他对这种"日埋故纸堆中，汩其灵明"的学习生活产生了怀疑和厌倦之情：如果像这样下去，就算读完群书，著作等身，又能有什么用呢？他确实想不通。于是他一反常态，推开书本，闭门静坐，冥思苦想，祈求超脱人世。

康有为此时仿佛看到天地万物皆与我一体，大放光明，自以为成了圣人，不禁放声大笑；一转念，当又想到天下苍生，生灵涂炭时，又苦闷得嘤嘤哭泣。同学们见他疯疯癫癫、喜怒无常，还以为他心中有病而发狂了呢！真是"知我者谓我心忧，不知我者谓我何求"！

康有为虽然与朱次琦在学术观点上不完全一致，但先生的"经世致用"不尚空谈的思想给了他很大的启迪，而且正是在先生的严格指导下，康有为才打下了比较深厚的旧学根基。我们从后来康有为讲学和掀起维新运动中，都可以看到朱次琦对他的思想影响是多么巨大和深远。康有为极力称赞老师在学术上的造诣，说道："先生壁立万仞，而其学平实敦大，皆出躬行之余，以末世俗活，特重气节，而主济人经世，不为无用之空谈高论。"他满怀深情地怀念着先生："其行如碧霄青云，悬崖峭壁；其德如粹玉馨兰，琴瑟彝鼎；其学如海；其文如山；高远深博，雄健正直。盖国朝二百年来大贤巨儒，未之有比也。"虽然康有为对朱次琦的评价带有浓厚的私人感情色彩，但也充分表达了他对先生的高风亮节、学识渊博的敬佩和感激。老师的品行对康有为产生了很大影响。他勤奋苦读，常常废寝忘食。"既从先生学，未明而起，夜分乃寝，日读宋儒书及经说、小学、史学、

掌故词章，兼综而并驾，日读书以寸记。"他纵览群书，"研经穷史"，他尤其喜欢顾炎武著的《日知录》。并且非常钦佩这位明末清初杰出的思想家和历史学家。他从《日知录》中懂得了顾炎武的"明道""救世"。康有为还认真研读了《周礼》《仪礼》这两部关于西周至战国时期官制的书。他从古人那里得到了许多启示。

东晋末年的著名田园诗人陶渊明曾说过："得知千载上，正赖古人书。"康有为也常以此警诫自己。他在礼山草堂学习的三年时间里，对先秦诸子、历朝经说、史学政治典故等都潜心作了一番研究。康有为也很酷爱诗歌，他的老师朱次琦在诗歌方面造诣颇深，朱先生认为："诗为心声，古人感情丰富，郁积中怀，不能自止，故发为诗。"康有为受老师的影响非常大，他对中国的古典诗歌，特别是对《楚辞》尤为喜欢。《楚辞》是战国时代以屈原为代表的楚国人民创作的诗歌。屈原是战国时楚国的政治家、诗人，出身于楚国贵族家庭。他生活在那个社会大变革、大动荡的时代，怀有进步的政治理想。但在政治上却一直郁郁不得志。最后由于楚国国都被秦军所破，屈原愤而投汨罗江自杀身亡。屈原是我国文学史上一个伟大的爱国诗人。诗人的人品和诗人用心血写成的爱国诗篇给康有为以极大的鼓舞。"路漫漫其修远兮，吾将上下而求索。"康有为从屈原坚持理想、不断求索的精神中汲取了力量。

在九江礼山草堂的三年苦读生涯中，老师朱九江对他要求极为严格。朱九江经常要求他的学生们要读遍二十四史，特别是《史记》《汉书》《后汉书》和《三国志》，更要用心研读。康有为对其中的《汉书》和《三国志》最为喜爱。《汉书》是我国第一部纪传体断代史，全书共一百篇，八十余万字，记载了汉高祖元年（公元前206年）到王莽地皇四年（公元23年），共计二百三十年的历史。它的作者是东汉著名的史学家、文学家班固。班固所著《汉书》文辞优雅，叙事详细。书中有很多"有关于学问，有系于政务"的"经世有用之文"，康有为从《汉书》中不仅了解了西汉时期社会的经济、政治、思想、学术方面的情况，而且也从中深受启发。《苏武传》中，苏武坚贞不屈的民族气节和高尚的品德深深地感动了他，"自分已死久矣！王必欲降武，请毕今日之欢，效死于前"！康有为被这种为祖国视死如归的精神所震动，决心效仿古人。

《三国志》是我国古代一部著名的纪传体史书，由西晋史学家陈寿编撰。陈寿在《三国志》中，记述了三国时期近百年间的重要史事和人物。全书分为魏、蜀、吴三部，共计十五卷，内容充实，文字简练。康有为非常爱读这本书，几乎达到爱不释手的地步，他经常被书中的豪侠义士深深感动，常以书中的有志之士作为自己学习的榜样。

康有为在礼山草堂的三年学习生涯中，从老师朱次琦那里学到了很多知识，

"其理学政学之基础，皆得诸九江"。康有为从老师那里还学到了做人的准则，"先师朱先生曰：'伯夷之清易，伊尹之任难。故学者学为仁而已，若不行仁，则不为人，且不得为知爱同类之鸟兽，可不耸哉！'"。

康有为对老师的治学态度和品行也佩服得五体投地。"日一登堂讲学，诸生敬侍，威仪严肃。先生博闻强记，不挟一卷，而征引群书，贯穿讽诵，不遗只字，学者录之，即可成书一卷，今所传礼山讲义是也。然十不传其六七。至乎大节所关，名节所系，气盛颊赤，大声震堂壁，聆者悚然。为才质无似，粗闻大道之传，决心圣人为可学，而尽弃伪学，自此始也。"朱九江的思想和品学多半被康有为继承，尤其是其经世致用的思想在康有为身上得到充分的体现和发挥。

康有为经过三年寒窗苦读，不仅熟读了大量古典书籍，而且还涉猎了四库要书，对其微言大言，也粗略懂得。他以"救世"为自己的志向，期望从传统学问中寻找救世之道。当时，中国正处于内忧外患之际：十九世纪七十年代，中国边疆出现了危机，沙俄和英国出兵侵占了新疆大片领土，日本、美国侵犯台湾，英国趁机在我国西藏制造分裂，向西藏扩张势力。面对封建社会的行将崩溃和中华民族的深重灾难，康有为逐渐认识到要在流传数千年的传统经典中找到真正的出路，希望极其渺茫。因此，他对中国的传统封建文化逐渐产生了怀疑。当时的康有为正处于人生的一个伟大转折点上，苦闷、彷徨，在这种复杂矛盾的心情中，他开始去探索救国救民的道路。"求道迫切，未有皈依之时。"1878年冬，康有为辞别了朱九江，返回故里。

1882年，朱九江先生辞世，年方二十五岁的康有为闻讯如丧考妣，痛哭流涕，他连夜赶到礼山草堂，与简朝亮等朱门弟子一起处理后事，修造坟墓，直到亲自看到老师下葬，才一步一回头地离去。

## 二、白云深处

康有为惆怅地回到家中，整日闷闷不乐，他找不到民族的前途和个人的出路。忽然，他想起了西樵山，那儿风景优美，寺观又多佛道书，不如就到那里去清静一下，认真思考一番，说不定可以从禅学及道学说中找到出路。1879年初春，康有为告别家人，来到南海县的西樵山，住进白云洞的三湖书院，潜心学习佛道之书。

西樵山位于南海县西南面，那里风景秀丽奇特。每到春天，杜鹃花漫山遍野与翠榕苍松交相辉映；到了夏天，则见云崖飞瀑，一泻千尺；秋天，桂花盛开，十里飘香；冬天的时候，却依然温暖如春，奇花绽放。山上有9洞36岩72峰28

处瀑布 207 处泉眼，幽谷翠嶂，飞瀑流泉，奇山异水，真是鬼斧神工。

在西樵山西北麓，有一个纯石洞，三面峭壁，景色幽美。据说明代学者何白云曾在这里结庐读书，再加上洞中常有白云缭绕，人们就把这个优美的岩洞命名为白云洞。西樵山多杜鹃花，而以白云洞最盛。清人潘定桂在《西樵白云洞杜鹃花盛开》的诗中描绘说："一夜红酣四山落，晓来见花不见山。"一觉醒来，西樵山就变成了杜鹃花的海洋，确实美不胜收。

何白云，原名何亮，字子明，祖籍广东顺德县。当他的父亲何中行，于明朝嘉靖年间到西樵山开辟白云洞的时候，已落户于南海县西樵山坑边乡。后来何白云子承父业，继续开拓白云洞，并在其中读书修身，著有《白云洞志》，世人称之为"白云先生"。

西樵山朝雾暮霭，一片白云从山洞慢慢升起，真令人产生一种飘飘欲仙之感。不少名人学者都被这个富有诗意的白云洞所吸引，纷纷来此游览讲学。康有为也慕名而来，顺着山岩上的藤萝爬入白云洞中，他站在白云洞里，想到当年开拓此洞的主人早已不在人世，感慨颇多，情不自禁地口出一绝：

> 高士祠中曾小住，扪萝日上妙高台。
> 白云无尽先生去，洞口云飞我又来。

康有为模仿当年的何白云，在云泉仙馆晒书台下一个房间里住下，长时间吃斋静坐，昼夜读关于佛道方面的书，以求魂气之灵，"时或啸歌为诗文，徘徊散发，枕卧石窟瀑泉之间，席芳草，临清流，修柯遮云，清泉满听，常夜坐弥月不睡，恣意游思，天上人间，极苦极乐，皆现身试之"。

康有为常独自一人在"飞流千尺"的瀑布下的洗心石上静坐读书，任凭飞沫溅湿了衣服，别人高声喊他，他也毫无反应，端坐不动。他每天还登上披云台和暴书台，时而高声诵读，时而掩卷沉思，时而徘徊远望，时而低声吟哦，期望能借着这灵山秀水，佛道之书，眠云梦月，面壁参禅，从中悟出一点人生的道理来。他后来感触颇多地回忆说："吾乡居西樵山，北山有白云洞最幽胜，少日频读书于此。"并写下一首《读书西樵山白云洞》，诗辞朴实无华：

> 瀑流千尺射龙嵷，岩壑幽深隐绿茸。
> 日踏披云台上路，满山开遍杜鹃红。

那时康有为年仅二十二岁，在西樵山白云洞面壁读书，同时向道士学习五胜道仙术，企望躲进佛教和道教的唯心主义哲学中，获得个人的精神解脱。众所周知，宗教是人类社会的一种保守的、远离物质经济基础的意识形态。"一切宗教都不过是支配着人们日常生活的外部力量在人们头脑中的虚幻的反映。在这种反映中，人间的力量采取了超人间的力量的形式。"当时的康有为面对国势的艰难，人民的苦难，找不出一条可行之路。于是，传统的佛教和道教就成为他寻找出路的精神食粮。佛教的普度众生，道教的形神脱离，都对他的思想产生了很大影响。他希望自己有一天能从佛、道经典中找到一条拯救国家于危难之中，拯救黎民于水火之中的光明大道。虽然他非常用心学习，超凡脱俗，怡然自得，好像也有所收获："见身外有我，又令我入身中，视身如骸，视人如豕"。然而，任凭康有为"上穷碧落下黄泉"，结果仍然是"两处茫茫都不见"，还是无法求索出令人满意的答案来。

# 三、得遇知己

一个春光明媚的日子里，翰林院编修张鼎华随同四五位文人学士来西樵山游览。他们沿着芳草萋萋的石径，踏着融融的春光，来到一个令人心仪的地方。火红的杜鹃花漫山遍野，与那古榕翠竹交相辉映，像少女披着一件红绿相间的春衣；一条小河澄清如练，曲折回环，隐没在山花深处。翠树间溪水潺潺，林壑中鸟语声声。学士们一路欣赏美景，谈笑风生，不觉来到了白云洞。

猛然间，一声长啸响彻山谷，他们听了一惊，忙停住了脚步。这长啸发自山谷深处，声震山林，这啸声中似乎蕴积着很大的苦闷和忧愁，缭绕不绝，在山谷里回荡。张鼎华等人不禁觉得毛骨悚然，都闻声向幽谷深处望去。

只见白云洞深处，危石凌空，有亭翼然，一条瀑布像一条巨大的银练奔泻而下。侧耳，则青松飒飒，杜鹃啼血，飞瀑溅响，空谷传声，仿佛是大自然在这儿演奏一首交响曲。

忽然，他们又听到有人唱歌，歌罢又听到狂笑，笑声忽而戛然而止，随之传来一阵号啕大哭声。这种飘忽不定的自歌、自哭、自笑，与大自然的交响乐很不协调，使张鼎华感到很奇怪，于是他想循声而去看个究竟。

他终于看清楚了，只见山涧旁一块巨石上，坐着一位20多岁的青年。他衣衫不整，披头散发，两只大眼睛呆呆地望着天空。张鼎华感到纳闷，就走上前去想与年轻人攀谈，不料，未谈上几句话就争论起来。康有为这种急躁情绪，反映了他对当时社会矛盾和个人矛盾的错综关系困惑不解而痛苦焦虑，也正如康有为自己讲的当时他"求道迫切，未有依归"。张鼎华见他那股傲慢劲，转身拂袖而去。

但是，张鼎华回广州后不仅没怪罪康有为，反而见人就说："来西樵但见一土山，唯遇一异人。"从此，康有为的狂、怪、异在广东士大夫圈子中渐渐传开。康有为敬佩文学名满京华的张鼎华的雅量，马上写下一封情文并茂的信，两人因此成为忘年之交。

康有为在这期间经常往来于故乡西樵山和广州之间，寻师访友，游历河山，激起满腔志趣高远的飞腾愿望。一天，他挺身登上广州迤北的越秀山，这儿山虽不高，却满山郁郁葱葱，花翠绮丽。山顶上矗立着一座五层楼阁式的建筑，雄伟壮观，古朴典雅，这就是明初永嘉侯朱亮当年建造的镇海楼。康有为游兴大发，快步登上镇海楼，只见兵部尚书彭玉麟所作镇海楼楹联，怀古伤今，慷慨悲壮，情不自禁地朗声诵道：

> 万千劫危楼尚在，问谁摘斗摩霄，目空今古？
> 五百年故侯安在？使我倚栏看剑，泪洒英雄。

康有为登上最高处，眺望远方，见远处江海汇合处，烟波浩渺，一片迷濛；山风吹起，白云飘飘，他感到仿佛在拥抱着整个中国。遥想远古时期，这里本是苍茫的大海，经过历史的沧桑变化，终有一天变成了陆地。可是珠江口却成了外国侵略者入侵中国的通道，屡遭炮火兵灾。他想自己现在虽然是一个布衣平民，只要遇到时机，也会干出一番惊天动地的事业来。他不由心事浩茫连宇宙，神采飞扬展衣袖，仿佛能把广阔的天地都拥抱入怀，连那遥远渺茫的星河，似乎就在眼前浮动。可是眼前的现实却是，不得不乘一叶扁舟回到故乡去。康有为浮想联翩，诗兴大发，写下一首七律——《登越秀山顶五层楼》：

> 登山缥缈又登楼，风起云飞揽九州。
> 沧海有时经烬劫，布衣何处不王侯！
> 袖中纳纳乾坤易，眼底茫茫星汉浮。
> 云水此身频出入，珠江花发又扁舟。

康有为这时经常去广州，自然多是拜访知己张鼎华，并且在他那里常常是彻夜长谈。在张鼎华谈词如云的笑声中，京朝风气，当时人才，各种新书，及道光、咸丰、同治三朝掌故，流风余韵，犹如春风化雨般渗入康有为的心田。他们交往多年，博闻妙解，相得益彰。康有为说："吾自师九江先生而得闻圣贤大道之绪，自友延秋先生而得博中原文献之传。"

康有为后来在《送张十六翰林延秋先生还京》诗下面对张鼎华作了介绍说：

"先生名鼎华，又窨子，番禺人。神识绝人，学问极博，少以神童名，十三岁登科。曾直军机，三十二乃入翰林，则已颓矣。词馆不娶妻者，唯先生一人。过从累年，谈学最多，博闻妙解，相得至深也。"他在张鼎华的指导下，开始接触到一些近代维新思想，眼界渐为开阔。可以这样说，张鼎华是康有为的政治启蒙老师。第二年春天，张鼎华准备回京城，康有为赋诗送别，感情极为真挚深厚。诗中写道：

> 文采周南太史公，每因问讯向西风。
> 谬逢倒屣知王粲，敢论忘年友孔融！
> 忧道海滨伤独立，思元天外若为通？
> 秋风每赋感知己，记得樵山花又红。

康有为自从结识张鼎华之后，矇眬地看到了冲出世俗社会，寻找一条新路的希望。他离开西樵山，回到家里，决定摒弃考据帖括之学，专意修心养性。可又感念民生艰难，自己有救苦救难的责任，于是哀物悼世，决心以经营天下为志。此后，康有为足不出户，闭门读书，刻苦钻研唐宋历史，并对宋儒理学加以仔细研究。因久坐不动，又加上身心疲劳，他不幸患上"核刺"。他虽然卧病在床，仍念念不忘国家民族的忧患，写下《苏村卧病写怀》四首，以表达自己对国家前途的忧虑和维新救国的远大理想，同时也抒发了对良师益友的深切怀念之情。其中一首这样写道：

> 纵横宙合一微尘，偶到人间阅廿春。
> 世界开新逢进化，贤师受道愧传薪。
> 名山渺莽千秋业，大地苍茫七尺身！
> 南望九江北京国，拊心辜负总酸辛。

康有为从藏书楼翻出一堆历史书籍，如《周礼》《王制》《太平经国书》《文献通考》《经世文编》《天下郡国利病书》《读史方舆纪要》等书，他边读边思考，同时还做笔记，把其中有关改善国家管理问题的名言佳句都摘录下来，希望从这些书里找到济世救民的方案。接着又读了《西国近事汇编》、李圭著的《环游地球新录》等介绍西学的书和游记。康有为开始注意起西方人的文代制度和政俗习惯，特别是1877年刚刚刊行的李圭著《环游地球新录》，他更是爱不释手。这本书是李圭记述他1876年去美国游历的经过，是中国人撰写的最早的一部美国游记，它使很多中国人得以了解到美国的最新信息。

《环游地球新录》一书中描绘的新世界和新事物，立刻把康有为深深地吸引住了，使他从中看到了太平洋彼岸一个先进资本主义国家的经济制度和社会风貌。李圭曾经在容闳的陪同下，特意去哈佛看望了中国第一批留美的一百一十三名小学生，当时他深有感触地说，西方教育"不尚虚文，专务实效"，孩子们"所造正未可量"，并驳斥主张"闭关锁国"的人说小学生留美是"下乔木而入幽谷"的谬论，并指出："取长补短，原下以彼此自域。则今日翊赞宏图，有不当置西人之事为而弗取也"。意思是说要取长补短，就不应该有外国和本国的区分，中国要实现国家进步的宏伟蓝图，就不应把西方国家的好经验摆在一旁，而是要把它吸收过来为我所用，这番话说得康有为怦然心动，跃跃欲试，他恨不能身长双翅，飞过太平洋，去观赏一下这个新奇的国家。

可惜这个时候，康氏已是家道中落，没有经济力量供他远游美国了。但是，被英国霸占的中国领土香港离此很近，何不到那儿去看看呢？康有为的这一想法确实很有勇气，他以自己的实际行动冲破中国传统的垂直隶属型社会结构的观念，开始了从世界角度横向观察中国的经济、政治和文化制度。

# 四、游历港沪

1879 年，康有为怀着好奇的心情到广东省南部、珠江口东部的香港，这里距离广州 130 公里，距离上海 1200 公里。它面临南海，海域广阔，大小岛屿星罗棋布，是轮船停泊的天然良港。自古以来香港就是中国的神圣领土。在历史上，它隶属于广东省，勤劳的中国人民在那里世世代代繁衍生息，尤其是在清初和鸦片战争之前，内地人口大批迁居香港地区，他们有的领地耕种，有的从事渔业生产活动，到1841 年，港岛约有人口两千多。勤劳的中国人民为开发香港和建设香港付出了辛勤的汗水。

可是，英国自十七世纪资产阶级革命完成后，一直奉行对外扩张的政策，特别是对中国这个地大物博、人口众多的大国垂涎已久，一直伺机夺取中国的沿海岛屿。随着英国工业的发展和十九世纪初对华鸦片走私贸易的扩大，侵占中国岛屿的野心也越来越大。他们对具有优越地理位置和港口条件的香港，早已觊觎多时。1806 年至 1819 年间，东印度公司的船队就测量过香港的水深，甚至把岛上汲取淡水和停泊船只的资料，详细地记在航海日志上，为日后侵占香港作准备。1838 年底，由于英帝国主义向中国大肆走私鸦片，给中华民族带来了深重灾难，道光皇帝遂派禁烟派代表林则徐为钦差大臣，赶赴广州查禁鸦片。中国人民禁烟的决心，给英帝国主义的丑恶行径和罪恶企图以沉重打击。为了维护罪恶的鸦片贸易，同时也为了实现其争夺殖民地的野心，1840 年英帝国主义悍然对中国发动了鸦片战争，清政府昏庸无能，步步退让，被迫签订了丧权辱国的《南京条约》。通过这个条约，英帝国主义终于占有了其早就垂涎三尺的香港岛。但香港人民在与英帝国主义的不断斗争中，用自己的双手使香港日益繁荣起来。1860 年，香港第一个供水工程和煤气照明工程启用；1871 年，香港建成了电报系统；1878 年，创办了第一家炼糖厂；同时，香港的银行和保险业务也得到很快的发展。1865 年，英国在香港开办了香港汇丰银行。它的借贷业务主要面向我国各通商口岸，不久又在日本和新加坡设立分行。它向清政府提供各种贷款，从中谋取暴利。

总之，由于所处的地理位置优越，加上拥有天然深水良港，香港逐渐成为英国对中国和亚洲进行贸易的基地。在人民的辛勤努力下，它成了一座颇具规模的现代城市。

初到香港，康有为感到自己似乎来到了一个梦幻的世界，只见"灵岛神皋聚百旗，别峰通电线单微。半空楼阁凌云起，大海朦胧破浪飞"。康有为对这一切感到新奇。"览西人宫室之瑰丽，道路之整洁，巡捕之严密，乃始知西人治理有法度，不得以古旧之夷狄视之。"看到香港翻天覆地的变化，康有为从中受到很大启发。他虽然也对英帝国主义侵占祖国领土的罪恶行径深感痛恨，但是香港的巨大变化使康有为陷入了沉思。为什么香港在英国侵占之前是那样落后，而现在仅仅用了 30 多年，它就发生了如此巨大的变化，他开始意识到西方资本主义制度确实比古老的封建制度优越。从此以后，康有为对西方学术产生了浓厚的兴趣。在香港，康有为买了大量的西方书籍，回到苏村老家后，他便开始整天沉醉于这些西书之中。

康有为游了一趟香港后，心里萌生了向西方寻求真理的念头，"乃大购西书以归，研究西学自此始"。当时介绍西方的书籍很少，康有为想尽一切办法四处搜集，那时他读到明末来华的意大利传教士利玛窦的译著后，深受启发。利玛窦（1552—1610 年），意大利人，是天主教耶稣传教士，于明朝末年来到中国传教。1580 年他在印度果阿升为神父。因当时印度果阿被葡萄牙占领，在葡萄牙殖民势力的支持下，利玛窦在 1582 年到澳门学习汉文，1601 年来到北京，向明神宗进献自鸣钟等礼物，并与很多士大夫经常交往。他主张将孔孟之道和宗法敬祖思想与天主教相融合，还把西方的一些自然科学知识介绍到中国。曾携带《万国舆图》，传播世界五大洲之说。通过阅读利玛窦的译著，康有为不仅懂得了许多科技方面的知识，同时眼界也大为开阔，从此知世界之大以及世界万国的许多事情。后来，他又潜心阅读了《西国近事汇编》《环球地球新录》等介绍西方国家以及其学说的书籍，从此开始走上向西方寻找救国真理的道路。

通过对两种社会制度的比较，康有为得出了这样的结论："中国自从三代故为一统之国，地广袤，君亦日尊。以一君核万里之地，而又自私之，驾远驭，势有所限，其为法也守，其为治也疏。"公元前 221 年秦始皇统一中国，确立起封建中央集权政治制度，"至于后世，君日尊侈，惟辟玉食之言"。然而，西方同中国则恰恰相反，"泰西自罗马之后，分为列国，争雄竞长，地小则精神易及，争雄则人有愤心，故其虚己而下士，士尚气而竞功，下情近而易达，法变而日新"。他从资本主义的文化中，意识到自由平等是西方国家民权学说和民主政治的基本原则。而中国千百年来，由于长期坚持封建君主专制制度，造成目光短浅，思想守旧，政治腐败，以致到了不可救药的严重程度。康有为了解到，西方国家的所有政事，都不是由君主一人说了算，而是由民众选举出来的议院来决定，"以为不可则变之，一切与民共之"。康有为对西方近代社会尊贤尚功，重视个人在社会中的能动作用尤为欣赏。只有尊崇贤人智士，敬贤举能，人尽其才，个人才智才会得到充分的发挥。他还鼓励人们发挥其智力，为社会多创造财富。康有为还认为西方国家办学校育人才的做法非常可取，认为这是致强之本。"尝考泰西之所以富强，不在炮械军兵，而在穷理劝学。彼自七八岁皆入学，有不学者责其父母，故乡塾甚多。其各国读书识字者，百人口率有七十人。其学塾经费，美国乃至八千万，其大学生徒，英国乃至一万余。其每岁著书，美国乃至万余种。其属郡县，各有书藏，英国乃至百余万册。所以开民之智者亦广矣。"因此，他认为，中国当务之急在于培养人才。"我中国文物之邦，读书识字率仅百分之二十，学塾经费少于兵饷数十倍，士人能通古今达中外者，郡县乃或无人焉。"应该在我国各地兴办学校，引进和吸收资本主义学校教育制度和先进的科学技术。他还进一步主张把西学引入各类学校，作为主要课程。

通过大量阅读西方书籍，康有为发觉中国在近代遭受侵略的原因，"盖泰西户口少而才智之民多，吾户口多而才智之民少故也"，"夫才智之民多则国强，才智之士少则国弱"。因而，他认为要想达到国富民强，必须培养一批新人。通过对中西文化的比较，康有为认识到要想摆脱民族危机，必须消除因循守旧、麻木不仁的消极思想，树立起改革创新，发愤图强的进取精神。

康有为在青少年时期接受的主要是封建正统思想的教育，所读的书都是中国古典的书籍。但当西方侵略者以坚船利炮打开了中国的大门后，西方资本主义思想也随之传到中国，并从沿海深入到内地，这时候康有为同大多数爱国知识分子一样，原先头脑中的封建传统观念开始发生变化，他渴望能到封建文化领域之外，去寻找新的东西。正是在这种思想的驱使下，他去香港作了一次游览，亲眼目睹了英国侵略者所建立的殖民秩序，切实感到资本主义要比封建社会先进。而且他又阅读了许多西方书籍，从中接受了西方政治理论和自然科学知识。可以这样说，正是由于西方的启迪，康有为开始对中国的封建文化进行了重新审视，深刻地体会到它早已如同即将落山的太阳。在当时列强竞争之世，中国除了引进先进的西学，别无他途。正是在西学的启示下，康有为的世界观开始发生了变化。

早在1874年，康有为在七桧园曾读到过魏源编著的《海国图志》，当时觉得颇受启发。在他游览香港，对资本主义的管理制度有了直观认识后，特别是在他阅读了一些西方书籍后，他越发觉得重读魏源的《海国图志》的必要性。于是他又潜心阅读了一遍《海国图志》。

《海国图志》是清代思想家、史学家、文学家魏源所编写的一部名著。魏源（1794—1857年），湖南邵阳人，道光进士，官至高邮知州。鸦片战争爆发时，他入两江总督裕谦幕府，积极组织参与浙东抗英战争。著有《圣武记》，后来又在林则徐主持翻译的《四洲志》基础上，根据他所搜集到的资料，编写成《海国图志》一书，对强国御侮的道路作了一番比较深入的研究。魏源认为要学习西方，必须首先要了解西方，"欲制外夷者，必先悉夷情始"。"同一御敌，知其形与不知其形，利害相百焉，同一款敌，知其情与不知其情，利害相百焉"。魏源还指出"善师四夷者，能制四夷；不善师外夷者，外夷制之"。因此，只有了解外国情况，才能开阔眼界，学习外国长处，这样才能抵抗外国侵略。《海国图志》对世界各国的地理形势、历史沿革、政治经济、风俗民情、艺术、宗教、历法等，都作了详细的介绍和研究。1842年刻本仅五十卷，1847年刻本扩为六十卷，1852年刻本增为一百卷。这是我国第一部介绍世界各国地理历史的专著，为当时中国人了解世界作出了重要贡献。

魏源认为学习西方应该首先学习它的军事，他明确指出："夷之长技有三：一战舰；二火器；三养兵练兵之法。"中国必须制造新式战舰和武器，采取新的练兵法，这样才能使西洋之长技为中国之长技。针对清军缺乏训练，纪律松弛，克扣军饷等腐败现象，他认为必须加以整顿，应该提高军饷，精选士兵，严格训练，加强纪律。魏源指出，中国要富强，还必须学习外国先进的科学技术，使用机器生产，发展工商业。"西洋器械借风力、水力、火力，奇造化，通神明，无非竭耳目心思之力，以前民用。"他认为，西方资本主义国家之所以富强，不仅在于拥有装备精良的军队，更重要的是由于建立了一套近代化的工业。中国要想富强起来，也应当由此着手。他建议设立造船厂和火器局，制造各种轮船和机器，并允许民间投资设厂。他满怀信心地认为，随着"风气日开，智慧日出，方见东海之民，犹西海之民，云集而鹜赴"，"中国智慧，无所不有"，只要全国人民奋发图强，认真向西方学习，不久就一定能富强起来。

在《海国图志》一书中，魏源经过对西方历史沿革和政治经济的深入考察后，得出这样的结论：英美等国的议会制比中国的封建君主专制制度要优越得

多。魏源对美国总统选举制度尤为赞赏，"匪惟不世及，且不四载即受代，一变古今官家之局，而人心翕然"。虽然魏源的思想还有很多不全面、不完善的地方，但在当时腐朽的清王朝已处于风雨飘摇中时，他能指出学习西方，变法图强，这种思想在当时是难能可贵的。

康有为通过对《海国图志》作了一番系统研读之后，对西方国家的地理山川、风土人情，尤其是对西方国家的政治经济方面的情况有了更深入的了解。通过阅读此书，魏源的许多进步思想使他耳目一新。特别是魏源所称道的西方国家的政治制度更使他深受启发。"议事听讼，选官举贤，皆自下始，众可可之，众否否之。众好好之，众恶恶之，三占从二，舍独徇同。即在下预议之人，亦先由公举。"而英国的议院分上、下两院，各司其职，"都城有会所，内分两所：一曰爵房，一曰乡绅房。爵房者，有爵位贵人，及耶苏教师处之；乡绅房者，由庶民推择有才识学者处之。国有大事，王谕相，相告爵房，聚众公议，参以例条，决其可否，辗转告乡绅房，必乡绅大众允诺而后行，否则寝其事勿论"。看到这儿，康有为认为中国封建君主专制制度独断专行，也应该改变，以资产阶级君主立宪政体取而代之。

总而言之，康有为通过阅读《海国图志》，不仅对世界有了一个初步的了解，而且对西方文化的了解更加深入。他开始摒弃传统观念，并试图从西方变法图强之中找到一条成功的出路。

1882年，是康有为思想进步历程中的一个重要的转折点。这年5月，他去北京参加顺天乡试，南归时，已到了秋天，他特意沿途游览了扬州、镇江、南京，泛舟金焦二山，登北固楼，游明故宫，看到昔日金粉繁华的扬州名园都变成了瓦砾场，只有几株环绕城郭的古柳在秋风中沉思。他站在明孝陵前倒地的石螭头上，抚摸着墓道旁的石人，俯视大江南北，见广大百姓在饥寒交迫中挣扎，备受煎熬，他深感痛心疾首，"长叹息以掩涕兮，哀民生之多艰"，心中为国家和民族的命运担忧不已。

路过上海时，他特意到租界的"十里洋场"转了一圈。满眼光怪陆离，洋人趾高气扬，横冲直撞，目中无人，在堂堂中华大地上竟然出现了"国中之国"的怪现象。康有为痛感国家主权的沦丧的危害，认为这是中国人的奇耻大辱。但同时他也领略了它的繁华，觉得西人在治国方面确有不少地方值得借鉴，"道经上海之繁盛，益知西人治术之有本"。一种强烈的时代感和民族责任心涌上这个年方25岁青年的心头，他开始跳出八股制艺的桎梏，把目光转向西方世界。

上海地处东海之滨，位于人口众多、经济发达的长江三角洲，扼长江出海口，是江海交通的要道。控制上海对于外国商品在华的倾销和从中国进口原料，对西方殖民势力渗入中国内地，都至关重要。早在1756年，英国东印度公司的毕谷就曾建议英政府攻取上海，把它变为对华北通商的枢纽。1840 年，鸦片战争爆发后，西方侵略者认识到上海在扩大对华贸易中的地位和作用。德籍传教士郭士立曾说过："上海地位的重要仅次于广州。它的商业十分活跃。如果欧洲商人准许来上海贸易，它的地位更能大为增进。"因此，第一次鸦片战争失败后，英国强迫清政府与之签订的《南京条约》，把上海作为第一批对外开放的通商口岸。从此以后，上海的发展脱离了正常的轨道，在外国侵略者直接的殖民统治下，经历了长达一个世纪的充满屈辱和苦难的历史。

　　1843 年 11 月 17 日，上海开埠通商，外国冒险家纷纷前来，上海成为第一个拥有租界的城市。外国侵略者在上海租界内设立了工部局、公董局、巡捕房、万国商团、会审公堂等机构，以加强他们的殖民统治。与此同时，他们还利用上海优越的地理位置和良好的经济条件，投资办厂，对中国人民进行残酷的剥削。为了便利对中国进行商品输出和掠夺原料，殖民者还发展了航运业，建立了银行、洋行、各种加工厂和船舶修造厂。为了直接掠夺中国的财富，他们还经营印刷、制药等轻工业，经营建筑业和煤气、自来水、电灯等公用事业。这些外国企业与中国封建势力相互勾结，在走狗买办分子的帮助下，攫取了巨额的利润。他们利用中国丰富的原料和廉价劳动力，又享受着各种政治经济特权，把上海租界变成了殖民者控制中国财政经济命脉的中心。从鸦片战争到六十年代中期的二十余年时间里，上海不但是全国进出口贸易的中心，也是中国近代企业最为集中的城市。据统计，至 1865 年为止，全国共有各种外商工厂约三四十家，其中上海就占了二十五家，同时上海还是外国银行和轮船公司在中国乃至亚洲的重要据点。

　　上海是中国最早对外开放的五个通商口岸之一，同时也是鸦片战争后发展最快的通商口岸。由于有大量的外国人到中国经商、传教和寻求发财机会，他们在上海进进出出，从而也把西方资本主义的物质条件、生活方式等等带到了上海，这样，上海成为近代中国接受西方文明的一个窗口。就在上海开埠后不到十年时间，原先一片荒野的县城北郊就开始被一座新兴的城市取而代之，道路开辟了，码头修建了，滨江的外滩地区出现了一些派头十足的西式建筑群。根据当时人的描述，上海租界的景象是："自小东门吊桥外，迤北而西，延袤十余里。为番商租地，俗称'夷场'。洋楼耸峙，高入云霄，八面窗棂，玻璃五色，铁栏铅瓦，玉扇铜镶；其中街衢弄巷，纵横交错，久于其地者，亦易迷所向。取中华省分大镇之名，分识道里，街路甚宽广，可容三四马车并驰，地上用碎石铺平，虽久雨无泥淖之患。"因此，人们只要一谈到上海租界，自然会想到鳞次栉比的高楼，整洁宽阔的街道。尽管租界给中华民族带来了耻辱，但从另一角度看，它又是文明的窗口。租界的繁华及其显示出来的近代文明，为那些不曾到过西方的人提供了一个了解西方的窗口，从而产生了对西方先进文明的向往："今有人焉，游踪

所至，忽抵上海，耳目之所接触，不啻身入欧美都市也：楼阁之巍峨，道路之平坦，旅店俱乐部之伟丽，游览之处，则公园及大桥在焉，交通工具，则汽车电车及公共汽车备焉，洋商林立，电炬烁烂，凡此皆在欧美所习见者。"从中我们可以看出上海租界当时就已经相当繁华。

康有为初次踏进上海，仿佛进入了一个梦幻的世界。他漫步在这个五光十色的"十里洋场"，感慨良深。仅仅只有几十年的时间，上海在外国人的治理下发生了如此巨大的变化。康有为由此更加赞叹资本主义制度的优越，也引起了他进一步了解西方先进文明的兴趣。"益在西人治术之有本……自是大讲学，始尽释故见。"

上海之行，康有为再次亲眼目睹了殖民统治之下上海租界的繁荣，更增强了对西方学术文化的向往与追求。他沿途买了很多介绍西方资本主义国家情况的书籍，希望从中找到西方强盛的原因。

康有为那时所购置的那些"西书"大都是些启蒙性的读物，因为当时中国的西书很少，主要是广学会和江南制造局翻译的书籍。广学会是 1887 年由英、美传教士在上海创立的，它是一个国际性组织，它的使命主要是利用宗教作掩护对中国人民进行文化侵略，它的第一任会长是英帝国人赫德，此人曾窃取中国海关总税务司司长职务长达四十九年之久。虽然它是西方侵略者对中国进行文化侵略的一个工具，但它却迎合了当时中国知识分子追求新知识的迫切愿望，有选择地介绍了一些西方书籍。它在不到四十年的时间内，先后编译出版了包括神道、哲理、法律、政治、教育、实业、天文、地理、理化等十几个方面的二千多种书籍。此外，还出版了十几种中文报刊，如《中国教会报》《大同报》《女铎》《福幼报》《道声》《女星》《平民家庭》《民星》等。广学会编译的书刊成了中国人了解西方的一个主要渠道，产生了比较广泛的影响。

当时在中国编译书刊的有很多是外国传教士，如广学会的主要机关报《万国公报》的编辑和撰稿人林乐知、慕维廉、韦廉臣、李提摩太、丁韪良、狄考文、艾约瑟、潘慎文、花之安等，都是当时挺有名气的外国传教士。他们长期在中国居住，非常熟悉中国的情况。他们从事教会的报刊文字宣传工作和教育工作，在当时产生了很大的社会影响。他们在中国编译书刊是为了进行文化侵略，企图用宗教这种精神鸦片来麻醉中国人民，灌输忍耐、保守和受苦受难之类的说教，让人们俯首贴耳地接受侵略者的凌辱，不要抵抗，以便于他们宰割和统治。但是，由于当时有关西学方面的书刊在中国极为少见，加上外国教会所编译的书籍除了介绍宗教方面的内容外，还有很多关于各国史志及自然科学方面的书籍，这一切在当时对外国情况了解甚少的中国人来说无疑是新鲜和奇特的。正是在外人设立机构，翻译出版书籍的影响下，1867 年洋务派也在江南制造局设立翻译馆，聘请中国近代著名的科学家徐寿和华蘅芳等人，翻译了有关格致、化学、制造等西方科学书籍。到1900年，他们共翻译了一百八十种书。其中大部分是科技方面的，还有一些历史和政治方面的书籍。它长期编纂《西国近事汇编》一书，先后共出版了一百零八册，比较系统地介绍了当时的国际形势。

现在看来，当时介绍西方情况的书籍和刊物确实还很肤浅，但正是这些肤浅而通俗的读物带康有为进入一个崭新的世界。他从上海返回家乡时，购买了许多江南制造局和外国教会所编译的书刊。据有关资料记载，上海江南制造局所译印的西学新书，三十年间售出不过一万两千册，而康有为前后所购竟达到三千多册，占江南制造局所售书总数的四分之一。此后，他又购买了天津、福建、广东等地编译的有关声、光、化、电等自然科学方面的一些书籍，"大攻西学书，声、光、化、电、重学及各国史志，诸人游记，皆涉焉"。通过广泛阅读这些书籍，康有为进一步感受到中国与西方之间有很大的差距，他曾经产生一个大胆的想法，想亲自编纂一部《万国文献通考》，期望让更多的中国人了解世界。通过学习，他感到自己有很大收获，"是时绝意试事，专精问学，新识深思，妙悟精理，俯读仰思，日新大进"。从此，他开始抛弃中国传统的"重夏轻夷"的落后观念，并且日夜加紧研究西方自然科学和社会科学，自身世界观也慢慢发生变化。

康有为通过大量阅读"西书"，对中西文化社会的看法发生了巨大的变化。他认为西学书籍"合经子之奥言，探儒佛之微旨，参中西之新理，穷天人之赜就，搜合诸教，披析大地，剖析今古，穷察后来，自生物之源，人群之合，诸天之界，众星之世，生生色色之故，大小长短之度，有定无定之理，形魂现示之变，安身立命，六通四辟，浩然自得"。从这段话中，我们发现康有为接触西学后，对世界万物似乎都要以崭新的眼光去审视。当时对康有为产生重大影响的除广学会所编译的书籍外，还有外国教会及广学会所编辑出版的一些报刊。如当时广学会的主要机关报《万国公报》，就曾备受康有为欣赏。

《万国公报》原名《中国教会新报》，创办于1868年，每周一刊。1874年改名为《万国公报》。1883年到1888年的六年之间，因经费困难被迫停刊，1889年3月复刊后，改名月刊，并成为当时成立不久的广学会的机关报。一直到1907年7月停刊，它先后存在了近四十年，累计出版一千期，在外国传教士所办的中文报刊中，它是历时最长、发行最广、影响最大的一家。它在名义上是一家教会报纸，但是有关教会的新闻和阐明教义的文章却很少，刊载的大多是些评论中国时局的政论和介绍西方国家情况的知识性文章。因此，它实际上是一个综合性的时事刊物。

《万国公报》同当时其他教会报刊一样，热衷于介绍"西学"。早在它的前身《中国教会新报》创刊的时候，其封面就印有"万事知为先"五个大字，表明其

办报的宗旨是传播知识。1874 年改名《万国公报》后，又在每一期的报刊扉页上特别重申："本刊是推广与泰西各国有关的地理、历史、文明、政治、宗教、科学、艺术、工业及一般进步知识的期刊。"它所介绍的"西学"多是政治、历史、地理等社会科学方面的内容，迎合了当时正在黑暗中摸索救国救民道路的中国资产阶级先进分子的兴趣。在不断的向西方学习的过程中，康有为逐渐意识到，中国落后于西方资本主义国家的根本原因在于中国的封建君主专制制度。中国由一个皇帝统治万里，高高凌驾于万民之上，臣民们都"跪畏威而不敢言"。这样必然造成上下隔塞，民情不通的严重后果。而西方治国之道却与此相反，"泰西之言治道，可谓盛矣，其美处在下情能达"。君臣通，上下通，"政事皆出于议院，选民之秀者与议，以为不可则变之，一切与民共之"。我们从中可以看出，康有为此时逐渐认识到清朝封建君主专制制度是使中国落后于西方资本主义国家的根本原因。中国要想摆脱落后挨打的局面，必须首先在政治制度方面进行必要变革。

康有为在向西方寻求救国道路的过程中，一方面不断称赞西方文化，另一方面对中国的古代文明同样是极为推崇。"泰西各艺，皆起于百余年来，其不及我中人明矣"，我中国人"自墨子已知光学重学之法，张衡之为浑仪，祖暅之之为机船，何敬容之为行城，顺帝之为自鸣钟，凡西人所号奇技者，我中人千数百年皆已有之"。康有为对中华民族的聪明才智，倍感自豪，"公谓西国之人专而巧，中国之人涣而钝，此则大不然也。我中人聪敏，为地球之冠，泰西人亦亟推之"。康有为因此得出结论，中西政治制度之差异是造成中西强弱不同的关键所在，不改变中国封建君主专制政体，就无法使中国走上富强之路。

在国势日渐衰微，西方列强虎视眈眈，民族危亡之际，康有为贯通中西，杂糅经史，勇敢地对传统思想、传统文化提出挑战。在如何向西方学习这个重大课题上，他为后世留下了许多值得借鉴的宝贵的思想材料。

# 第三章 救世报国

## 一、不裹足会

在中国传统的封建社会，男尊女卑的伦理纲常可以说是根深蒂固。广大妇女深受政权、神权、族权、夫权这四条大绳索的重重束缚。妇女在政治上、经济上毫无权利可言，处于被压迫、被奴役、被玩弄、被歧视的地位。尤其令人发指的是，封建社会流传下来的陋习——缠足，不仅在肉体上摧残了广大妇女，而且严重损害了妇女的身心健康。

妇女缠足这一习俗，最初起源于五代十国时期的南唐，后来风行于宋明。那时候的女孩子一到四五岁，就要被迫用布帛把脚紧紧地缠裹起来，天长日久，再也不能展开，使双脚变成了所谓的"三寸金莲"——又小又尖，给广大妇女带来极大的痛苦。尽管这种陋习摧残人的身心，但在中国封建社会里，女子如果不缠足，就好像低人一等。当时民间广泛流行着这样一句话，"头丑一天，脚丑一生"。如果哪一个女子不缠足，就要一辈子被戴上"丑"的帽子，一辈子嫁不出去。到了宋代，这种缠足之风更盛，上自官府，下至民间百姓，到处吹捧"三寸金莲"。清朝初期，因为满洲旗女不缠足，所以曾一度禁止缠足，但到了1668年，又取消了这个禁令。所以非但没有禁除汉人女子，反而连旗女亦开始缠足。到了乾隆朝又多次下诏，禁止旗女裹足，而汉人妇女裹足之风继续蔓延。

古今中外，摧残妇女的行为尤以缠足为甚。有人曾把缠足与宦官制度并列为中国灭绝人性的两项弊俗，实在是恰如其分。宦官制度，无非是为了整肃宫闱，以维护帝王的特权。而女子裹足，除了供男子玩弄之外，其主要目的是在身体上对女子加以防范，将女子双足变为畸形，使其纤弱难支，不便行走。在这种封建陋习的影响下，女子要把脚缠得越小越好，以风吹欲倒为最佳。妇女缠足这一陋习，在中国有一千多年的历史。它使妇女的身心受到严重摧残，终生失去劳动能力，成为妇女劳动解放的严重枷锁。多少年来，中国广大妇女无论从肉体上还是精神上均深受其害。

正因为缠足给广大妇女带来如此深重的灾难，所以历史上曾有不少有识之士对此加以谴责。如清代李汝珍在《镜花缘》、俞正燮在《癸巳存稿》中都曾谴责缠足之害。太平天国革命时也曾下令废除妇女缠足的恶习，广大的太平军女战士凭着一双天足与男士兵一样在疆场驰骋。十九世纪后期，中国近代早期维新思想家陈虬、郑观应等人也曾提出过"弛女足"的主张。但是，这些人对缠足之谴责仅仅是出于对妇女地位的同情，并没有突破封建道德的藩篱。而真正痛陈缠足之害并且身体力行为解放妇女四处奔走呼吁的当推近代的改良思想家康有为。

他认为做学问不能仅仅停留在单纯的学习和研究上，而且要把领悟到的新道理应用到社会实践中。康有为在十九岁那年结婚，新娘子张云珠，字妙华，候选同知张玉樵之女，比康有为大两岁。新婚之夜，当地人有入室戏新媳妇的风俗，康有为对此极为反感。于是他挺身而出，坚决制止了此种闹剧，即使惹得亲友们不欢而散，他也在所不惜。可以说这是康有为反抗旧礼俗的开始。

到1883年，康有为的长女康同薇五岁了，已经到了妇女开始缠足的年龄。康有为认为裹足是封建社会一种丑恶的礼教，既折骨伤筋违背人类生理，又不利于社会进步。他在少年时，常常见到姐妹们被强行裹足时痛苦呻吟的惨状，对此他深表同情，感慨地说："中国一向是号称为教化之国，圣贤辈出，为什么没有人来对缠足加以禁止呢？"痛斥这是"无道之敝俗"，是给妇女受刑，并"誓拯两万万女子沉溺之苦"。康有为带头做起，坚决不让同薇裹足。

这件事在当地引起了极大的轰动。因为中国有几千年的封建历史文化传统，"三纲五常"是维护封建统治的重要思想武器。它突出的是人身依附，裹足就是女子依附男子的标志，而女子不缠足则必然对封建伦理纲常的秩序形成冲击。

最初，同族父老及乡人只带着惊奇的世俗眼光，在背后指指点点评头论足，暗中讥笑和讽刺，对此，康有为丝毫不为所动。接着，全乡的人群起反对，一些长辈甚至要强迫同薇裹足。康有为仍然坚持己见，并且不给次女同璧裹足。一些妇女也乘机起来反对裹足，以解除缠足的痛苦。

当时，在南海县江浦司上金瓯堡松圹村（今西樵上金瓯乡）住着一位名叫区谞良的工部郎中。他曾经做过外交官，游历过美洲，对西方社会有一定了解，他家的妇女也不裹足。康有为于是与区谞良商议，决定创立不裹足会，并起草了章程。该会会章规定：凡入会的人均须做到不替自己家中的妇女裹足；但对已经裹足的妇女也不强迫放足，如自愿放足时，则会员都会前去庆贺，并在会中予以表扬。

经过康有为的大力宣传和耐心的说服，参加不裹足会的人渐渐多起来。这是中国近代第一个反对妇女裹足的民间组织，也是中国近代学会组织的萌芽。一介书生康有为先从家庭改革做起，然后把它扩展到乡邻亲友。这虽然只是由少数人在个别地方发起，但却反映了广大妇女反对裹足的强烈愿望，动摇了旧的道德规范，符合时代进步的潮流，实为中国不缠足运动的发端。

光绪二十一年（1895年），康有为的弟弟康广仁在广州创立了"粤中不缠足会"。光绪二十三年（1897年），资产阶级维新派代表人物梁启超、谭嗣同、汪康年、麦梦华、康广仁等人又在上海《时务报》馆成立了"不缠足总会"，并明文规定该会的宗旨是："此会之设，原为裹足之风，本非人情所乐，徒以习俗既久，苟不如此，即难以择婚，故特创此会，使会中同志，可以互通婚烟，无所顾忌，庶几流风渐广，革此浇风。"在康有为创立的"不裹足会"的带动下，从光绪二十三年（1897年）下半年至光绪二十四年（1898年）上半年，全国许多地方纷纷设立分会，不缠足运动很快遍及全国。

尽管随着百日维新的失败，不缠足运动也烟消云散，但是它的社会影响却不可忽视。据统计，当时参加不缠足会的人数高达三十多万，连许多县镇和偏远地区也建立了不缠足会的组织。戊戌维新运动虽然很快失败了，不缠足运动也随之归于沉寂，但是，放足已是大势所趋，人心所向。

# 二、初入京城

在封建社会里，科举取士是国家的盛典，也是决定知识分子一生命运的大事。康有为出身诗礼之家，曾经受过严格的封建正统教育，他虽然讨厌八股制艺，以在名利场中争逐为耻，但是要处世立言需要一定的功名地位，所以不能不沿着封建科举道路爬行。他少年时两次应童子试，榜上无名。从十九岁开始，又应乡试，直到1893年，康有为已经三十六岁了，才中了新科举人。

康有为从37岁开始，两次入京会试，到1895年，三十八岁时，才中了乙未科进士。在同科的举人、进士中，康有为的功名姗姗来迟。这并非康有为学问不佳，文章不好，而是他在文章中敢说别人不敢说的话，他写的既不是"代圣贤立言"的封建八股文体，也不是为朝廷粉饰太平的官样文章，而是指摘时弊，救亡图存的大声疾呼。千夫之诺诺，不如一士之谔谔。那些苟且偷生的封建官僚，对康有为这种有异端思想的人自然不欢迎。

后来，他在1895年领取的赴礼部会试文凭上这样记述了自己坎坷的人生道路，他写道："此光绪乙未年吾自粤起咨文赴礼部会试之文凭也。先是甲午吾以《伪经考》被劾，禁吾讲学，避地桂林，正月十九始到羊城，二十五日领得此批。是时与日本战方败，举国震动，恐亡，吾援突厥例，决不亡，但割地赔款，故京官纷纷南下，吾仍北行，是科遂登第。"

此前，1888年夏，康有为的好朋友张鼎华多次来函让他到京师游玩。这时的康有为由于久居乡间，多年闭门苦读，已经成为一位饱学之士，自我感觉相当不错："是时学有所得，超然物表，而游于人中，倜傥自喜。"这一年正逢乡试，康有为遂以荫生资格赴京师应试。按照清朝制度，赴京师应乡试者，均为监生、贡生，即各县学的痒生；如应顺天试者，广东人称为"北走"，亦须另捐监生或贡生。

康有为的祖父康赞修死于职守，因而得赐荫生应试，名曰"荫监"。康有为刚到北京，住在宣武门外米市胡同南海会馆，一听说张鼎华生病，康有为便赶紧前去探望，亲奉汤药，日夜照料，不幸延秋病逝，康有为又亲自为他办理丧事，其对朋友真挚之情令人感动。

中国的会馆，是以地缘为纽带而建立的同乡互助组织。南海会馆（今米市胡同43号）本是工部尚书董邦达故第，道光四年（1824年）由在京南海籍考官员捐资买下，并修治而成，以供南海进京应试举人们食宿居住，温习功课迎考。此后经过多次扩建修葺，到1880年已形成一个规模可观的建筑群。

南海会馆是个大院，其中又分为十三个小院，有名的"七堂"小院，位于会馆大院的北部。小院内有三排房子，各幢屋之间有木结构走廊相通，布局美观而整齐。小院内有一座石砌的假山，高有一丈余，上面建有凉亭一座，亭内设有雅座，夏天可以在此读书乘凉。

在考试前，康有为并没有像一般考生那样整日坐拥书城，营于帖和楷法，沉醉于"朝为田舍郎，莫登天子堂"的富贵梦想，而是时刻关注着京师的政治风云，中国的安危和中华民族的前途。他在北京耳闻目睹了英、法、俄、日等国对中国和邻国恣意侵略的事实，心里那团火烧得更旺，再也沉默不下去了。他不顾自己人微言轻，也不怕人们冷嘲热讽，努力结交一些比较进步的士大夫和开明官吏，不知疲倦地向他们宣传自己的主张，开始向中国传统的思想观念挑战。

与此同时，他瞻望宫阙，游历山，磨砺自己爱国忠君的意志。同年夏历八月，他单骑到京郊出游，夜宿沙河，游明十三陵，过昌平城遥望居庸关。这时，雨过天晴，只见万树红柳之间掩映着逶迤起伏的城堞，就像波浪起伏的远山上空横跨着一道鲜艳的彩虹；苍鹰在空中盘旋，骏马在平原上奔驰。这一场景如此壮观，让他想起了当年袁崇焕在长城内外的战斗雄风，仿佛看到了他的犹如鲁阳挥戈、崆峒倚剑的神威英姿。

根据《淮南子·览冥训》的记载，楚国大将鲁阳公与韩国人作战，一直打到太阳快落山，也没分出胜负。他把手里的戈矛对着太阳一挥，太阳为之回升三个星座的距离。康有为觉得今天要对付侵略者就得具有鲁阳挥戈的气魄，和袁崇焕灭此朝食的决心。可惜如此雄伟的险关要塞，如今却野草丛生，武备废弛，这让他不禁想起那些为保卫国家而牺牲的英雄们，于是写下了一首意境壮阔、气势豪迈的七律《过昌平城望居庸关》：

城堞逶迤万柳红，西山岧嶭霁明虹。
云垂大野鹰盘势，地展平原骏走风。
永夜驼铃传塞上，极天树影递关东。
时平堡堠生青草，欲出军都吊鬼雄。

过了居庸关，他又登上万里长城，站在八达岭头。此时秋高气爽，从塞外吹来的风已夹杂着一丝凉意，放眼长城内外，大漠南北，万山早已被夕阳染得一片通红，在夕阳的余晖掩映下，无边的原野似海洋一样深远。康有为置身于祖国壮丽河山的怀抱里，想到的却是边境的烽火和人民群众的灾难。"时讲求中外事已久，登高极望，辄有山河人民之感。"

他在雄伟的长城上放声长啸，山谷为之震荡。长城作为中华民族的象征和几千年历史的见证，用它那独特的语言向康有为重复讲述那难忘的历史。低头间不禁想起了陈子昂的千古绝唱——《登幽州台歌》"前不见古人，后不见来者，念天地之悠悠，独怆然而涕下"。他觉得歌词虽然悲凉了些，却透着一股子豪迈之气。天生我才必有用，难道我康有为还不如古人吗？他从心底咏出了感慨深沉的《登万里长城》，借以抒发他要成就一番事业的凌云壮志，其中一首写道：

秦时楼堞汉家营，匹马高秋抚旧城。
鞭石千峰上云汉，连天万里压幽并。
东穷碧海群山立，西带黄河落日明。
且勿却胡论功绩，英雄造事令人惊！

康有为在尽情地游览了十三陵、居庸关、八达岭长城后，在月光如水的冷寂中，经过居庸关五十里层峦叠障的关沟，一路上想着古代百万勇士守卫长城的往事，扬鞭催马回到了北京。

此前不久，中法战争中的马江之役带给中国无尽的伤痛。中国的福建水师，遭到了法国海军中将孤拔率领的法国"远东舰队"的突然袭击，最终全军覆没。康有为目睹了列强的强横和清政府的腐败无能，心中激愤异常，在清冷的夜晚扪心自问，中国如果再不发愤图强，及时进行变革，就离亡国之日不远了。"计自马江败后，国势日蹙，中国发愤，只有此数年闲暇，及时变法，犹可支持，过此不治，后欲为之，外患日逼，势无及矣。"

每想到这里，他的心里就像烧起了一团火。他不能再沉默下去了，于是便不计荣辱成败，拿起笔来分别给得到光绪帝信任的大臣——工部尚书、军机大臣潘祖荫、帝师翁同龢和大学士徐桐写信，大谈维新变法刻不容缓，并大胆地责备了他们一番。

他给徐桐的信中说："天下可哀之事，未有祸乱已至而不闻，倾覆将及而不知者。方今俄筑铁路于北，而迫盛京；法规越南于南，以取滇、粤；英启滇、藏于西；日伺高丽于东。四邻皆强敌，聚而谋我，危逼极矣。而教民会党，遍乎国中。"言下之意是，你位高权重，难道对这样险恶的形势可以不闻不问吗？

他在给潘祖荫的那封信里这样描绘了当时的情形："内外之势蹙急至此，何啻累卵之危也。而我事无大小，无一能举，上下相望，拱手空谈。上则土木之工大起，下则赏花之晏盛开，绝无忧惕震厉之心。大厦将倾，而酣卧安处，若罔闻知，真所谓安其危而利其灾者。"弦外之音是，在列强步步紧逼下，清王朝眼看就要灭亡了，你们这些大臣不但没有想到危难，反而沉湎于游宴玩乐，这难道不是要加速国家民族的灭亡吗？康有为心系祖国的命运，勇敢地发出了要求变法图强的阵阵呼声。

# 三、思想巨著

康有为在时代浪潮的推动下，登上了历史的前台，呼唤革故鼎新的风云雷电，是基于对伟大祖国的热爱和对人民群众悲惨境遇的深切同情。他曾在给朋友的信中直抒胸臆说，他从小生长在乡间，见人民生活困苦不堪，心里非常难过，"加十年讲求经世救民之学，而日日覩小民之难，无以济之，则不得不假有国者之力。盖不忍人之心，凝聚弥满，融于血气，染于性情，不可复抑矣"。在近代思想启蒙运动中，康有为率先扯起人道主义的大旗，为使中国人民摆脱封建主义枷锁的桎梏进行了有益探索。他先后撰写了《人类公理》和《实理公法全书》等书，糅合传统儒家的不忍人之心，和西方自由、平等、博爱的思想，作为他的改革的出发点和归宿。梁启超曾经这样评论他的老师：他谈论政治和学习，"皆发于不忍人之心，人人有不忍人之心，则其救国救天下也，欲已而不能自己"。

《康南海自编年谱》中提到早年的两部著作，即《人类公理》（1885 年撰写）和《公理书》（1886 年撰写），均未刊行于世，原稿至今仍未发现。而《实理公法全书》过去也没有刊行过，但其手稿的抄件却保存了下来。此书的缩微胶卷现藏于美国斯坦福大学哈佛图书馆，并收录《万木草堂遗稿外编》（由康门弟子蒋贵麟主编）一书中。

从这部书的结构与内容来看，它有可能是由《公理书》的修订而成。但书中又引用法国 1891 年夫妇离异、婴儿出生等统计数字，说明《实理公法全书》最后定稿的时间不会早于 1892 年。

全书共有十六篇，其篇目为：《凡例》《实字解》《公字解》《总论人类门》《夫妇门》《父母子女门》《师弟门》《君臣门》《长幼门》《朋友门》《礼仪门》《刑罚门》《教》《治事门》《论人公法》和《整齐地球书籍目录公论》。

这部《实理公法全书》的突出特点是，它在写作结构上明显地模仿古希腊欧几里德的《几何原本》，每篇都包括"实理"、"公法"、"比例"三个部分，其中对"公法"与"比例"，还常常加上"按语"来加以说明。"实理"，相当于《几何原本》的"公理"，分门别类地列举了人类必须集体遵守的各项约定俗成的社会公私关系的基本准则，这些是判断一切是非的最高标准。"公法"，相当于《几何原理》的"定理"，康有为根据"实理"的假设，运用逻辑思维的方法，来推导出确保"实是"，在实践中得到贯彻的各项社会生活原则。"比例"，是康有为运用"实理"与"公法"系统，对古今中外各种政治制度、社会伦理一一进行比较、分析与批判。"按语"，相当于《几何原本》的"证明"，用来具体说明文章中所提出的各个命题。

《实理公法全书》篇幅不长，文字简炼，但却以图说为基本框架，在"公理"与"公法"的神圣命题下，与封建主义的统治思想——理学形成尖锐对立，阐发了丰富的人道主义思想内涵。

在《实理公法全书》中，康有为提出了有个性的、独立的、实际存在的人的价值观，从而突破了封建主义抽象的、附庸的、家族意义上的人。

在中国两千多年的封建社会里，家族是社会的基本单位。在家族至上的汪洋大海中，个人完全被淹没，每个人都是帝王统治下的工具和附庸，丧失了独立人格。中国的一些进步思想家，从黄宗羲、戴震，到龚自珍、魏源，甚至农民领袖洪秀全，都在不同程度上反映了广大人民要求自由、平等的愿望，迸发出一些冲破封建罗网的民主性火花，具有人本主义倾向。但是，真正明确地把人作为独立的、有个性的人，并对人的本质和价值进行全面论述，系统提出近代意义上"自然的人"的观点，则是从康有为的《实理公法全书》开始。

那么，什么是人的本质呢？康有为提出了四条"公理"。

第一，"人各合天地原质以为人。"这一条说明了人的自然性质，即规定了是生物学和生理学意义上的人。他把人看成是大自然的产物，是自然界的客体，要求从自然的、感性的人本身出发去探寻人的本质。

第二，"人各具一魂，故有知识，所谓智也。然灵魂之性，各个不同。"这一条指出意识、精神与作为自然的人之间存在着自然联系，是每一个有肉体的自然

人一定要具备的属性，反对封建蒙昧主义压抑人的主观意识和创造精神。

第三，"人之始生，便具爱恶二质。及其长也，与人相接时，发其爱质，则必有益于人。发其恶质，则必有损于人。又爱恶只能相生，不能两用。"

第四，"人之始生，有信而无诈，诈由习染而有。"

以上两条，阐明了人的社会属性。康有为认为人人都具有相同的自然属性，只是在后天的社会交往活动中，原先的"自然人性"才逐渐习染成具有爱、恶、信、诈等不同性质、不同程度的习性。由此可见，他的"人性自然论"具有反对封建等级制度的现实内容，进而阐述和发扬了关于自然人的"天赋权力"观，属于资产阶级人性论。

根据"各合天地原质以为人"，以及"人各具一魂"的原则，康有为认为每个人生来便应享有充分的自由，应当自由支配自己的命运。因此，"人有自主之权"，是人生来最基本的权利，一个人维护自由的权利，就是维护自己做人的资格。这是几何公理所出之法，与实理完全符合，最有益于人道。所以，应该用自由这把尺子来衡量人及其道德价值。

按照"凡地球古今之人，无一人不在互相逆制之内"的原则，康有为认为在社会中人与人之间是相互制约、平等交往的关系。人与人之间既然是平等的关系，社会制度就应该由全体人民来共同决定，所谓"公共行用"，任何不符合平等的言行，都违背了公理，为社会所不容。可见，平等是人一生下来便应当享有的另一项基本权利。

根据"光爱去恶"与"重赏信罚诈"的原则，康有为指出：人并不是孤立地存在于社会之中，而是生活在互相关联的世界里，每一个人可以得到自由的幸福，但不应当妨碍别人的幸福，只有对周围的人理解、爱护、宽容、大度，才能克服两千年来封建主义所造成的人与人之间的隔绝与冷漠。人人慈善，相互帮助，使人们可以生活在博爱的氛围里。由此可见，博爱是人们追求幸福的一项基本原则。

在《实理公法全书》中，康有为打起西方资产阶级自由、平等、博爱的旗帜，宣称自由、平等、博爱，是天赋的公法，那些违背这些原则的社会制度和社会现象，例如"人不尽有自主之权"、"不尽能兴爱去恶"、"以差等之意，用人立之法"等，都不符合几何公理，违反了人道主义，阻碍社会进步，都必须推翻。康有为猛烈抨击了封建社会扭曲人的本质的罪行，对人的权利被剥夺深感痛恨，著书立说要为恢复"人为万物之灵"的价值、人的尊严和人的权利而斗争。

首先，康有为在《实理公法全书》中，运用"实理"和"公法"否定封建主义的"天理"与"私法"。

封建主义的理学家认为，"理"是宇宙万物的本源和最高准则，它是先验的，并且支配着一切；并且据此宣称封建统治秩序为"理"的具体表现，具有合理性与永恒性，不可动摇。康有为在《实理公法全书》中，一开始就否定了这种"理学"至上的原则。他在一开篇就明确地提出："凡天下之大，不外义理制度两端。义理者何？曰实理，曰公理，曰私理是也。制度者何？曰公法，曰比例之公法私法是也。"在这里，康有为把"实理"与"公法"列在前面，而把"私理"与"私法"列在后面，体现了他思想观念的改变与激进。

与理学家坚持"理"在"气"先的先验论相反，康有为把物质性的"气化"、"原质"、"大主宰"看作万物的本源，而把精神性的"上帝"、"造化主"、"阿们"、"以乐欣"、"耶和华"、"天地"等，统统看成"比例"。他认为"理"既不是先于天地而存在，也不存在于"气"之前，而是与物质世界相互依存、相互作用的。他认为："地球既生，理即具焉，盖既有气质，即有纹理，人有灵魂，知识生焉，于是才能将理之所在发明，其发明者日增一日，人立之制度，亦因而日美一日。"他在书中指出，"理"是客观事物发展的内在规律，掌握知识、具有思想的人，能够发现并掌握、运用这种规律，来完善社会制度，增进人类幸福。

康有为在书中把"理"的导向规定为"实理"。这包括了三个方面的内容：第一，为"实测之实"，所以在实际过程中，即在实践中得到考察、检验和证明；第二，为"实论之实"，即可以通过将古今的中外历史事实与现状进行比较、论辩，从大量事实中得出结论；第三，为"虚实之实"，即确实存在着的、真正符合"几何公理之法则"的"必然之实"，即"永远之实"。所以，这个"理"，并非是宇宙最高的本体，也不是缥缈的，而是能够被实践与科学证明的真理，是客观事物内在的发展规律，它可以用纯粹经验的方法来确定。

在批驳了理学家把"理"看作自然和社会的主宰，并把封建道德伦理纲常纳入本体论的谬误后，康有为顺理成章地提出自己对"公法"、"人立之法"的独到见解。他认为："实理明则公法定，间有不能定者，则以有益于人道者为断，然二者均合众人之见定之。"什么是"公法"呢？康有为认为是自然与社会中客观存在的规律的制约，是人们"循物质之纹理以求之，则其处置之法，便自然而有，不须取舍，不须裁制者，此为几何公理所出之法。此等法不能谓为人立，乃天地所固有之法也。发明者，但有发明之功而已"。

"公法"所代表的"公"，与封建帝王圣人的"私法"相对立，在康有为的眼里，除了"几何公理之公"的"一定之法"，还有"公众之公"、"公推之公"。他把对社会现实运动考察的焦点，转向占人类大多数的普通"公众"身上，体现了他对"公众"在社会生活中的实际作用，以及他们掌握自己的命运、支配自己生活的认识超越了同时代人。

那么，什么是"人立之法"呢？康有为认为是现实社会中已经存在的各种法

规，他在《实理公法全书》中，又称之为"比例之法"或"比例"，认为它是人们"循乎物质之纹理，实无一定的处置之法，必须取物质之纹理熟观之，然后加以灵魂之知识，或去彼取此，或裁之制之，乃有可行之法，且有益于人道者，此乃人立之法，不能为谓天地所固有也"。康有为指出"人立之法"是"两可之法"。判断它们的是非好坏，就要根据它们是否符合和实施"公法"，是否"有益于人道"的标准，对于那些非人道的"人立之法"，康有为是持坚决反对态度的。

不言而喻，"实理"与"公法"实际上已经成为康有为衡量一切社会制度、统治秩序、伦理道德是非好坏的标准，而他们所包含的实际内容，则是使《实理公法全书》大放光芒的人道主义的灵魂。他在封建主义令人窒息的黑暗统治中擎起了火炬，高兴地说："自有此书（指《实理公法全书》），古圣之得失，纤毫毕见，生民之智学，日益不穷。学者但能解此书一过，则其知识所及，较之古圣已过之远甚，此时实为之，正可为学者欢欣鼓舞也。圣人之身，成之甚易，则圣人之功，可勿勘哉！"

恩格斯曾经热情洋溢地称赞那些呼唤法国革命早日到来的启蒙思想家，是"非常革命"的人物，他们不承认任何外界的权威，对宗教、自然观、社会、国家制度都进行了最无情的鞭笞，"一切都必须在理性的法庭面前为自己的存在作辩护或者放弃存在的权利。思维着的悟性成了衡量一切的唯一尺度"。如果将法国启蒙思想家们的"理性的法庭"与康有为用欧氏几何定理推导出来的"实理"和"公法"进行比较，可以看出它们有着惊人的相似，后者则染上了浓厚的中国色彩。

其次，康有为在《实理公法全书》中，抨击封建主义的"三纲五常"，提出新型伦理道德观念。

在封建社会里，男尊女卑、"夫为妻纲"，妇女依附于男子，处在社会的最底层，康有为是一位很有反叛精神的进步思想家。他要求破除这种不平等的夫妻关系，并从男女自然结合出发，提出了取消夫妻关系，瓦解家庭的激进计划。康有为指出："天既生一男一女，则人道便当有男女之事。既两相爱悦，理宜任其有自主之权，几何公理至此而止。"由此，他提出了两条公理：其一，"今医药家已考明，凡终身一夫一妇，与一夫屡易数妇，一妇屡易数夫实无所分别"；其二、"凡魂之与魂最难久合，相处既久，则相爱之性多变。"在康有为实理这一法庭的判决下，那种禁人有夫妇之道，不仅对人道没有好处，而且是灭绝人道的。那种男女缔结婚约，不由自己做主，而由父母包办，非有大故不得离婚，而且夫为妻纲，妇受夫制，此外一夫可娶数妇，一妇却不能配数夫，更是与几何公理相违背，所以无益于人道，应当予以废除。

在封建社会里，"父为子纲"是家庭的核心。父亲在家里有支配生产、分配的最后决定权，并形成与"父为子纲"相应的道德规范"孝"。康有为反对那种认为子女"归父母所有"的观念，指出人由原质结合而生，而"原质是天地所有，非父母之所生，父母但能取天地之原质以造成子女而已"。伴随着社会迅速的新陈代谢运动，人类不时吐故纳新，"故地球上之人，其体质日日轮迥，父母与子女其质体亦互相轮迥"。康有为展望人类的未来，认为随着人们逐渐获得"自由之权"，根据几何公理之法，改变夫妇关系，促使家庭解体，已成为人类社会发展的趋向。那么，夫妇所生子女应该由谁收养呢？康有为提出："凡生子女者，官为设婴堂以养育之。"从而在中国近代历史上，首次提出了设立"育婴堂"的设想。

在封建社会里，君主的权威至高无上，"君为臣纲"成为"三纲"的最终归宿，并形成与"君为臣纲"的相应道德规范"忠"。康有为认为打破君权独掌的格局，废除君主专制，是人道主义的中心环节。对此，他曾经解释道："公法将君主例于比例之稍后，似乎不便于人主之私，抑知大不然。盖公法最有益于人道，苟能用之，则国内之民，日智一日，其兴盛必远胜他国之不能用公法者矣"，"又如两人有相交之事，而另觅一人以作中保也。故凡民皆臣，而一命之士以上，皆可统称为君"。在康有为的眼里，"真龙天子"，已降为人民的"保卫者"，至高无上的唯一统治者，也变成了"一命之士以上"的所有官员。他认为理想的社会制度是"立一议院以行士以行政，并民主亦不立"，彻底扫除"君臣一伦"的"人立之法"，依据平等的原则，"权归于众"，从而实现真正的人道主义。

同时，他还在《实理公法全书》的《师弟门》、《长幼门》、《朋友门》中，提出以人的自由平等观念来克服"弟子之从师者，身为其师所有，不能自立"的陋习，要求建立"长幼平等"的家庭、社会关系，打破"长尊于幼"、"幼卑于长"等非人道关系，在人与人的相互交往中，必须遵循"朋友平等"的原则。这些主张在现在看来未免有些肤浅，但在当时却具有反封建主义的积极意义。

第三，康有为在《实理公法全书》中抨击封建主义的"礼教"，设想符合公理的社会政治制度。

康有为在对人的社会关系进行仔细的分析考察后，又对人类社会的政治制度和意识形态进行了分析考察，并深情地构思着美妙的"公理"社会。关于这方面的内容，康有为在《礼仪门》、《刑罚门》、《教事门》、《治事门》中多有描述，并以"礼"为中心，在对封建社会的"礼仪"、"刑罚"、"教事"、"治事"等逐一进行分析批判的基础上，提出了自己的理想和主张。

在《礼仪门》中，除了把"上帝名称"降为此例外，康有为还提出了确定纪元、纪年与历学的"实理"，对"以圣纪年"、"以君纪年"和"以事纪年"，他都不赞成，主张"以地球开辟之日纪元，合地球诸博学之士者，考明古籍所载最可

信徵之时用之，而递纪其以后之年历学，则随时取历学家最精之法用之"，认为这是"最公之法"。他认为人必须要注意"威仪"，并确定"威仪"只是人们相互之间"表其爱"的实理，与人施礼要以"于身体有益否"为准则，中国以往的跪足、叩首、哭泣等行礼方法，都无益于身体健康，所以不能入列仪节，应一概废弃。而拱手、作揖、握手、接吻、去帽、举手、颔首、搂抱等礼节，则是人们行礼的公法。他还提出应该实行 8 小时工作制，"七日则以一日为安息"的合理要求，认为"此法甚有益于人道"。

在《刑罚门》中，康有为把"人命至重"看作"实理"，规定："无故杀人者偿其命，有所因者重则加罪，轻则减罪。"此门虽写明子目，但只是列出了《命案》一目。康有为对此作了解释："此门俟译出各国律例之后列表求之，今先发一端，以为引例。"仅这一点，就足以反映出康有为倾向于"在法律面前人人平等"，与封建主义"刑不上大夫"的传统观念，有着明显的区别。

在《教事门》中，康有为认为教化人民与治理国家不同，治权与教权应当分离，互不干涉。他在《总论政事》目中提出了"教"的两条"实理"："一则即其人之智与才力而增长之，且使其能增长性爱及葆守信性也。一则以五洲众人所发明之精理及有益之制度与其人，使其人享受利益而有以化其恶性去其习染而得之诈术，然后智与才力不致误用也。"可见，康有为以为"教"的内涵应当包括：一方面努力学习自然科学与人文科学，以使人的智力与人的才力发达；另一方面，积极吸取各国的新观念、新制度，加强社会道德修养，奖善惩恶，讲信修睦。这就与封建旧礼教形成尖锐的对立。

在《治事门》中，他写了四个子目。第一，《官制》。康有为认为"官者，民所共立者也"，皆所谓"君"为"实理"，提出选拔官吏应以"皆从公举而后用"作为"公法"，反对那种"以为君者一己之私应见，选拔其人面用之"的用人制度。第二，《身体、宫室、器用、饮食之节》。康有为认为，在日常生活中，人们的衣、食、住、行等，都必须要"集地球上之医学家考明之，取其制度之至精者"。还要求把花园、酒楼、博物院等设施，一律令其属之于公，勿据为一己之私"。他以"养人之生"为"实理"，反对蔑视人生、超凡脱俗的禁欲主义，而表现出追求现世幸福与享乐的实际内容。第三，《葬》。康有为认为，凡人有生则必有死，而人死之后，就一切毫无所知矣。人死后，人体自然必须复归原质，应积极探索一至精之葬法，不使其气熏蒸而成毒，可能危害活人。对此，康有为的观点相当激进，他认为："火葬则复归原质为速，水葬次之，土葬又次之"。第四，《祭》。康有为提出"阴阳相隔"为"实理"，所以主张不用仪文和祭品，只以心祭来寄托哀思，主张"其前代有功之人，许后人择可立像之地，则立其像以寄遐思，有过之人亦可立其像以昭炯鉴"。至于那些虚幻的上帝及百神原本无像可立，所以，一律不准立像祭祀。只有这样，"最有益于人道"。

康有为在《实理公法全书》这部著作中曾经多次声称，对社会制度中礼、刑、教、治这四个方面的考察和设想，自己只是先发其端，引以为例，需要将来进一步地翻译采择世界各国的优秀创新和实际经验，才能进一步加以完善。但是，这时康有为已对"社会—人"这个大系统进行了深刻思考，并用欧氏几何的逻辑思维，把人看作是社会的人、政治的人。在近代东西方文化的激烈碰撞下，他立足于本民族，面向五大洲，对中国封建社会以"礼"为核心的礼、刑、教、治的政治制度及其意识形态，进行批判、自我审视和反思，充满了人道主义的进取精神，其中某些思想，至今仍然闪耀着光辉。他的有些思想，则在其他著作，如《康子内外篇》、《春秋董事学》、《大同书》等书中得到了进一步的充实和淋漓尽致的发挥。

# 四、救世思想

进化论原本为达尔文所创，是生物科学领域中的一种理论，它以自然选择与生存竞争来说明生物进化的规律。早在进化论传入中国之前，西方就已经有人把进化论套用到社会学中。康有为在向西方学习的过程中，逐步认识到进化论的作用。于是，他千方百计地购买西书，并广泛阅读当时外国人在上海办的《万国公报》、《申报》以及其他书刊，如《谈天》、《地学浅释》等中文译著和《格致汇编》一类书籍；从中学到不少自然科学知识，并且吸取了西方进化论思想。他开始摒弃了"宋学"、"汉学"和"辞章之学"，提出了宇宙进化的思想。他认为："人道进化，皆有定位，自族制而为部落，而成国家，由国家而成大统；而独人而渐立酋长，由酋长而渐进君臣，由君臣而渐进立宪，由立宪渐而至共和；由独人而渐为夫妇，由夫妇而渐进父子，由父子而渐锡尔类，由锡尔类而渐为大同，于是变为独人。盖自据乱至为升平，升平进为太平，进化有渐，因革有由，验之万国，莫不同风……"正是以这种进化思想为理论基础，康有为提出了"三世说"，并以此来论述历史进化的必然性和阶段性，即从据乱世进化为升平世，升平世进化为太平世。"一世之中可分三世，三世可推为九世，九世可推为八十一世，八十一世可推为千万世，为无量世。太平大同之后，其进化尚多，其分等，亦繁岂止百世哉！"康有为把西方的进化论思想，与中国儒家经典《易》的变易思想相糅合，提出"变者，天道也"。"盖变者，天道也。天不能有昼而无夜，有寒而无暑，天以善变而能久；火山流金，沧海成田，历阳成湖，地以善变而能久；人自童幼而壮老，形体颜色气貌，无一不变，无刻不变。"他把"变易"看作自然界和人类进化的一种普遍现象，从而向人们揭示了自然界的发展规律。康有为认为世界上的万事万物都是由低级阶段向高级阶段逐渐演变，勇敢地向"天不变，道亦不变"的传统观念提出了挑战。"法既积久，弊必丛生，故无百年不变之法。"他认为天道变化是不可违抗的自然法则，"物新则壮、旧则老；新则鲜，旧则腐；新则活，旧则板；新则通，旧则滞。物之理也"，而治理国家就像"治病之有方也，病变则方亦变"。这是对当时顽固派死守祖宗成法的批判。

康有为在了解世界各国的基础上，认识到"近者万国交通，争雄竞长，不能强则弱，不能大则小，不能存则亡，无中立之理"。目睹中国国势日见衰微，康有为主张"非大变、全变、骤变不能立国"，"非变法不能自保"。他通过三世进化，其道各不相同，来论述一个新的资产阶级国家代替封建主义国家是历史的必然。他认为："三世之义，有据乱之民，有升平之世，有太平之世，道名不同。"即据乱之世，其道是封建君主专制；升平之世，其道是君主立宪制；太平之世，其道是大同社会。康有为的这种三世进化思想具有鲜明的时代特征，在当时思想界无疑具有积极意义。

早在鸦片战争前，著名的思想家龚自珍就曾提出过"更法"、"改图"的主张。稍后的魏源也曾指出："三世以上，天皆不同于今日之天，地皆不同于今日之地，人皆不同于今日之人，物皆不同于今日之物。"不过，魏源虽然对复古主义的不变论进行了批判，认为法制是可以变革的，但他仍然认为"道"是不可变的，"其不变者道而已"。龚自珍、魏源尽管承认社会的发展变化，但是他们没有能够冲破封建历史哲学的藩篱，没有进入进化论的思想范畴。十九世纪七十年代后，著名的思想家王韬、薛福成先后提出"富强之道"的理论，但他们主张的社会改革仍然没有触及封建主义的"道"。正所谓："取西人之器数，以卫我尧、舜、禹、汤、文、武、周公之道。"这些近代早期维新思想家尽管没能冲破封建主义的藩篱，却为康有为提供了某些值得借鉴的思想材料。康有为正是糅和了西方的进化论思想以及中国儒家经典《易》的变易思想，结合近代今文经学家改变的思想，提出了"进化论"的世界观。所谓"取日新以图自强，去因循以厉天下"。这种进化思想在当时的中国无疑是有益于促进思想的解放。

康有为的社会进化论，结束了在中国论坛上长期占据主导地位的历史倒退论和历史循环论的一统天下，为资产阶级登上历史舞台而鸣锣开道，成为资产阶级批判旧制度的有力的思想武器，即旧制度的必然灭亡，新制度的必然诞生。正因为如此，康有为的进化论思想成为戊戌维新时期资产阶级维新派反对封建制度的最新理论。

康有为生活的时代，是一个大变动、大混乱的时代，中国社会内忧外患，危机四伏。封建社会的黑暗和人民群众的苦难使康有为深感忧虑。"父子而不相养也，兄弟而不相恤也，穷民终岁勤动而无以为衣食也。僻乡之中，老翁无衣，孺子无裳，牛宫马磨，蓬首垢面，服勤至死，而曾不饱糠覆也。"康有为年轻时便立志要"竭吾力之所能为，愿吾性之所得为"，去改变这种不合理的社会现状。"其来现也，专为救众生而已，故不居天堂而故人地狱，不投净土而故来浊世，不为帝王而故为士人，不肯自洁，不肯独乐，不愿自尊，而以与众生亲，为易于援救，故日日以救世为心，刻刻以救民为事，舍身命而为之，以诸天不能尽也，无小无大。就其所生之地，所遇之人，所亲之众，而悲哀振救之，日号从众，望众从之，以是为道术，以是为行己。"康有为正是从这种"救世"之心出发，四处奔走呼号，积极投身于救国救民的实践中。就在这时，中法战争爆发了。

1883 年 12 月，法国发动了侵略越南和中国的中法战争。中国被迫应战。由于清廷最高统治者的举棋不定，战局的发展很快使中国处于不利的境地，中国军队接连败退，连福建水师最终也全军覆没。事态的发展似乎使清政府大梦初醒，就在福建马尾水师全军覆没三天之后，清政府在舆论的压力下对法宣战，老将冯子材重新披挂上阵，取得了震惊中外的镇南关大捷。刘永福的黑旗军在临洮也打得法军损兵折将，局势的发展对中国较为有利。但就在这一胜利时刻，清政府却下令"乘胜即收"，并且与法国签订了不平等的《中法新约》，正所谓中国不败而败，法国不胜而胜。特别是中法战争结束后，鸿胪寺卿邓承修（字铁香）奉命到广西与法国联合勘定中越边界，面对法使的蛮横无理，他据理力争。但软弱的清政府在法国"罢议"的威胁下，屈从法方要求，竟将邓铁香撤职。康有为闻此消息，更是悲愤不已，写下一首诗——《闻邓铁香鸿胪安南画界撤还却寄》：

> 山河尺寸堪伤痛，鳞介冠裳孰少多？
> 杜牧《罪言》犹未得，贾生痛哭竟如何！
> 更无十万横磨剑，畴唱三千《敕勒歌》？
> 便欲板舆常奉母，似闻沧海有惊波！

因此，更加坚定了康有为救国救民的决心。他认识到如果再不改革，发愤图强，中国就会面临亡国灭种的危险。康有为以自己那博大的胸怀表明拯救祖国与人民的雄心壮志。"我有血气，于是有觉知，而有不忍人之心焉，以匹夫之力，旦夕之年，其为不忍之心几何哉！余固知此哉！无如有不忍人之气，有不忍人之欲，虽知所就有限，始亦纵之，小则一家，远则一国，大则地球。"康有为正是在外御强敌，内兴祖国的强烈愿望的驱使下，于 1888 年 12 月 10 日，"发愤上书万言，极言时危，请及时变法"。这就是著名的《上清帝第一书》。尽管由于顽固派的阻挠，光绪皇帝没有看到这封上书，但却引起了不小的轰动。这可以说是康

有为初露锋芒的首次尝试。

康有为乃一介书生，所以他走上了书生救国之路。他挟学问以救国，以学问为主要斗争武器，讲学传道，著书立说，上书皇上，他为救国救民而呐喊，为独立富强而奔走呼号。他这种无所畏惧的爱国激情使沉睡已久的中华民族受到震撼。尽管《上清帝第一书》遭到守旧官僚们的冷嘲热讽和大力攻击，但康有为的声誉却由此渐起，万言书不胫而走，广为流传，并由此激发了人们的爱国热情，所以说正是康有为的救世之心、爱国思想和由此掀起的爱国热潮，给当时沉寂的政治生活带来了新的生机。正如梁启超所说："故必有爱国之心，然后可以言变法；必知国之危亡，然后可以言变法；必知国之弱，由于守旧，然后可以言变法；必深信变法之可以致强，然后可以言变法。"康有为的爱国思想和爱国行动起到了唤醒沉睡的中华民族的作用，加速了旧制度的灭亡，呼唤新制度的诞生。所以我们说康有为的救世之心和爱国思想是戊戌维新的灵魂和动力。在以康有为为首的一批维新志士的爱国思想影响和推动下，广大仁人志士、平民百姓忧国忧民的爱国思想进一步高涨起来，并由此激发了光绪帝实行"百日维新"。正如梁启超所说："皇上能行改革之事者，有爱国图强之原点故也。"所以，也可以这么说：戊戌维新运动是爱国图强思想的产物。

康有为在探索救国救民道路的过程中，不仅吸收了中国传统文化的精华，而且把目光投向了西学，试图从西学中寻找一些值得借鉴的经验。特别是当他于1879年游历了香港后，对西学产生了更加浓厚的兴趣。康有为仔细阅读收集到的西书西报，以及中国人写的外国游记，从中了解西方的政治制度、历史地理和风俗人情。他还阅读了一些有关声、光、化、电等自然科学的书籍。康有为可以说是饥不择食地吸收西方的先进文化营养，试图从中寻找一剂拯救国家和民族于危难的良药。

在当时的中国，西方的书籍非常少，也主要是一些初级的工艺、兵法、医学、圣经和宗教宣传品，远远不能满足需求。康有为多么希望自己能多看一些西书，但自己只是一介书生，自己的建议又能有多重的分量啊？所以他打算通过一个有地位、有名望的人来向朝廷转达自己的建议，他看中了当时的两广总督张之洞。

张之洞（1837—1909 年），字孝达，号香涛，原籍直隶（今河北）南皮，同治初年进士，曾任翰林院侍讲学士、内阁学士等职。光绪十年（1884 年）中法战争时，他由山西巡抚升任两广总督。张之洞在两广总督任内（1884—1889年），对两广，尤其是广东的财政、经济、军备、民事、文教、洋务、外交等方面进行了系统的治理，并先后建立了广东缫丝厂、制钱局及银元局，特别值得称道的是中法战争期间，他不仅在广东加紧布置省防和海防，而且不惜向外国洋行借款购买大量的枪炮弹药以接济广西、台湾抗法前线的清军和黑旗军。光绪十五年（1889年），他调任湖广总督，先后开办了汉阳铁厂和湖北枪炮厂，尤其湖北枪炮厂，其规模之大，机器之先进，在当时的中国和亚洲是无可比拟的，它成为洋务派后期创办的最大、最有成效的军工企业。

作为晚清洋务派的后起之秀，张之洞积极主张改革科举制度，兴学育人，振兴教育。"经国以自强为本，自强以储才为先。"他普建书院、广兴学校，他在山西设立"令德堂院"，在四川设立"尊经书院"，在广东建立"广雅书院"，在湖北办"经心书院"和"江汉书院"。十九世纪六十年代至七十年代，各省洋务派纷纷创办洋务学堂，培养新式人才，随着各地新式学堂的创办，张之洞也要求书院"均酌照学堂办法，严立学规，改定课程，一洗帖括词章之习，惟以选真才济时用为要归"。并把声、光、化、电等近代自然科学评为教学内容。张之洞做出了明确规定：新建学堂应"讲求时务，融贯中西，研精器数，以期教育成材，上备国家任使"。张之洞的教育思想和实践在中国教育史上占有重要的地位。

1886年春天，康有为住在广州，好友张鼎华来看望他。这时康有为正苦于无人代他去向张之洞转达多译西书的建议。见到张鼎华，康有为不禁眼前一亮，为何不请张鼎华代为转告呢？于是，康有为托张鼎华转告张之洞："中国西书太少，傅兰雅所译西书，皆兵医书不切之学，其政书甚要，西学甚多新理，皆中国所无，宜开局译，为最要事。"张之洞对康有为的建议口头上表示同意，并说要聘请康有为主持译书局事宜，但后来由于缺少专款和人员，这件事终于不了了之。即便如此，康有为学习西方文化的思想还是给张之洞留下了很深的印象，并对他产生了一定的影响。张之洞无论是在山西出任巡抚，还是两广总督任内，以至后来的湖广总督、两江总督任内，他在各处创办了大量书院和洋务学堂，并大力提倡出国留学教育。他在提倡以旧学为"体"的同时，也开始注意以"西学为用"，增建了一些传授西文、西艺的新学校。此外，他还鼓励出洋游历，不断选派学生和官员留学和游历英、法、德，主动授受西方教育和文化。张之洞的向西方文化学习的思想可以说是与康有为有一定关系，只不过两个人的目的不同。张之洞的目的是引进西方的科学技术，来为清政府的"自强"、"求富"服务，而康有为则是要学习西方的政治理论，改革中国的落后体制。所以尽管当维新变法运动刚兴起之时，张之洞曾大力扶持，特别是维新派创办《时务报》时，得到了张之洞的大力捐助，康有为谋创上海强学会时，张之洞时任两江总督，"又首捐一千五百两为开办经费"。这是因为当时维新派主张学习西方先进的科学文化和生产技术、振兴的工商业，与洋务派几十年的"求强"、"求富"目标是一致的。由此可见，著名洋务派张之洞对维新派

给予一定的支持是合乎情理的，而当戊戌变法运动失败后，张之洞又立即将湖南的维新成就涤荡尽净，也就不难理解了。

# 五、书法论述

1888年，康有为进京参加顺天乡试，住在南海会馆北侧的"七树堂"。院内七棵枝繁叶茂的老槐树昂然挺立，婆娑多姿，"七树堂"即因此而得名。各种花卉争奇斗艳，景色宜人。"七树堂"这个雅静的书斋，却成了近代中国维新运动的摇篮。康有为将自己的住处取名为"汗漫舫"，"别院回廊，有老树巨石，小室如舟，吾名之为汗漫舫。爱其幽胜，与野人之质为宜，频岁居之，读碑洗石"。在此，康有为闭门谢客，"尽观京师藏家之金石凡数千种，自光绪十三年以前者，略尽睹矣。拟著一金石书，以人多为之者，乃续包慎伯为《广艺舟双楫》焉"。这里所说的包慎伯就是包世臣。

包世臣（1775—1855年），字慎伯，号倦翁，安徽泾县人，嘉庆年间举人，曾担任过江西新喻（今新余）知县。他关心时政，长于经济之学，工词章古文，擅长书法，被推为书家正宗。著有《艺舟双楫》，表新万军，宣笔法，对后来书风的变革产生很大的影响。全书共六卷，论文四卷，论书二卷，因此称"双楫"。其中论文多评论古文作法，也收录所作书序、碑传等；论书主要是叙述学习书法的经验和心得。《艺舟双楫》一书有力地推动了清代碑学的发展。

1889年春夏，康有为在"七树堂"汗漫舫潜心写作，完成著名的《广艺舟双楫》。尽管称之为"广"，但其中主要是探讨包世臣论书的部分，其中对书法理论和有关书法的各方面知识都有真知独见。所以它成为我国书学史上的重要理论著作。

《广艺舟双楫》共六卷，27篇，篇名为：《原书》《尊碑》《购碑》《体变》《分变》《说分》《本汉》《传卫》《宝南》《备魏》《取隋》《卑唐》《体系》《导源》《十家》《十六宗》《碑品》《碑评》《余论》《执笔》《缀法》《学叙》《述学》《榜书》《行草》《干禄》《论书绝句》。它对中国书法的起源、沿革和发展作了论述，对历史上的诸家书法流派也分别进行了分析评论，见解非常独到，不失为中国书法史上的经典之作。

康有为认为，"中国自有文字以来，皆以形为主，即假借、行草，亦形也。惟谐声略有声耳。故中国所重在形。外国文字皆以声为主"。所以外国文字不如中国文字完备。康有为提倡学碑，尤其推崇北魏，"北碑当魏世，隶楷错变，无体不有，综其大致，体庄茂而宕以逸气，力沉著而出以涩笔，要以茂密为宗。当汉末至此百年，今古相际，文质斑斓，当为今隶之极盛矣"。所以康有为认为："北碑莫盛于魏，莫备于魏。"他认为魏碑兴盛是由于它"乘晋、宋之末运，兼齐梁之流风，享国既永，艺业自兴、孝文黼黻，笃好文术、润色鸿业。故太和之后，碑版尤盛，佳书妙制，率在其时"。在推崇汉魏六朝之碑的同时，康有为却极为鄙视唐以后的碑帖，所谓"论书不取唐碑"。并且说："自宋、明以来，皆尚唐碑；宋、元、明，多师两晋。然千年以来，法唐碑者，无人名家。"

在书法上，康有为看重碑轻视帖。他认为"今日所传诸帖，无论何家，无论何帖，大抵宋、明人重钩屡翻之本，名虽羲、献，面目全非，精神尤不待论"。因此，康有为认为："今日欲尊帖学，则翻之已坏，不得不尊碑；欲尚唐碑，则磨之已坏，不得不尊南北朝碑。尊之者，非以其古也，笔画完好，精神流露，易于临摹，一也；可以考隶楷之变，二也；可以考后世之源流，三也；唐言结权，宋尚意态，六朝碑各体毕备，四也；笔法舒长刻入，雄奇角出，迎接不暇，实为唐宋之所无有，五也。有是五者，不亦宜于尊乎？"康有为尊碑轻帖的思想从中可见一斑。

此外，在《广艺舟以楫》中，康有为还对书法艺术的改革、书法的笔法等方面都作了详尽的论述。《广艺舟双楫》后来改名为《书镜》，一直印到第十九版，日文译本也翻印至第六版，在国内外产生了很大影响。特别是此书也充分体现了康有为的变法思想。"书学与治法，势变略同，周以前为一体势，汉为一体势，魏、晋至今为一体势，皆千数百年一变，后之必有变也，可以前事验之也。"

《上清帝第一书》的夭折，顺天府乡试也因为康有为的文章不符合八股考试的要求没有中试。加上此次进京，对政治的黑暗和朝野上下的污浊都有了进一步的直观了解。"久旅京师，日熟朝局，知其待亡，决然舍归，专意著述，无复人间世志意矣。"1889年9月11日，康有为怀着壮心不已的心情离开北京：

> 平生浪有回天志，今日真成去国吟。
> 回首五云宫阙迥，柴车恻恻怆余心。
> 此去东山与西山，白石齿齿松柏顶。
> 或劝蹈海未忍去，且歌《惜誓》留人间。
> 东山白云日夜飞，西樵山下柘桑肥。
> 百亩耕花花埭宅，先生归去未应非。
> 古今碑刻三千纸，行装裀大如牛腰。
> 澹如楼中七桧下，摊碑渝茗且听潮。

遭受《上清帝第一书》的挫折，雄心勃勃的康有为初次尝到了失败的滋味。他认识到，在自己将来的道路上会有更多的艰难和险阻。

# 六、布衣上书

1888年12月10日，康有为以一个不足为人称道的荫生资格，第一次向光绪帝上了一篇长达六千字的《为国势危蹙祖陵奇变请下诏罪己及时图治折》（即《上清帝第一书》），请求革新政治以挽救危局。

康有为首先分析了当时的严重形势。"方今外夷交迫，自琉球灭、安南失、缅甸亡，羽翼尽翦，将及腹心。比者日谋高丽，而伺吉林于东；英启藏卫，而窥川滇于西；俄筑铁路于北，而迫盛京；法煽乱民于南，以取滇、粤。"就在严重的民族危机面前，统治者却贪污腐败，歌舞升平，"兵弱财穷，节颓俗败，纪纲散乱，人情偷惰，上兴土木之工，下习宴游之乐，晏安欢娱，若贺太平"。而且国内灾害接连不断，黄河决口，河南、山东的百姓深受水患之害，江淮大旱，禾苗枯焦，广东大水，京师大风地震，尤为严重的是"奉天大水，山涌川溢，淹州县十余；甚至冲及永陵山谷"，清王朝已经到了濒临灭亡的地步。"国事蹙迫，在危急存亡之间，未有若今日之可忧也。"在这种危急关头，统治者却视而不见，"窃观内外人情，皆酣嬉偷惰，苟安旦夕，上下拱手，游宴从容，事无大小，无一能举，有心者叹息而无所为计，无耻者嗜利而借以营私，大厦将倾而处堂为安，积火将然而寝薪为乐，所谓安其危而利其灾者"。康有为把局势的危险形象地比喻为："人有大疯恶疾不足为患，惟视若无病，而百脉俱败，病中骨髓，此扁鹊、秦缓所望而大惧也。"康有为又进而指出："今天下所忧患者，曰兵则水陆不练，财则公私匮竭，官不择材，而上且鬻官，学教士而下皆无学。"更让康有为忧心的是"独患我皇太后皇上无欲治之心"。针对当时朝政的弊端，康有为提出了"变成法、通下情、慎左右"这三条变法主张。

"变成法"就是打破"祖宗之法"不能触动的传统旧观念，"今天下法弊极矣"。治国好比治病，"夫治国之有法，犹治病之有方也，病变则方亦变。若病既变而仍用旧方，可以增疾，时既变而仍用旧法，可以危国"。他建议清政府"酌古今之宜，求事理之实，变通尽利，裁制厥中"。他还以日本为例，指出像日本这样一个弹丸小国，由于君臣上下齐心变法兴治，十余年间，百废俱兴，"南灭琉球，北辟吓夷，欧洲大国，睨而莫敢伺"。而中国人口众多，地大物博，为什么积弱不振呢？康有为认为原因在于不变法，即所谓"变法则治可立待也"。倘若清朝最高统治者能下决心变法，"精神一变，岁月之间，纪纲已振，十年之内，富强可致，至二十年，久道化成，以恢属地而雪仇耻不难矣"。

"通下情"。康有为认为，中国政治的最大弊端是"上下否塞极矣，譬患咽喉，饮食不下，导气血不上达，则身命可危，知其在而反之，在通之而已"。叠床架屋的官僚机构，"如门堂十重，重重隔绝，浮图百级，级级难通"。而且"上体太尊而下情不达"。康有为尖锐地指出通下情的关键在于皇上能够礼贤下士，集思广议，"雳威严之尊，去堂陛之隔，使臣下人人得尽其言于前，天下人人得献其才于上"，并且"增设训议之官，召置天下耆贤，以抒下情"。只有这样，国家才能达到"群臣尽心，下情既亲，无不上达"的美好境界。

"慎左右"。康有为认为作为一个国家的统治者应当辨明忠佞。他在上书中直言不讳地指出，当朝者不能通下情是由于"左右皆宦官宫妾，壅塞聪明"，皆谀谄面谈之人，而非骨鲠直亮之士。康有为还提出一套辨别忠佞的标准，即所谓："承颜顺意者，佞臣也。弼违责难者，忠臣也；逢上以土木声色者，佞臣也。格君以侧身修行者，忠臣也；欺上以承平无事者，佞臣也。告上以灾危可忧者，忠臣也。"希望当政者能够"去谗慝而近忠良，妙选魁垒端方通知古今之士，日侍左右，兼预燕内以资启沃，则德不期修而自修矣"，希望皇帝能以己一身正气来接近忠臣，带动百姓，共同去为治理国家而奋斗。

众所周知，康有为当时是个没有任何功名的平民百姓，所以他根本没有资格向皇帝上书。因此他多方托人，试图把这封上书转交皇帝，并曾托国子祭酒盛昱代他设法转递。盛昱便把康有为的上书交给帝师翁同龢，请他代递，翁同龢因为其中"语太讦直，无益，只生衅耳"而拒绝了。盛昱又转求都察院左都御史祁世长，祁世长几经思虑，最后没有代递。尽管康有为在北京四处奔波，多方求助，但最终这封上书还是没有递到皇帝之手。梁启超后来曾追述道："光绪十四年，康有为以布衣伏阙上书，极陈外国相逼，中国危险之状；并发俄人蚕食东方之阴谋，称道日本变法致强之故事，请厘革积弊，修明内政，取法泰西，实行改革。当时举京之人，咸以康有为为病狂，大臣阻格，不为代达。"第一次上书就这样失败了。

康有为的《上清帝第一书》尽管没有上达天听，却产生了很大的社会反响。一时间，康有为的名字在京城迅速传播开来，上清帝书也被人广为传抄。康有为的名气也日渐大了起来。

第一次上书的失败，使康有为初步认识到顽固派的阻力之大。他在诗中写道：

> 落魄空为梁父吟，英雄穷暮感黄金。
> 长安乞食谁人识，只许朱公知季心。

海水夜啸黑风猎，杜鹃啼血秋山裂。

虎豹狰狞守九关，帝阍沉沉叫不得。

　　尽管面临着各方面的强大阻力，康有为却没有失去信心，"抚剑长号归去也，千山风雨啸青锋"。反而更加坚定了自己变法图强，拯救国家民族于危难之中的决心。

# 第四章 传经布道

## 一、初设讲堂

1888年6月，康有为赴京师应顺天乡试不第。这年冬天，他怀着满腔忧国忧民的热情，以布衣身份大胆上书，结果不仅未达皇上，反而遭到封建顽固分子和社会舆论的冷嘲热讽，斥之为书生狂言。在封建顽固势力的攻击和人们的嘲笑声中，康有为感到迷茫和困惑：为什么主张维新变法、救亡图存，反而招来人们的冷嘲热讽呢？

经过一番冥思苦想，他觉得这是因为"以国民之愚，而人才之乏也。非别制造新国之才，不足以救国，乃决归讲学于粤城"。历史上，每逢社会处在大变革时期，必然首先会出现一场思想文化教育运动，古今中外，概莫能外。社会变革作为一种人类历史活动，首先需要精神上的内在驱动力。所以，深刻的社会变革必有思想文化运动为其先导。

康有为对教育事业非常重视。他把从事教育工作作为传播维新思想，培养维新人才，进而振兴中国的重要手段。他指出："欲任天下之事，开中国之新世界，莫亟于教育。"这是康有为决心自己办学，培养变法人才的思想发端。1891年，康有为应陈千秋、梁启超之邀，在长兴里开堂讲学。

长兴里是一条小街，它位于广州中心闹市区中山四路。这里有一个著名的邱氏书屋，清代中叶嘉庆年间它由广东邱姓家族所建，位于一座前后三进的大院落。院四周围墙环绕，迎门可见书有"邱氏书屋"四个大字的石匾高挂其上。中院树木郁郁葱葱，环境安静优雅，正堂宽敞明亮，康有为就把自己的讲堂设在这里。

在当时的中国，名气大的书院有很多，连乡村也有不少学堂，但书院也好，学堂也罢，它们所讲授的内容大都是程朱理学、训诂考证学、帖括词章学，都不过是为了应付封建科举制度，以此为敲门砖，换取功名而已，但长兴学舍却独树一帜。康有为率领其弟子，大谈中外兴衰之由，并且打着孔子的招牌，经常向学生阐述自己变法维新的思想，与封建教育分庭抗礼。这一切给当时仿佛一潭死水的中国带来一股新鲜空气，吸引着无数有志青年到这里。

康有为当时所住的云衢书屋在惠爱街，离长兴学舍较远。康有为每日以步当车，往返其间。他精力充沛，在课堂上谈古论今，旁征博引，"以孔学、佛学、宋明学为体，以史学、西学为用，其教旨专在激励气节，发扬精神，广求智慧"。虽然长兴学舍当时在很多方面还不很健全，但是，康有为独特的教学方法和教学内容标志着一所带有资产阶级萌芽性质的新学校在中国诞生了。正如康有为自己所说："中国数千年无学校，至长兴学舍，虽其组织之完备，万不逮泰西之一，而其精神，则未多让之。"康有为正是以自己崭新的维新思想熏陶了长兴学舍那批有志的青年。这样，长兴学舍成了中国培养维新人才的第一个摇篮。

康有为办学的目的很明确，那就是培养更多变法维新的人才。因此，他招收学生的标准和方法也与别人大不一样。他不分门第高低、年龄大小，也不拘泥于文化水平高低，而是以能否接受他的维新变法理论作为入学的先决条件。在他这里没有一般形式的入学考试，招考办法，主要是通过逐个谈话加以甄别，对具有一定文化水平，并且有志于维新的爱国青年加以吸收。这种独特的招考方式，在当时的中国社会可以说是独一无二的。

通过这种特殊的考试方法，康有为招收了一批又一批有志青年，在他的谆谆教导和影响下，学生们都树立了维新变法，以天下为己任的远大理想："每轻视八股，于考据训诂，亦不甚措意，惟喜谈时务，多留意政治，盖有志于用世者"。一批批有志之士就是从这里脱颖而出的。

在长兴学舍，康有为没有给学生讲授传统的四书五经，也不讲八股老调，而是以孔学、佛学、宋明学（陆王心学）为体，以史学、西学为用。他讲学重"今文学"，谓"古文"是刘歆所伪造。至于春秋，则尊公谷而非左传。当时，列强压迫、世界大势、汉唐政治、两宋的政治都是他讲学的内容。每论一学、论一事，必上下古今，以究其沿革得失，并引用欧美事例作比较证明。康有为在讲授知识的同时，不仅重视开阔弟子们的视野，而且使他们尽可能触类旁通，领悟吸取更多的知识营养。其教育方法生动活泼，既有课堂讲授，又有课下辅导。学生在听老师授课期间，还有一定的时间自学，"其施多方，皆创中国数千年所未闻未睹"。康有为倡导学生大胆发言，自由发挥自己的思想，"各随其意志之所接近，冲动之所趋向，如万壑分流，各归一方"。

那里，学生们最感兴趣的课程是《古念学术源流》，这门课也是康有为最喜欢、最拿手的。每次开讲前总要先贴出通知，一般每一个月讲三四次，次次都座无虚席。康有为在台上目光炯炯，口若悬河；弟子们在台下聚精会神，津津有味。梁启超的弟弟梁启勋曾回忆道："我们最感兴趣的是先生讲的《学术源流》。

《学术源流》是把儒、墨、法、道等所谓九流，以及汉代的考证学、宋亢的理学等，列举其源流派别。又如文学中的书、画、诗、词等亦然。书法如晋之羲献：羲献以前如何成立，羲献以后如何变化；诗歌如唐之李、杜：李、杜以前如何发展，李、杜以后如何变化，皆原原本本，列举其纲要。每个月讲三四次不等，先期贴出通告，'今日讲学术源流'。先生对讲'学术源流'颇有兴趣，一讲就四五个钟头。"梁启超也曾深情地回忆跟随老师学习《古今学术源流》的情景："先生每逾午则升座讲古今学术源流，每讲辄历二三小时，讲者忘倦，听者亦忘倦。每听一度，则个个欢喜踊跃，自以为有所创获，退省则醰醰然有味历久而弥永也。"张伯桢写的《康南海先生讲学记》，全文近两万字，但除序文外，记载的主要就是康有为讲授的《古今学术源流》。他在序文中说道："先生博综群籍，贯穿百代，通中西之邮，参新旧之长。余从学之余，辄为笔录，积久成帙，时用温习，回念师门，犹不胜时雨晞阳之感云。"

在教学过程中，康有为特别注意培养学生的独立思考能力。他教育学生善于观察问题和解决问题，要求学生不死读书，也不读死书。梁启超曾说过："学者凡读书，必每句深求其故，以自由议论为主，久之触发自多，见地自进，始能贯串群书，自成条理。"这里或多或少是受了他老师的影响。康有为还注意培养学生多方面的能力。除了中国古书外，他还让学生读很多西洋书，如江南制造局关于声、光、化、电等科学译述共一百多种，容闳、严复等人翻译的西书，以及外国传教士职傅兰雅、李提摩太等人的译作。

正是由于这种生动活泼的教学方法启发教育了学生，使他们很容易就受到了康有为新思想的影响，从而完全抛弃了旧式的八股课艺、词章训诂之学，逐步培养起关心国家、民族命运，以天下为己任的理想。

# 二、万木草堂

长兴学舍建立后，来此的学者不断增加。一年后，由于来者日众，旧址已容纳不下，所以不得不移讲堂于卫边街邝氏祠。这时的学生总数已达四十余人。1893年冬，因学生不断增多，又迁校于广府学宫文昌殿后的仰高祠（今广州市工人文化宫），一租就是十年。康有为正式给学堂命名为"万木草堂"，并装上一块"万木草堂"的匾额高挂在堂上。其寓意是希望培植万木成为国家栋梁。

从1891年开办长兴学舍，到1898年戊戌政变，清政府下令封禁万木草堂为止，康有为在广州办学前后历时八年。

在这漫长的八年里，或为入京应试，或为外出游览、讲学，康有为曾多次离

开广州。但他对万木草堂的学生们的授业并未因此而停止，学生更没有因此而荒废学业，一切教学活动仍按其所订章程正常进行。他们有时聚而会讲，有时各自演述心得。日常学习由梁启超、徐勤、林奎等学长负责指导。同学有疑难或交答问簿者，学长必详为批答。因此康有为虽然离开草堂，但草堂诸生仍夙夜进修，丝毫未敢懈怠。

万木草堂所开设的课程很多，可以说是上下古今、中西兼顾、文理兼有。但绝非杂乱无章，康有为依据变法的实际需要来安排课程的内容，按照孔学、佛学、宋学为体，史学、西学为用的方针。康有为在万木草堂的四年多时间里，倾注了大量心血，经常在讲堂一讲就是四五个小时，他一边教授给学生文化知识，一边启发学生同自己一道探求救国之法，寻求摆脱危机的途径。万木草堂成为康有为传播自己变法思想，培养维新骨干的良好场所。

万木草堂设有一个藏书丰富的书藏，即图书阅览室，里面的藏书是以康有为所藏书为基础，也有同学们自由捐献的家藏的书。许多藏书非常珍贵，在外面是很少看到的。所以万木草堂的学生很珍惜这些藏书，大家在学习过程中经常利用这些书，去解决一些疑难问题。万木草堂的学生卢湘父曾回忆道："同学多闭户自修，惟予则于书藏中自修也。李谧有言：'大丈夫拥书万卷，何假南面百城。'予则有百城之乐矣。古人有耽读玩市者，今则市肆所无者，予更得之，其为幸更何如也。"

在万木草堂，除了听康有为课堂讲授外，学生们主要靠自己读书，写笔记。此外，每人发给一本功课簿，凡读书有疑问或心得就立即写在功课簿上，每半个月呈交一次。对学生的疑问，康有为总是认真地给予批示和解答。待同学们的功课簿写满后，康有为让其存入书藏，供后来的同学阅览。功课簿之外还设有一本厚簿"蓄德录"，每日顺着宿舍房间依次传递，循环往复，每人每天录入几句古人格言、名句或俊语，随各人爱好，写什么都可以。例如写"学而时习之，不亦悦乎"等等。这些格言、名句除写在"蓄德录"外，同时还用一张小纸写上，贴在大堂板壁上。它的作用是用以激励大家，引发各人的兴趣。每隔三五个月，康有为也拿去翻阅一次，借以考察学生的思想动向，此举确有功效。在万木草堂还有一个礼乐器库，贮藏着很多习礼所用的仪器，其中有钟、鼓、磬、铎、干、戚、羽、旄以及投壶所用的竹箭等。师生每月习礼一次，在老师的率领下，同学们唱着老师亲自编写的《文成舞辞》，跳起老师自编的"文成舞"，钟齐奏，干戚杂陈，礼容颇为隆重。

万木草堂没有考试制度，全在功课簿上考察各人造诣之深浅，也不分年级与班次。在老学生中选出两三名"学长"以领导新生读书。如前所述，中国近代著名的大学者梁启超就曾任过万木草堂的学长。

当时万木草堂的学生年龄都在二十岁左右，正是求知欲最强的时候。他们的脑海中本来空空洞洞，一张白纸，什么东西都可以容纳。而他们又有幸碰上内容复杂、材料丰富的学术源流讲义的诱导。所以，这群年轻人如饥似渴地跟随老师学知识，长见识。康有为还要求学生每半个月举行一次演讲会，让学生各抒己见，自由发表见解。这样既培养了他们独立思考问题的能力，又可以激活他们的思想。

万木草堂的学生读书都非常用功，这大概与老师对他们的熏陶有直接的关系。康有为的弟弟康广仁在与万木草堂的学生谈兄长勤奋好学的精神时，这样说："他从小就很用功读书，每天早上拿五六本放在桌上，右手拿着一把很尖利的铁锥，用力向下一锥，锥穿两本书，今天就读两本书，锥穿三本书，今天就读三本书，每日必定要读一锥书。他有时为完成看一锥书的任务，看书看得上眼皮闭不下来。"在万木草堂，康有为不仅以他新颖的教学内容吸引无数青年人投到自己的门下，而且以他对教学诚恳的态度和执着的精神感染着自己的弟子们。在讲堂上，他总是挺直脊背，一讲就是四五个钟头。同学们坐了四五个小时无靠背的硬板凳，一下讲堂后即回宿舍倒在了床上，但康先生回屋后却继续批阅功课簿。在批阅学生的功课簿时如果发现问题，康有为立即把学生召来当场给以解答。学生们被他这种勤奋好学和对工作兢兢业业的精神深深感动了。

在当时的教育领域里，八股之风尤盛，康有为在万木草堂的办学活动确实是一个颇具胆识的举动。他的新颖的教学内容和教学思想在当时社会引起了极大震动。梁鼎芬在《赠康长素布衣》一诗中这样称赞康有为：

> 牛女星文夜放光，樵山云气郁青苍。
> 九流混混谁真派，万木森森一草堂。
> 岂有疏才尊北海？空思三顾起南阳。
> 搴兰揽芷夫君意，蕉萃行吟太自伤。

康有为在万木草堂既发展、宣传了维新变法的理论，也培养和造就了一批维新变法的骨干力量，为以后在神州大地掀起维新风潮打下了良好的基础。

在这八年中跟随康有为求学的人数已达几千。据康有为的门生张伯桢所说："先生之讲学也，亦以穷创义为要旨，广罗英才而教育之，求广大之思想，脱前人之窠臼，辟独得之新理，寻一贯之真谛。各省学子，千里负笈，闻风相从，前后达三千人。"康有为的门生卢湘文也曾回忆万木草堂全盛时的情况："草堂徒侣，康门弟子，其全盛时，数在千计，盖遍于各省矣。"据卢湘文回忆，曾有"同窗录"。后因 1895 年孙中山在广州设农学会，名为讲求农学，实为宣传革命，

不久被官方搜捕通缉，当时万木草堂学生崔洞若参加了农学会，其他同学因害怕受牵连，只好把同窗录焚毁了。后来，依据当时当事人的回忆，有姓名可考的大约有一百多人。在这里，我们仅介绍10名号称长江兴里十大弟子、康有为最得意的门生：

陈千秋（1869—1895年），字通甫，号随生，广东南海西樵乡人。1890年春，陈千秋慕名来到康有为居住的云衢书屋登门拜访，受到了康有为的热情接待。言谈中，康有为大讲诸经。对此，陈千秋后来回忆道："告之以孔子改制之意，仁道合群之原，……告以诸天之界，诸星之界，大地之界，人身之界，血轮之界，各有国土、人民、物类、政教、礼乐、文章……又告以大地界中三世，后此大同之世，复有三统。"康有为的新思想深深吸引了陈千秋，于是陈千秋就成了康有为的第一个受业弟子。陈千秋天资聪颖，勤奋好学，才华出众。梁启勋曾回忆道："陈千秋就是一个读书非常努力的人。他有条有理，非常爱护书籍。看书时，如果在房中走着看，总是用长袖子托在手上垫着书看。如果坐在桌旁看书时，就用右臂长袖把桌上尘土擦拂净，才肯把书放在桌上。他看过的书老是很整齐清洁的。"康有为也曾这样夸奖陈千秋："天才亮特，闻一知二，志宏而思深，气刚而力毅，学者之所未见。"陈千秋曾协助老师编写《新学伪经考》、《孔子改制考》等书，是康有为的得力助手。

梁启超（1873—1929年），字卓如，号任公，广东新会人。颇有天赋，12岁时就中了秀才，就读于当时广州著名的学海堂，他在学海堂是出类拔萃的高才生。与康有为的第一个弟子陈千秋是同学，又是好朋友。陈千秋拜康有为为师后，向梁启超介绍了康有为的"非常异义可怪之论"，使他受到很大的震动。于是他毅然告别旧学，拜康有为为师，做了康有为的第二个弟子。

在万木草堂学习期间，梁启超和陈千秋同时被提任为学长，并经常负责查找资料，协助康有为编写《新学伪经考》和《孔子改制考》等书。如果康有为有事外出，万木草堂的教学任务以及辅导同学的工作就由梁启超负责。在所有康门弟子中，梁启超的成就最大。

1895年，梁启超随康有为一道到北京参加会试。当时正值中日甲午战争中国惨败，李鸿章赴日签订《马关条约》，引起全国人民的反对。康有为闻知此消息，立即联合各省在京会试的举人一千三百多人联名上书，提出拒签和约、迁都抗战、变法图强三项主张。这就是历史上著名的"公车上书"。梁启超奔走于各省举人之间，积极联络，在这次活动中，成为康有为最积极的追随者和最得力的助手。不久，他主编维新派的主要报刊《中外纪闻》和《时务报》，发表了许多宣传变法维新的文章，为维新运动作了大量的舆论准备工作。

在维新运动过程中，他曾任湖南时务学堂的总教习。在教学活动中，他大力宣传维新变法思想，为维新变法事业培养了一批优秀人才。总之，在整个维新运动期间，梁启超活跃异常，显示了其卓越的宣传和组织才能。戊戌变法失败以后，他出逃日本，之后曾参加并领导保皇会、宪政会、进步党，主编《清议报》、《新民丛报》等。辛亥革命后，曾拥护袁世凯，并出任袁政府司法总长。1916年，他策动蔡锷组织护国军反袁。北洋军阀皖系段祺瑞上台后，梁启超曾出任财政总长。1917年底，段祺瑞辞职，梁启超也随即离开了北洋政府。从此，他告别了政治生涯，后从事学术研究和教育工作达十余年之久，直至去世。

梁启超是中国近代历史上，一位勤奋好学、才华横溢、学识渊博、成绩卓著的思想家和改革家。他的学术著作囊括古今，兼及中外，涉及到哲学、史学、经济、法律、道德、文学、宗教、文字音韵、语言等许多学科。其著作总集为《饮冰室合集》。

曹泰（1872—1895年），字箸伟，广东南海人，他也是长兴学舍的第一批学生。他知识渊博，善于言辞，著述颇多，是个才华横溢的青年。梁启勋曾回忆道："曹箸伟喜欢躺着看书，每天都拿很多书放在床边，看后随手放在床上，第二日又不把书归还书架上。日久满床都是书，晚上只好睡在书堆里。"据说，曹箸伟进万木草堂还有一段有趣的故事。一天，陈千秋到石星巢的翰墨池馆访友，经过一房间，房门开着，他看到墙上贴着这样一副对联："我辈耐十年寒，供斯民暖席；朝廷具一副泪，闻天下笑声。"陈千秋觉得颇有意思，就进屋拜访屋中主人，二人一见如故，谈得颇为投机。不久，陈千秋就介绍他到万木草堂求学，此人便是曹箸伟。

曹箸伟笃信佛学，对虚无学说尤其喜爱。他听说罗浮山有高行道人，只身去访，不幸染病身亡。

韩文举（1864—1944年），字树园，号孔庵，广东番禺人，也是最早到长兴里学习的康门弟子之一。在维新运动高潮时，曾担任湖南长沙时务学堂中文教习，中国近代著名的军事家蔡锷就出其门下。维新运动高涨时，澳门出版的《知新报》，成了资产阶级改良派在华南地区的重要机关报刊，韩文举是《知新报》的主要撰搞人之一。

韩文举思想颇为激进，对名人志士尤为崇拜，他很欣赏十六国时前秦大臣王猛。

王猛（325—375年），字景略，北海剧（今山东寿光东南）人。自幼家贫，"桓温入关，猛被褐而诣之，一面谈当世之事，扪虱而言，旁若无人"。后来，他成为秦王苻坚的谋士，备受重用。韩文举非常赞赏王猛那种大无畏的精神，故而以扪虱谈虎客作为自己的笔名。1902年2月8日，《新民丛报》创刊，韩文举在《新民丛报》上开辟《扪虱谈虎》专栏，发表了许多脍炙人口的文章，在社会上

反响很大。晚年定居香港，其著作是《树园先生遗集》。

麦孟华（1874—1915年），字孺博，号蜕庵，广东顺德人。光绪年间举人，擅长诗词。是康有为早期弟子之一。1895年，康有为"公车上书"，他是主要参与者。同年，康有为在北京发起成立强学会，并创办了《万国公报》，他和梁启超共同任编辑，他还积极参加强学会和保国会的活动。1897年，与梁启超、汪康年等在上海成立不缠足会。他多次在维新派的主要报刊《时务报》上发表文章，主张"尊君权，抑民权"。戊戌政变后，他流亡日本，曾协助梁后超办《清议报》。其著作为《蜕庵诗词》。

徐勤（1873—1945年），字君勉，号雪庵邑庠生，广东三水人。是康有为在万木草堂讲学时的得意门生之一。在维新运动高涨之际，以出色的文笔不断发表文章宣传变法维新的思想，曾发表过著名的《中国除害议》一文，在当时引起极大的反响。

作为康有为的早期弟子，徐勤与老师不仅有深厚的师生情，也深得老师信任。康有为曾这样评价过徐勤："君勉年方强壮，从吾游者二十有四年，与吾共患难十有五年，与吾离索也五年，其待我至忠且敬也。"戊戌变法失败后，慈禧太后下令大肆搜捕维新派，康有为在逃跑前曾给徐勤写过一封"绝笔书"："吾以救中国故，冒险遭变，竟至不测，命也。然神明何曾死哉？君勉为烈丈夫，吾有老母，谨以为托。"由此可见，康有为对徐勤确实是特别信赖。

1898年，徐勤出任日本横滨大同学校校长。戊戌政变后，他追随康有为，组织保皇会，曾领导自立军勤王，不久失败。1905年，在香港办《商报》。1906年，在新加坡办《南洋总汇报》，他主张保皇，反对革命。

梁朝杰（1877—1958年），字伯隽，号出云馆主人，广东新会人。他自幼聪明过人，十二岁就中了举人。在梁启超的引见下，他进长兴里求学于康有为。他特别喜爱佛学，听了学术源流的印度哲学，他"心议佛法，兴趣近于禅宗一派，终日静坐，极少与同学会谈"。有一天，他去请教康有为要读什么书。先生说："经书你已经读过，读史罢。司马温公的通鉴，繁简得宜，其中所加之案语，条条都好。凡是'臣光曰'之下，就是他的案语，长则千数百字，短则三两句，无一不扼要而精辟，就读通鉴罢。"20多天以后，他又去问先生读什么书，康有为感到很诧异，不相信这么快就读完了二百九十四卷《通鉴》，于是试举其中的人物或事迹问他，他竟然能对答如流。可见他确实聪明过人。梁朝杰曾到过日本，不久留学美国，擅长诗歌，著有《出云馆文集》。

王觉任，字公裕，又字镜如，广东东莞人。他也是康有为早期弟子之一，是万木草堂里比较活跃的人物。他一边帮助老师维持教学秩序，同时还协助老师编写书籍。戊戌变法高涨之际，曾担任澳门《知新报》主笔。戊戌政变后，他曾参加了徐勤领导的自立军起义。后曾避难于香港、澳门。

陈和泽，字荫农，广东南海人。长兴学舍的优秀学生，并且受老师思想影响比较深。他一生主要从事教育工作，先是在横滨华侨学校任教，后回国担任广州南强公学校长。

林奎，字慧儒，广东新会人。在长兴学舍读书时成绩优异，曾与陈和泽、徐勤一起任教于日本横滨华侨学校，后回国从事律师工作。

万木草堂既不同于中国旧式学府，也不是对西方的近代学校的全盘照搬，而是有一套自己的独特的教学方式和方法。万木草堂在老师的"勉强为学，逆乎常纬"的思想指导下，逐渐形成了自己独特的校风和学风。

一、纪律严明的学风。在万木草堂，"学风特严，门榜崇尚名节，检摄威仪之训"。任何闲杂人等不得随便进出万木草堂。草堂的学生穿着方面也是特别严肃：凡上堂必穿长衣，即使是盛夏也不例外，不准短衣露足。夏天上穿蓝布长衫、下穿散脚裤，这就是康门弟子的寻常装束。

二、师生共同参与的校风。在万木草堂，师生共同管理学校，共同教书，共同著书。康有为是总监督兼总教习，下设学长三人或六人，分助各科。学长都由学生担任。每当康有为出游时，就选其弟子中资历较深的人主持草堂和各项事务，所以即使老师不在，万木草堂的教学仍井然有序。正如一位康门弟子说道："康师好游，若在寻常书馆，则诸生之放荡可知。而草堂则不然，师虽不在，而诸友之讲贯不辍，或聚而会讲，各就所得以演述……主讲者多为同学之前辈，如君勉、镜如、慧儒、任公等。"这种师生共同承担讲学任务的民主作风，在当时的中国社会堪称一大壮举。

康有为在教学之余著书立说，得到了其弟子们的大力协助。在万木草堂，学生除自己用功读书之外，还有一种特殊工作即编书，这是协助老师著述的工作。譬如康有为主要写一部《孔子改制考》，先由他指定一二十个同学，把上自秦汉，下至宋代各学者的著述搜集检阅，把其中关于孔子改制的言论简单录出，并标明见于某书之第几卷、第几篇，这样编稿时就可免翻检之劳。具体工作时间由编书团体共同商定，每月上旬某日，中旬某日，下旬某日，从几点到几点，会合大堂工作。工作时，仍坐无靠背的硬板凳。某人担任某书，自由选择。一部编完，又编第二部。这些稿件统存于书藏，以便康有为随时调用。通过这一活动，学生们的思考能力和写作能力得到了很好的锻炼。

三、关注国家命运，立志报效祖国的校风。这方面，康有为以自己的行为给学生们树立了一个良好的榜样。早在1888年，康有为就以一个布衣的身份大胆上书皇上，虽然未能上达，却表现出他关心国家大事的爱国热情。在万木草堂教学过程中，康有为时刻注意向学生们灌输爱国救亡的思想。"每语及国事杌陧，

民生憔悴，外侮凭陵，辄慷慨欷歔，或到流涕"，在老师熏陶下，弟子门也都萌生关心国家大事，忧国救国的思想，梁启超曾说过在老师的影响下，自己"懔然于匹夫之责，而不敢放弃自暇"。

康有为认为培养人才必须尽心尽力，耗以时日，方能见成效。他说道："夫养人才，犹种树也。筑室可不月而就，种树非数年不荫。今变法百事可急就，而兴学养才不可一日致也。"值得欣慰的是，万木草堂的弟子们也确实没有辜负老师的期望。他们大都学有所成，对社会作出了很大贡献。其中，许多人在百日维新期间成为康有为的积极拥护者和得力助手。最有名的当属梁启超，徐勤、麦孟华、韩文举等也是其中的佼佼者。康有为自己也认为，万木草堂的教学活动达到了预期的目的。他曾题诗高度评价万木草堂：

> 万木森森散万花，垂珠连壁照江霞。
> 好将遗宝同珍护，勿任摧残委瓦沙。
> 春华秋实各自贤，几年伤逝化风烟。
> 偶登群玉山头望，八万珠璎总可怜。
> 万木森森万玉鸣，只鳞片羽万人惊。
> 更将散布人间世，化身万亿发光明。

万木草堂的教育活动不仅对学术的进步而且对社会的发展，都产生过深远的影响。参加过维新运动的进步民主人士张元济，在解放后追述戊戌维新史事时，对康有为在万木草堂的教育事业，给予很高的评价，并赋诗称赞：

> 南洲讲学新开派，万木森森一草堂。
> 谁识书生能报国，晚清人物数康梁。

可见，万木草堂既是一个新型教育集团，也是一个维新政治团体。"万木森森散万花"，万木草堂的美名，即寓有培养千千万万人才和开放维新之花的深意。在这里康有为创造出了他的维新变法理论，并为他即将掀起的维新运动培养出了一批骨干力量。

因此，当慈禧太后发动戊戌政变时，万木草堂被破坏得特别厉害。1898年10月7日，万木草堂被清廷封禁，三百多箱图书被付之一炬。同时清政府还下令各省将康有为的著作全部毁版，禁止发行。清政府对万木草堂极端地害怕和仇视，恰恰从另一个方面证明了万木草堂的时代价值和历史价值。

戊戌变法失败后，康有为虽流亡海外，仍然对万木草堂的弟子们念念不忘。

1912 年，康有为曾给弟子梁启超写信："西望孺博，宝器郁其光华；东怀君勉，雷霆走其精锐。思草堂之万木，未尽凋零；藐烈士之暮年，平生飞动。" 1913 年，康有为终于结束了其十六年的流亡生涯，从海外归来。同年，为了纪念万木草堂，康有为与弟子在广州七公祠旧址上，重新修建草堂，作为诸生集结讲习之所，仍取名为万木草堂，并把戊戌变法时被清政府查抄的书刊重新放于草堂中。康有为还命弟子梁启超、韩文举、徐勤、张伯桢总管其事，以使万木草堂的精神能流传下去。

# 三、桂林讲学

康有为曾有两次桂林之行。

康有为在万木草堂的办学活动蓬蓬勃勃，受到许多有志青年的欢迎。随着万木草堂名气越来越大，来此学习的人也日益增多。康有为不仅教授他们文化知识，而且时刻不忘引导他们关心时事，树立以天下为己任的理想。在康有为的影响下，万木草堂的学子个个胸怀大志，人人立志学成报效祖国。同学们所到之处，积极宣传变法图强的理论，"每出则举所闻以语亲戚朋旧，强聒而不舍，流俗骇怪，皆目之，谥曰康党"。特别是康有为的《新学伪经考》发行之后，以其崭新的思想在社会上掀起了巨大的波澜。封建守旧派纷纷要求政府下令焚毁《新学伪经考》，把康有为逐出广东。在这种情况下，康有为离开广州，赴桂林讲学。

广东、广西相毗邻，康有为在广州通过办学和著书活动，使维新思想在广州，乃至广东各地广为传播。为了进一步扩大维新思想的影响，康有为非常希望到广西去播撒维新的种子。康有为在万木草堂的弟子龙泽厚，恰好是广西桂林人，他经常向康有为介绍桂林的风土人情，并再三邀请老师到桂林讲学。他对康有为说道："桂林山水优秀，人文荟萃，风俗质朴，吾师若肯莅桂一行，必将竭诚以待。"在龙泽厚的盛情相邀下，康有为于 1894 年 12 月赴广西桂林讲学。

康有为赴桂林讲学，虽说在当时有迫不得已的原因，但是我们看其桂林讲学的效果，就可知道康有为赴桂林讲学的真正目的，在于培养维新人才。康有为非常重视教育救国，而且，其维新事业也是从办教育开始的。经过办学，广东维新人才不断涌现，那为什么不能带动邻省呢？康有为热切希望自己的思想能早一天在广西传播，从而使维新运动在广西也能蓬勃兴起。因此康有为赴广西的真正目的在于培养更多更好的变法维新人才。

第一次赴桂林讲学，康有为首先登门拜访当地的四大书院的山长。经古书院山长名叫龙朝言，是龙泽厚的父亲。虽然对康有为以礼相待，但也是勉强应付；

宣城书院山长石成峰与康有为是话不投机，秀峰书院山长曹训对康有为不仅不理不睬，而且大加诬蔑，他说道："吾不愿见此人！此人名为尊孔，实为蔑孔，孔子向称素王，而康则自号长素，岂康之学问道德，更有大于孔子者。可见其非圣无法，离经叛道，为害将无所底止，汝等何为乐此耶？"只有桂山书院山长周璜欢迎康有为的到来。虽然来自各方面的阻力很大，但康有为并没有因此气馁，相反，却更加坚定了他在广西培养维新人才的决心。他在风景秀丽的叠彩山景风阁住下，以前厅为讲堂，开始了他的第一次桂林讲学。

康有为第一次在桂林讲学的时间不长，前后只有四十天，但其影响却不小，康有为的讲学活动，给广西思想界吹来了一股新风，"影响颇多，人知爱国御敌，兴学堂、重体育，设会讲学，文武兼备，风气之变速而巨"。康有为临行前曾挥毫作诗，表达自己忧国忧民的心情：

兵甲满天地，苍生竟若何？
蹉跎梦金马，感怆泣铜驼！
避地梁鸿去，忧时杜牧多。
只愁好春色，无处著烟萝！

1897 年 1 月，康有为第二次满怀信心地赴桂林讲学，于 2 月 11 日抵达桂林。与上次不同的是，这次康有为受到了来自社会各阶层的欢迎，特别是当地的士绅也对康有为的讲学活动大力支持，如广西按察史蔡希邠、经古书院山长唐景崧等人都与康经常来往，所以康有为第二次桂林讲学与第一次情况大为不同。他深有体会地说："桂林山水之佳，岩洞之奇，天下无有，分日寻幽，搜岩选胜，地方长吏发蔡廉访，士夫如唐薇卿更迭为欢。门生颇多，以此留连，未忍去也。"康有为作了一副对联悬挂在景风阁大厅，上面写道："努力崇明德，随时爱景光"，借以表达自己的心志和决心。

康有为第二次桂林之行，除了讲学宣传维新思想外，还为组织维新力量，宣传维新思想，创办了广西第一个学会、第一所学校、第一份报纸。这几件大事办成后，古老的桂林城为之沸腾。

康有为两次赴桂林讲学，传经布道，宣传维新思想，在当地产生了很大反响。那么，他在桂林的讲学与在广州的讲学风格是否类似呢？下面就专门为您介绍康有为在桂林生动的讲学活动。

如上文所说，1895 年 1 月，康有为抵达桂林，住在风景秀丽的叠彩山景风阁。叠彩山位于江西岸，素有"江山会景处"、"玉叠蓬壶"、"清凉世界"的美称。它包括于越、四望两山和明月、仙鹤两峰，囚山石层层横断如堆彩叠锦，故名叠彩山。山的南麓有叠彩山风洞，面积大约 20 平米左右，风洞内唐代元晦的《叠彩山记》、《四望山记》等石刻，仍然完整无缺地保存至今。叠彩山的山崖上，题刻随处可见，包括诗文、题名、榜书，图画雕刻，形式各样，内容丰富。在景风阁风洞的大厅内，康有为设堂讲学。

当时来此拜师学习的弟子，除龙泽厚、龙应中（后改名志泽）、赵治天、况仕任、龙朝辅五名发起人之外，还有汪凤翔、龙焕纶、黎尚元、薛立之、程式谷、黎文瀚、林泽普、程式谷、王浚中等人，其中，龙潜和龚寿昌只有十四岁，也被破格录取。

康有为在桂林讲学期间，根据自己多年来创办学堂的经验，制定了具体的教学内容和方法。讲学内容，与广州万木草堂所讲的大致一样。据康有为在桂林讲学时的学生龚寿昌的回忆："康有为讲学的内容，常讲的是《春秋公羊传》，注重讲孔子改制、刘歆伪经、通三统、张三世等微言大义，及《礼记·礼运篇》大同的意义。并讲《荀子·非十二篇》学术的派别，《庄子·天下篇》庄子的尊孔，《墨子》、《史记》、《宋元学案》等。尤其注意讲中国学术的源流和政治革新的趋势，和他本人所著的《孔子托古改制考》、《新学伪经考》。此外康还著有《桂学答问》、《分月读书课程表》，指导阅读中西书籍的门径。受业的弟子，除听讲学和读《公羊传》外，并默读《资治通鉴》、《宋元学案》、《朱子语类》。还要依课程表选读、作札记或写疑义问难，由康解答。讲授时，听讲者即时笔录，并指定况仕任、龙应中两人编定送阅，批答后互相传观。"在康有为的谆谆教导下，学生们感到收获颇多。

除了课堂教授外，康有为还特别注意培养学生的自学能力。他要求学生必须自写札记，然后交龙应中和仕任二个学长查阅，提出具体的建议或意见，然后一起交给他批答。在桂林讲学期间，康有为仍然贯彻《长兴学记》中德、智、体全面发展的教学方针，教学之余，经常带领学生进行一些文体活动。学长龙应中曾回忆道："先生谓徒言文学，不足以救国，必兼习武事，方能御外侮。"在课余时间，师生时常共同进行一些娱乐活动，以放松紧张的神经。"有时讲授毕，即率同人出游、司礼、或投壶，有时讲诗文，书法，同人乐甚。"这样，师生之间的感情更加深厚。

康有为还经常利用大自然的景观进行直观教学。"丁酉孟夏一夕，弟子赵治天、龙应中等约十余人往景风阁康师住所请益，未几雷电交加，康兴发，即率其带雨具，持风灯，穿过风洞后之望江亭上，观赏雨景，即指示声浪、光浪、电浪之原理。康师并谓：此种宇宙于自然现象，西人悉心研究，成为声学、光学、电学之原理原则，应用于人间，是以西国日进于文明，我等亦须精心研究等语，诸弟子闻言颇多觉悟。"康有为这种直观教学法，无疑是给学生上了一堂生动活泼

而具体的实验课。

康有为在桂林的讲学活动，既生动活泼，又注重联系实际，弟子们跟随他既学到了丰富的知识，又增长了许多新思想，康有为在桂林亲手种植了一棵棵大树。他期望着这些大树有朝一日能成为国家的栋梁之材。

由于康有为讲学生动活泼，既有独创性，更有现实感，因此，"来问学者，踵履相接，口舌有不给"，于是他特著《桂学答问》及《分月读书课程表》，作为指导学生的读书门径。康有为反复教导学生们，他的讲学只是交给学生打开学术大门的钥匙，入门以后，成就高低，造诣深浅，还要靠自己发愤努力，勤于思考，举一反三和善于应用，非一日之功也。

《桂学答问》是康有为在桂林讲学期间编撰的一部著作，它专为指导阅读中西书籍门径而作。全书约一万字左右，分条叙述研读经、史、子、宋学、小学、职官、天文、地理、词章、西书等的方法，并附列书目。在《答问》中，他对古文经学大加抨击，而对孔子改制学说却大为推崇，并列举西学书目。这表明康有为这时除从中国传统思想中寻取变法依据外，还积极涉猎西书，认为只有学习西方资本主义国家的文明成果，才能救中国。这是康有为桂林讲学时期的学术成果。同时以《分月读书课程表》辅之，表中分国学、时务二门，其中，经、史、子等属国学，世界大势属时务。此外，他还要求学生学习绘图和枪法，掌握保卫国家和建设祖国的本领。

第一，《答问》对孔子《春秋》托古改制的精神备加推崇。康有为指出："孔子所以为圣人，以其改制而曲成万物，范围万世也。"他把孔子描绘成是托古改制的大师，范围万世的祖宗，并且进一步解释说："天下之所宗师者，孔子也，义理制度皆出于孔子，故学者学孔子而已。孔子去今天三千年，其学何在？曰在'六经'，夫人知之，故经学尊焉。凡为孔子之学者，皆当学经学也。"然而，经书汗牛充栋，皓首难穷，因此，应集中精力专心研读《春秋》，因为孔子虽有"六经"，但其微旨大义荟萃于《春秋》，如果学孔子而不学《春秋》，是欲其入而闭之门也。《春秋》有左氏、公羊、谷梁三家，但《春秋》"微言大义"多在《公羊》，故如《公羊》可通，而《春秋》亦可通蹟矣。康有为明确指出："《春秋》所以宜独尊者，为孔子改制之迹在也。能通《春秋》之制，则'六经'之说，莫不同条而共贯，而孔子之大道可明矣。"这就很清楚地说明，康有为之所以推崇孔子，弘扬《春秋》，是为了通经致用，改革现实社会。

第二，《答问》为学生列出应读之书及方法。康有为推重《春秋》，他认为读《春秋》"苟能明孔子改制之微言大义，则周秦诸子谈道之是非出入，秦汉以来二千年之义理制度所本从违之得失，以及外夷之治乱强弱，天人之故，皆能别白而昭晰之，振其纲而求其条目，循其干而理其枝叶，其道至约，而其功至宏矣。"

以《公羊》何注、《春秋繁露》、《孟子》、《荀子》、《白虎通义》五部书，"通其旨义，则已通大孔律例，一切案情皆可断矣"。接着，他又仔细对研读经、史、子、宋学、小学、职官、天文、地理、词章、西洋书等的方法分条叙述，并列举书目，康氏认为读书要领会精神，讲究实用，反对死记硬背。他不断耐心启发学生，凡书有精粗，读书也应该分详略，自诸经而外，读书之法，在通其大义，非谓诵其全文，提要钩元，默而识之，若能举其辞，尤易触悟。

第三，《答问》强调学习目的在于通古今中外之故，任天下之重。康氏指出："凡百学问皆由志趣，志犹器也，志大则器大，所受者大；志小则器小，所受者小。仅志于富贵科第所谓器小也，语之以天下之大岂能受哉？若有大志，博通古今中外之故，圣道王制之精，达天人之奥，任天下之重矣。"他告诉学生，读书做学问要首先立大志，不应仅迷恋于富贵科第，要以救国救民为己任。他作了一个生动而形象的比喻："圣道既明，中国古今既通，则外国亦宜通知。譬人之有家，必有邻舍，问其家事、谱系、田园，固宜熟悉，邻舍其某，乃全不知，可乎？况乎相迫而来，我之所为，彼皆知之；彼之所为，我独不闻，尤非立国练才之道。"正因为此，他特意介绍了有关西方资本主义世界的律法，如《万国公法》、政俗（主要是《列国罗计政要》《西国近事汇编》）西学（如《西学大成》《全体新论》《化学养生论》《格致鉴原》《格致释器》《格致汇编》）交涉（如《夷艘寇海记》《中西纪事》《中西关系略论》《各国和约》）数学（主要是《几何原本》《代数术》《微积分》《微积溯源》《代微积拾级》）等自然科学和社会科学方面的书籍，要求学生认真通读这些书籍，"而天下万国，烛照数计，不至瞑若摘涂矣。若将制造局书全购尤佳。学至此，则圣道王制、中外古今、天文地理皆已通矣"。

在《桂学答问》及《分月读书课程表》中，康有为积极引导学生们要注意学习西学，在西学中寻找维新变法的理论根据，强调读书要讲求实用，"先搜其经世有用者"，尤其提倡读"西人政学"之书，然后才能在中国渐渐推行开来。

总而言之，《桂学答问》是中国近代教育史上的一篇重要文献，不应被忽视。

然而，也有不少思想保守的士人，对康有为别具一格的讲学活动无法理解。他们见康有为率学生山游，手拈花枝，招摇过市，斥之为"狂"；见他时时率学生习乡饮酒或投壶，称之为"怪"者；又见他面临电闪雷鸣，雨骤风狂，不仅不躲避，反率学生登山观览，甚至骂康有为是"狂人怪物"。试想，像广西这样风气闭塞的士场，如果没有康有为这点"狂"、"怪"、"异"的劲头，怎样震荡起来呢？正是在康有为和广西人士的共同努力下，才使广西后来居上，在爱国、变革、进步的时代潮流中，走在全国维新运动的前列。

# 四、创办圣学会

康有为指出，要在政治上雷厉风行地进行维新变法，必须使国人意志统一，为此，他想到了宗教。正如梁启超所说，先生以为"欲救中国，不可不因中国人之历史习惯而利导之。又以为中国人公德缺乏，团体散涣，将不可以立于大地，欲从而统一之，非择一举国人所同戴而诚服者，则不足以结合其感情，而光大其本性"。而这个举国人所同戴而诚服者只有孔子。在康有为的眼里，孔子的教义最适合中国的国情。因此不管是在万木草堂的教学活动中，还是在桂林讲学期间，它都时刻不忘讲授和宣传孔子的思想。特别是他两次桂林讲学，看到广西在外国教士的大肆活动下，耶稣教盛行一时，这更坚定了康有为振兴孔教的决心。于是，他决定在桂林发起成立一个"以尊孔教救中国为宗旨"的学会——圣学会。

康有为组织圣学会的活动得到了广西地方官绅的积极响应，他们对学会鼎力相助。广西按察使蔡希邠亲自出面主持，并为"草章程序文"，许多官绅也纷纷捐款、捐书。康有为亲自为圣学会起草了《两粤广仁善堂圣学会缘起》及《圣学会章程》。他在文中称颂孔子为"天下所宗师"，孔子之所以为圣人，"为其仁也，仁者爱人，孔子栖栖皇皇，忧四海之困穷，思沟中之推纳"。这样一位宗师，本应当受国人敬重而顶礼膜拜，但可惜的是"深山愚氓，几徒知关帝文昌，而忘其有孔子，士大夫亦寡有过问者"。尤其令人担忧的现象是，"外国自传其教，遍满地球，近且深入中土"。而广西各地更是首当其冲，"顷梧州通商，教士猥集，皆独尊耶稣之故，而吾乃不知独尊孔子以广圣教，令布濩流衍于四裔"，故特创设圣学会，"欲推广专以发明圣道，仁吾同类，合官绅士庶而讲求之，以文会友，用广大孔子之教为主"，以实现康有为设想的"上以广先圣孔子之教，中以成国家有用之才，下以开愚氓蚩陋之习"的目标。

在康有为为圣学会撰写的《圣学会章程》中，对圣学会的任务作了具体规定。第一，庚子拜经。康有为认为："中国义理学术大道，皆出于孔子，凡有血气，莫不尊亲。外国自尊其教，考其教规，每七日一行礼拜，自王者至奴隶，各携经卷，诵读膜拜。"因此，我们也应该"每逢庚子日大会，会中士夫衿带陈经行礼，诵经一章，以昭尊敬。其每旬康日，皆为小会，听人士举行，庶以维持圣教，正人心而绝未萌"。第二，广购书器。"近年西政西学，日新不已，实则中国圣经之义，议院实谋及庶人，机器则开物利用，历代子史，百书著述，亦多有之，但研究者寡，其流渐埋，正宜恢复旧学，岂可让人独步。"为此，康有为指出："今之聚书，务使人士知中国圣人穷理之学，讲求实用，无所不备。泰西通都大邑必有大藏书楼，即中国图籍亦藏庋至多。今拟合中国图书陆续购钞，而先搜其经世有用者，西人政学及各种艺术图书皆旁搜购采，以广考镜而备研求。"并且要求"各省书局所印及西学时务有用书，皆可存堂中代售"，但是由于"其义有难明者，非图谱不显，图谱明，其体有不能明者非器不显"，所以要大量购买"天球、地球、视远、显微镜，测量艺学各新器，皆博览兼收，以为益智集思之助"。第三，创办报纸。康有为特推荐上海《时务报》和澳门《知新报》，"专录时务，兼译外国新闻，凡于治术学术有关切要者，巨细毕登，诚臻美善"。康有为建议圣学会刊报，应专以讲明孔道，表彰实学，以开耳目而长见识。第四，设大义塾。他发现"桂林城乡，寒裔滋多，冠髦之岁，多有英才，以无力从师，因而废学，不可胜道"。所以应设大义塾，以扶助这些寒士完成学业。而且要"聘通人掌教，以育寇髦之士，课以经学为本，讲求义理经济，旁及词章，与泰西各学，日有课程，月有考校，岁有甄别，一切顽劣浮薄之辈，不得滥等，其有高才特出之士，亦可酌资膏火，特加优恤，俾无忧内顾，庶几讲求激励，以底有成"。第五，开三业学。康有为指出，"泰西之富，不在治炮械军兵，而在务士农工商，农工商之业，皆有专书千百种，自小学课本，幼学阶梯，高等学校皆分科致教之，又皆有会，以讲格致新学新器，俾业农工商者考求，故其操农工商业者，皆知植物之理，通制造之法，解万国万货之源，用能富甲大地，横绝四海。"我们应该向西方学习，翻译其书，立学讲求，以开民智。1897 年 3 月 7 日，圣学会成立典礼隆重举行。"阖城士绅，皆集会场，崇祀孔子，鼓乐行礼，极一时之盛，可为中国第一美举。"康有为准备先在桂林开办圣学会，然后向广州、梧州陆续推行，渐渐普及到各府州县。利用圣学会这个阵地，康有为"日与学者论学，义学童幼尤彬彬焉"。在维新运动中，圣学会对于统一众人意志共助维新大业起了重要作用。

康有为创办圣学会，其主要目的是恢复和发扬孔子教义，为宣传维新理论寻找理论和组织基础。早在 1897 年康有为就曾写过《孔子改制考》以宣传孔子托古改制的思想，这在当时反响很大。其后，不管在万木草堂讲学，还是在桂林讲学，康有为时刻不忘宣传孔子的思想，并且把孔子的思想与自己的变法维新思想紧密地联系在一起。特别是当变法维新高涨之际，康有为尊孔思想得到更充分的体现。

1898 年 6 月 19 日，康有为上《请尊孔圣为国教立教部教会以孔子纪年而废淫祀折》，折中请求设立教部教会，并以孔圣纪年，听民间庙祀先圣，而罢废淫祀，以重国教。康有为极力称颂孔子及其思想，"孔子之圣，光并日月，孔子之经，流亘江河"，既然孔子是一位圣人，那么所有中国百姓应当人人尊孔圣，信

孔教，但现实情况却并非如此，"中国尚为多神之俗，未知专奉教主，以发德心，祈子则奉张仙，求财则供财神，工匠则奉鲁般，甚至士人通学，乃拜跳舞之鬼，号为魁星，所在学官巍楼，高高坐镇，胄子士夫，齐祈膜拜，不知羞耻，几忘其所学为何学也"。更有甚者，"牛神蛇鬼，日窃香火，山精木魅，谬设庙祀，于人心无所激励，于俗尚无所风导，徒令妖巫欺惑，神怪惊人，虚靡牲醴之资，日竭香烛之费"。这些举动愚弄百姓，耗费资源，不仅令有志之士感到心痛，更被外夷所耻笑。"欧、美游者，视为野蛮，拍象传观，以为笑柄。"

接着康有为进一步分析产生这种情况的原因，他指出，虽然学官尊祀孔子，且允许教官诸生岁时祀谒。但其他各类人，以及妇女都不许祀谒，这样导致"民心无所归，则必有施敬之所"。再加上朝廷听任民间立庙，而"小民智者少而愚者多，势必巫觋为政，妄立淫祠，崇拜神怪"。于是淫祠遍地，妖庙繁立于海外，欧、美诸国于是耻笑我国人民无宗教，如果任这种情形延续下去，风俗何由而善？正学何由而兴？大教何由而一？因此，康有为大声疾呼："吾国自有教主，春秋作自先圣，何不直祀孔子，同奉教主。"

在康有为眼里，孔子实为中国教主。"昔周末大乱，诸子并兴，皆创新教，孔子应天受命，以主人伦，集成三代之文，选定六经之义，其诗书礼乐因藉先王之旧而正定之，其《易》以通阴阳，《春秋》以张三世，继周改制，号为互王，苍帝降精，实为教主。"老子、庄子、墨子虽都为中国著名的思想家，且都各传其教，遍于中国，但他们都"不若孔子之宏大周遍，又不若孔子之近人中庸"。因此，到汉武帝时，儒家理所当然地一统天下，孔子也因此成为中国教主。康有为进一步指出，以往大地教主，都假托神道以使人尊信，唯有孔子才真正是"不假神道而能为教主"，并且真正是文明之世的教主。人人皆应知教主，并共尊敬信仰他。康有为在上书中把孔子称为中国的圣人。"孔子之道，博大普遍，兼该人神，包罗治教。固为至矣。然因立君臣夫妇之义，则婚宦无殊，通饮食衣服之常，则齐民无异。因此之故，治教合一，奉其教者，不为僧道，只为人民。"

康有为建议，在全国范围内罢弃淫祠，自京师城野省府县乡，皆独立孔子庙，"以孔子配天，听人民男女，皆祀谒之……所在乡市，皆立孔教会，公举士人通六经四书者讲生，以七日休息，宣讲圣经，男女皆听。讲生兼为奉祀生，掌圣庙之祭祀洒扫。乡千百人必一庙，每庙一生，多者听之，一司数十乡，公举讲师若干，自讲生选焉。一县公举大讲师若干，由讲师选焉，以经明行修者弃之，并掌其县司之祀，以教人士。或领学校，教经学之席，一府一省，递公举而益高尊，府位曰宗师，省曰大宗师，其教学校之经学亦同……合各省大宗公举祭酒老师，耆硕明德，为全国教会之长，朝命即以为教部尚书，或曰大长可也。"

康有为提出，应以孔子纪年来明确孔子教主的地位。"大地各国，皆以教主纪年，一以省人记忆之力，便于考据，一以起人信仰之心，易于尊行。"康有为请求皇上"下诏设立教部，令行省设立教会讲生，令民间有庙，皆传祀孔子以配天，并行孔子祀年以崇国教……所有淫祠，乞命所在有司，立行罢废，皆以改充孔庙，或作学校，以省妄费，而正教俗"。

可以说，康有为弘扬孔子思想，尊孔教为国教的尝试是有其良苦用心的，他希望用孔教来维系广大士大夫阶层，乃至全国百姓，团结国人，为实现共同的政治理想而奋斗。

康有为在桂林讲学期间，看到桂林地理位置偏远，而且没有报馆，因而消息闭塞。他认为要想改变这一现状，只有先办报才能开此处风气。康有为发动士绅捐资，创办了圣学会的机关报——《广仁报》，由他的学生赵廷飓、曹硕、况仕任、龙应中、龙朝辅等任主笔。

《广仁报》是一份综合性的，也是广西的第一份报纸。其宗旨"专以讲明孔道，表彰实学，次及各省新闻，各国政学，而善堂美举，会中事务附焉"。采用周刊形式，每月出版两册，设有论著、时事新闻、地方要闻、中西译述、杂谈等栏目。许多论著痛陈中国内忧外患的危亡形势，呼吁迅速变法维新，以图自救。如龙朝辅发表的《世变日逼士人宜急求保卫国家论》、《筹桂刍言》、《教案于西人有利说》等文章，文笔犀利，在当时的广西反响强烈。

康有为在广西建立圣学会，办报刊，创办学堂，并使自己的变法维新思想通过这些阵地得到宣传，扩大了影响。尤其值得一提的是，通过在广西的办学活动，康有为培养了一批维新志士。可以说，正是由于康有为的这些努力，广西维新运动才能蓬勃发展，并取得显著的成效。梁启超曾高度评价自己的老师康有为是教育家，这一点可以说是恰如其分。

# 第五章　构建理论

## 一、思想来源

康有为早年是研究古文经学的，曾专攻东汉今文经学大师何休，并著有《何氏纠缪》。1888年，他第一次以布衣身份上书，受挫。通过上书碰壁这件事，他深深感到无论在政治上，还是在学术上，封建顽固势力都占着绝对的统治地位。要打破这种封闭局面，除了要向西方学习外，同时还必须从中国传统的封建理论学说中去寻找武器。康有为深知儒家今文经学的思想宝库中有许多"非常异义可怪之论"，但自魏晋以来，无人敢道，正可为他"托古改制"的政治目的提供理论依据。必须指出，康有为能够运用今文经学和封建顽固势力斗争并推行其维新事业，究其思想根源，不能不感谢廖平对他的启迪和帮助。

廖平（1852—1932年），字季平，四川井研县人。他于1876年到成都参加科试，以优等补廪生，入尊经书院学习。尊经书院位于成都城南，始建于1874年，是四川的最高学府。当时张之洞任四川提督学政，曾编著《輶轩语》、《书目答问》两书，用以指导学生读书门径。那时调选入尊经书院读书的都是从各府县选拔的高才生，除廖平外，如绵竹杨锐、富顺宋育仁、名山吴之英、广汉张祥龄、宜宾彭毓嵩、华阳范溶、仁寿毛瀚丰、崇庆杨永清等人，都是蜀中的俊才。

1879年，清末著名学者湘潭王闿运到尊经书院担任院长。他擅长词章学，学识渊博，治《公羊春秋》，以《公羊》说群经。从此，廖平经常向王闿运《公羊》请教经义，而他自己则致力于《穀梁春秋》的研究。1885年，廖平写成《今古学考》二卷，上卷刊表对今文经学与古文经学从礼制上加以区别，并指出二者不同之处；下卷为说明文。廖平认为《王制》是今文经学的根本，汉代今文博士的礼制都以《王制》为其思想渊源；《周礼》为古文经学的宗主，古文经学的礼制均以《周礼》为本，从此今古学的区别泾渭分明，这得益于廖平在经学史研究上的一大贡献。1886年，廖平的《今古学考》由尊经书院刊行。

1889年，廖平赴北京参加殿试中进士，被委以知县之职，因家有老亲未能赴任，请改任龙安府（辖境相当今四川平武、江油、北川、青川等县地，治所在今平武）教授。当年 6 月，应两广总督张之洞之召，他奔赴广州。他从北京出发，沿途经过苏州时，专门拜见了正在苏州紫阳书院讲学的著名学者俞樾，俞樾对廖平大加赞赏，称其编著的《今古学考》为"不刊之书"。

康有为最初是从沈曾桐那里看到《今古学考》的，非常佩服书中独到的见解，因而与廖平结为知己。廖平到达广州后，住在广雅书局（今广州文德路中山图书馆内）。1890 年初春，从北京一路漫游刚刚回到广州的康有为，寓居于安徽会馆中。当他听到廖平已来广州的消息时，立即邀同乡黄绍宪到广雅书局拜访廖平，谈言微中，把臂入林，廖平以所著《知圣篇》和《辟刘篇》相赠，请康有为指正。此二篇为廖的得意之作。《知圣篇》的主要思想是说西汉今文经传才是孔子改制的创作。《辟刘篇》的主要思想是说《周礼》等古文经传多是刘歆伪篡的。康有为回去读后，大不以为然，写了一封长信，洋洋万言，批评廖平"好名骛外，轻变前说"，并劝他将两篇焚毁。又过了一段时间，廖平到广州城南安徽会馆回访康有为，并向康有为大谈秦始皇焚书、"六经"示亡的证据，康有为听了不禁大为叹服。康有为本来是治《周礼》的，杂糅汉宋今古，不讲家法。经过这次畅谈，康有为茅塞顿开，从此告别古文经学，决心从今文经学中吸取可资运用的思想，创立变法维新的理论。

那么为什么说康有为受廖平思想影响而写作《新学伪经考》呢？现代学者曾找出以下根据：

其一，根据廖平的陈述。廖平曾这样说："广州康长素，奇才博识，精力绝人，平生专以制度说经。戊己间，从沈君子丰处得《学考》，谬引为知己。及还羊城，同黄叔度过广雅书局相访，余以《知圣篇》示之。驰书相戒，近万余言，斥为好名骛外，轻变前说，急当焚毁。当时答以面谈再决。后访之城南安徽会馆，两心相协，谈论移晷，明年，面江叔海得愈荫老书，而《新学伪经考》成矣。"从中可以看出，康有为正是在接受了廖平关于今文经学思想后的一年，写成《新学伪经考》的。

其二，根据梁启超的叙述。作为康有为的得意门生，梁启超曾亲自协助老师编写《新学伪经考》。他在其所著《中国学术思想变迁之大势》一文中曾这样说道："康先生之治公羊，治今文也，其渊源颇出自井研（廖平），不可诬也。"后又在其所著的《清代学术概论》一书中说："有为早年，酷好《周礼》，尝贯穴之，著《教学通议》，后见廖平所著书，乃尽弃其旧说。廖平者，王闿运之弟子；……著《四益馆经学丛书》十数种，颇知守今文家法……然有为之思想，受其影响，不可诬也。"这里，他明确地指出，康有为的公羊说，今文经学的思想渊源出自廖平。

有人曾从康有为的《新学伪经考》与廖平的《辟刘篇》中找出七点相同之处：

1. 刘歆以前没有古经，更没有古经的传授问题。

2. 一切古经都有伪篡的迹象。

3. 古经祖周公，不祖孔子；古经主训诂，不讲师法。

4. 古经以《周礼》为本。

5. 古经的出现，刘歆是一个关键人物，并与王莽篡权前后的政治因素密切相关。

6. 《史记》有刘歆增篡的部分；《汉书·艺文志》不足信；另外，《汉书》的《河间献王传》、《刘歆传》、《王莽传》、《儒林传》也都有伪篡。

7. 《后汉书·儒林传》言经学传授，多为后人臆造；《经典释文》《隋书·经籍志》有关经学渊源记载，更不可信。

从以上七个相同点来考察，《新学伪经考》显然是受了《辟刘篇》的影响。

笔者认为，依据史实，康有为学术思想的转变，确实是直接受到廖平的影响的结果，所著《新学伪经考》也确实是在廖平思想启迪之下编著的。可以说廖平的《辟刘篇》和《知圣篇》两篇著作给予康有为所著的《新学伪经考》和《孔子改制考》以很大启发和很深的影响。有人曾对廖平在经学和史学上的贡献给予高度的评价："先生在中国经学史上，既具有相当地位，而在晚清思想上，亦握有严重转捩之革命力量。由先生而康南海，而梁新会，而崔觯甫，迄至今日如疑古钱玄同，马幼渔，顾颉刚诸先生，均能倡言古文学之作伪，更扩大而为辨伪之新运动。近日《辨伪丛刊》照耀人目，凡中国向来今文学家未做完之余沥，一跃而为新史界所喷喷鼓吹之新问题。前唱后于，当者披靡。回忆四十年来之中国思想界，类似霹雳一声者为康南海之《孔子改制考》、《新学伪经考》等等，而廖先生则此霹雳前之特异的电子……吾人于今日审查中国学术思想之进步如何？除东西舶来品而外，要不能不归功于贞下起元，曙光焕发之廖先生……廖先生崛起，著成《今古学考》、《古学考》、《知圣篇》、《四益经话》等书。遂将三千年来之孔子，及数千年之经学，与经学所产生之思想言论，根本改造，发其人所未发。康南海读其书，而重见天日，大放厥词，于是操纵中国中心思想之孔子面目如何？儒家经典之价值如何？中古时期之思想与史实之真象如何？由中古思想所影响于数千年之社会政治又如何？此一切一切皆形成空前之结论，又皆导源于廖先生经学革命之功。"由此可看出，康有为确实是受廖平的思想启发，才写出了《新学伪经考》和《孔子改制考》的。

# 二、维新力著

从 1890 年到 1897 年间，康有为一边聚徒讲学于广州、桂林，为维新变法积极培养理论骨干，一边勤奋写作，致力于理论方面的著述。他在这几年中写成的著作有：《婆罗门教考》、《王制义证》、《王制伪证》、《周礼伪证》、《匀雅伪证》、《史记书目考》、《国语原本》、《孟子大义考》、《魏晋六朝诸儒杜撰典故考》、《墨子经上注》、《孟子公羊学考》、《论语为公羊学考》、《春秋董氏学》、《春秋考义》、《春秋考文》、《日本书目志》等篇章，其中有两部书曾对当时的思想界产生了极大的震动，对戊戌变法的影响也最大，这就是 1891 年写成的《新学伪经考》，以及起笔于 1892 年，完稿于 1896 年的《孔子改制考》。

这两部书都是采用历史考证的方法，广引古书，分类编次，再加按语说明每卷"总义"、分节"大义"，解释重要引语，无论史料的征引，还是语义的解释，无处不渗透着作者的观点。全书纲目完备，思路清晰，引文很少删节并注明出处，给人以"言必有据"的感觉，读后不由使你深信不疑。这两部书巧妙地借用古人的旗号，对千百年来被奉为神圣的保守理论提出质疑，构成了康有为变法维新的理论体系的主体。其主要思想是用进化论附会公羊三世说，抨击封建社会的正统观念，从而在主张变法维新的知识分子和士大夫中产生了强烈的共鸣，为维新思想的传播奠定了坚实的理论基础。

康有为的《新学伪经考》一书于 1891 年刻版刊行，因观点新颖，惊世骇俗，一问世就立刻有四种翻刻和石印的本子流传，曾经风行过几年，被梁启超形容为当时"思想界一大飓风"。这股风不仅在大陆知识分子中劲吹，甚至很快吹到了台湾省。例如，蒋师辙在台湾就看到过最早的版本，他在《台游日记》中记述说："光绪十八年九月二十七日（公元 1892 年 11 月 16 日），雨大风，邵公子（时任台湾巡抚邵友濂之子）送《新学伪经考》一书来，为南海康祖诒广厦撰，力攻刘歆，谓六经皆其伪造，书凡十四卷。"《新学伪经考》在学术界和封建士大夫中的广为流传，引起了顽固派的极大恐慌。

正因为《新学伪经考》触动了封建统治的理论基础，所以它遭到了封建顽固派的大肆攻击，后来清政府下令毁版。对此事，康有为在 1917 年重刊《新学伪经考》时，在书前的题词中曾有所描述："光绪辛卯，初刊于广州，各省五缩印。甲午，奉旨毁板。戊戌、庚子，两次奉旨毁版。丁巳冬重刊于京城，戊午秋七日成。"由此可见此书影响之大。

1894 年，给事中余联沅上奏朝廷，要求焚毁《新学伪经考》，并指斥康有为乃"古今之巨蠹"，诬蔑康有为"非圣无法，惑世诬民"，关于此事，康有为在《自编年谱》中也有记载："七月，给事中余联沅劾吾惑世诬民，非圣无法，同少正卯，圣世不容，请焚《新学伪经考》，而禁粤士从学。"8月4日，清廷发出上谕，命两广总督李瀚章办理此事。上谕发出后，康有为的好友多方奔走于朝野，设法营救。"沈子培、盛伯熙、黄仲弢、文芸阁有电与徐学使琪营救，张季直走请于常熟，曾重伯亦奔走焉，皆卓如在京所为也。"

李瀚章派知县李滋然具体查办此事。李滋然接受此任务后，特地详细读了《新学伪经考》一书，被书中独特的见解所深深吸引，他决定为康有为多方辩护，说康有为并没有离经叛道。他在给李瀚章的回文中说，虽然《新学伪经考》一书的立论是诋毁汉儒，但其主旨还是尊孔的，如果以离经叛道论处，则全书并没有实际证据可依。由于李滋然的多方开脱，李瀚章复奏朝廷称："查明《新学伪经考》，乃辨刘歆之增纂圣经，以尊孔子，并非离经，既经奏参，即伤其自行抽毁。"从而使康有为逃过了这一劫。

清政府对《新学伪经考》为什么这样害怕，以至于要三毁其版呢？因为《新学伪经考》不仅仅是一部极重要、极精深的辨伪专著，而且是依据今文经学的观点攻击古文经学以议时政的著作。谭嗣同曾经辛辣地讽刺说："南海康工部以《新学伪经考》为一世所排，几蹟奇祸。"嗣同常义愤地说："排君者何尝读君之书哉！特眩于'伪经'二字，遂诋为非圣耳。"

那么，康有为这部《新学伪经考》的主要内容是什么呢？梁启超曾比较恰当地概括为："《新学伪经考》之要点：一、西汉经学，并无所谓古文者，凡古文皆刘歆伪作；二、秦焚书，并未厄及'六经'，汉14博士所传，皆孔门足本，并无残缺；三、孔子时所用字，既秦汉间篆书，即以'文'论，亦绝无今古之目；四、刘歆欲弥缝其作伪之迹，故校中秘书时，于一切古书多所羼乱；五、刘歆所以作伪经之故，因欲佐莽篡汉，先谋湮乱孔子之微言大义。"

在《新学伪经考》一书中，康有为运用历史考证的学术方法，极力辨明汉朝刘歆所争请立于学官的几种古文经典，如《周礼》、《逸礼》、《毛诗》、《左氏春秋》等书，全是捏造的伪经，它们只是"记事之书"，而非"明义之书"，所以它们湮灭了孔子作经以"托古改制"的原意。康有为"起亡经，翼圣制"的目的是显而易见的，即以学术著作服务于其维新变革，服务于其先进的社会政治理想。

该书共包括十四篇，其中在学术上最有参考价值的是关于秦焚"六经"，但六经并未亡缺的考辨。他对《史记》进行仔细考证后，得出令人耳目一新的结论：一、秦始皇焚书的命令，烧掉的只是民间的书，而博士官所管理使用的《诗》、《书》以及百家书并未烧掉，而是保存下来。对此，康有为这样解释道，秦始皇焚书的目的只是为了实行愚民政策，而绝不是为了使自己更加愚蠢。如果把博士诵读的书也都统统烧毁，而仅留下医药、卜筮、种树之书，那他们根据什么理论来治理国家呢？所以，后世所谓"秦焚《诗》、《书》，六艺遂缺"之说，显然是一种无知妄说。二、秦始皇坑儒的命令，并未把天下学有专攻的儒生都杀尽，他指出伏生、申公、辕固生、韩婴、高堂生等人，在秦始皇焚书以前就已经是学业有成的大儒，但他们并未遭坑杀，他们所读的都是未被焚烧的原本经书。更何况，秦政府有十七名博士官，他们教授的弟子有百多位，代代衣钵相传，儒家经典并未从此失传。他居然找出了 8 条证据，证明了经过焚书坑儒的劫难，"六经"并未亡缺。他言之凿凿地说："其一，博士所职，'六经'之本具存，七十博士之弟子当有数百，则有数百本《诗》、《书》矣，此为'六经'监本不缺者一；其二，丞相所藏，李斯所遗，此为'六经'监本不缺者一；其二，丞相所藏，李斯所遗，此为'六经'官本不缺者二；其三，御史所掌，张苍所守，此为'六经'中秘本不缺者三；其四，孔氏世传，'六经'本不缺者四；其五，齐、鲁诸生，'六经'读本不缺者五；其六，贾祛、吴公传'六经'读本不缺者六；其七，藏书之禁反四年，不焚之刑仅城旦，则天下藏本必甚多，若伏生、申公之伦，天下'六经'读本不缺者七；其八，经文简约，古者专经在讽诵，不徒在竹帛，则口传本不缺者八。有斯八证，'六艺'不缺，可以见孔子遗书复能完，千岁蓓说可以祛，铁案如山，不能动摇矣。"此外，还有对《经典释文》所列《毛诗》传授的怀疑以及对古文经学传授的表列等，都有一定的学术参考价值。既然"六经"并未因秦始皇焚书坑儒而亡缺，是原来的真经足本，那么后来发现的所谓古文经就必定是刘歆制造的赝品。他高屋建瓴，指出关于古文经记载中的种种矛盾之处，对古文经出于伪撰一路大加攻击，并得意扬扬地宣称："铁案如山摇不动，万牛回首丘山重。"

在这本书中，康有为虽然发表了不少石破天惊的议论，但其中也不乏有为证明自己的论点，强史就我的武断之处，这一点，就连他的得意门生梁启超也不得不承认，在评论《新学伪经考》时，梁启超就曾指出："乃至谓《史记》、《楚辞》经刘歆羼入者数十条，出土之钟鼎彝器，皆刘歆私铸埋藏以欺后世，此实为事理之万不可通者，而有为必力持之。实则其主张之要点，并不必借重于此等枝词强辩而始成立，而有为以好博好异之故，往往不惜抹杀证据或曲解证据，以犯科学家之大忌，此其所短也。"

《孔子改制考》的政治气息比学术气息更加浓厚。在《孔子改制考》中，康有为遵循和尽量发挥了今文经学"绌周王鲁"的论点，从不同角度、不同层次着重论证孔子的"托古改制"。"托古改制"，顾名思义，就是把自己想要建立的社会制度，假托古代曾经实行过，以此来取得人们的信任。康有为认为，要尊奉孔子的"大道"，就必须对不合理的社会政治制度加以改革，使中国由乱世逐渐进

入升平世，由封建主义的"小康"社会逐渐进入人类理想的"大同"世界。特别是甲午中日战争以后，日益严重的民族危机深深地激励着人们，中国人民纷纷发出要求维新变法、救亡图存的呼声。通过发起"公车上书"等实际活动，康有为进一步坚定了学习西方以改革封建制度的政治主张。就是在这样的历史背景下，康有为历经数年，终于完成《孔子改制考》。当然，康有为必须打着今文经学的旗号，才能提出改革时政的要求，因为"中国重君权，尊国制，猝言变革，人必骇怪，故必先言孔子改制，以为大圣人有此微言大义，然后能持其说"。康有为高举孔子的伟大旗帜，在中国大地掀起维新改革风云，这一点与西方最初的资产阶级改革也必须打着宗教改革的旗号有着相似之处。

《孔子改制考》全书一共二十一卷，约三十四万字左右。开卷首先开门见山地阐明中国虽然号称文明古国，但"六经以前，不复书记，夏殷无征，周籍已去，共和以前，不可年识，秦汉以后，乃得详记"。上古洪荒，一切事迹都无据可考了。中国历史只是从秦汉以来才可资考信。他进一步说到，春秋战国时期，诸子百家纷纷起来创立学说，改制立度，以其变让社会沿着自己设计的轨道前进。先秦诸子大力宣传自己的主张，鼓动人们去追求理想中的美好社会。然而，当时的社会流俗是"荣古而虐今，贱近而贵远"，一味迷信古代，厚古薄今，然而对古代社会的历史情况却了解不多。因此，先秦各家学派都把自己所向往的社会制度假托为在古代就曾实行过，假借古已有之来加强其论点的说服力。例如墨子假托夏禹，老子假托黄帝，许行假托神农，然后才能立说。孔子是他们当中最杰出的代表。康有为说："六经中之尧、舜、文王，皆孔子民主君主之所寄托。所谓尽君道，尽臣道，事君治民，止孝止慈，以为轨则，不必其为尧舜文王之事实也。"康有为指出，为了创立儒教，孔子提出了一整套的所谓尧、舜、文、武为政教礼法，并且亲自作了《诗》、《书》、《礼》、《乐》、《易》、《春秋》"六经"，以此作为"托古改制"的依据，而孔子也因此居于"改制之王"的地位。当时诸子百家互相争夺教权，彼此交攻，各不相让，斗争的结果是儒、墨、老三家占了优势，此后，三家相互之间的辩难攻击就更加激烈。最后，由于儒教的教义最为完善，制度最为详备，又"造端于男女饮食"，"近乎人情"，所以在诸子中最得人心，人人归往，门生弟子遍布天下，从战国经历秦、汉，最后定于一尊，取得了一统天下的地位。从此，孔教地位巩固下来，孔子就成为万世的教主。孔子有治理天下的才德但却不居帝王之位，是所谓"布衣改制"的"素王"。这样，康有为在《孔子改制考》中发明的思想逻辑和论断的归宿就清楚地表达出来了。

甲午战争之后，帝国主义列强掀起了一股瓜分中国的狂潮，古老的中国处在生死存亡的历史关头。原来一切认为亘古不变的东西，现在都在急剧地变化着。原先认为神圣尊严的东西，也正经历着分崩离析。康有为的《孔子改制考》就是在这样的严峻形势下产生的。它是一部由对封建政治文化产生怀疑，进而企图改造中国的理论著作。他以今文经学作为资料，以西方进化论作为思想武器，形成了一个变革进化的杂糅中西的思想宝库，为在中国掀起维新变法的新潮流起了巨大的推动作用。

首先，在《孔子改制考》中，康有为指出"六经"都是孔子为了"托古改制"而亲手写出的著作，从而把孔子描绘成"托古改制"的大师，热烈地推崇进步和革新，反对保守和守旧。康有为治公羊学不注重其细节，专求其"微言大义"，喜欢发表一些非常奇特怪异之论。他把《春秋》定为孔子改制创作之书，认为文字不过是符号，如电报之密码，如乐谱之音符，非口授不能明。他认为孔子被尊为教主的原因，是因为有不朽的"六经"。"六经"都是孔子的作品，这在汉代以前一直都是这么认为的。他为经下定义说："孔子所作谓之经，弟子所述谓之传，又谓之记，弟子后学辗转所口传谓之说，凡汉前传经者无异论。故惟《诗》、《书》、《礼》、《乐》、《易》、《春秋》六艺为孔子所手作，故得谓之经。"

其次，康有为在《孔子改制考》中运用公羊家"通三统"的学说，论证夏、商、周是因时变革，绝非沿袭旧制；利用"张三世"的学说，阐明历史是沿着据乱世、升平世、太平世的轨道嬗变进化的，他运用鲜明的进化论的历史观，作为推动变法维新的有力工具。这也标志着康有为历史进化观的确立和成熟。

其三，在《孔子改制考》中，康有为表达了炽热的反封建的人权民主思想。公羊三世历史进化论的学说是作为康有为"托古改制"思想的最重要的核心，依据这一观点，他有力地论证了人权民主等资产阶级社会政治思想。他指出，人民应该有"自主自立"之权，并热情讴歌尧、舜盛世的民主制度的典范，"尧、舜为民主，为太平世，为人道之至"，甚至宣称，"孔子之道，务民义为先"。他指出，孔子之所以被公认为圣人是因为他主张仁者爱人。孔子栖栖皇皇，忧四海之穷困，思沟中之推纳。康有为为此特意创办了两粤广仁善堂，想以此推行孔子的仁道。例如劝赈赠医、施衣布食、施舍棺木等善事，这都是为了推广和发扬孔子之圣道。就这样，康有为不仅从理论上而且也从实践上对儒家的经典进行了全新的解释，使它们充满了战斗的资产阶级人权民主的内容。在他一系列热情洋溢的按语中，孔子似乎成了君主立宪的竭力倡导者，争取人权民主的斗士。

《孔子改制考》一文中充满了惊世骇俗的新颖论点。这极大地震动了处于封建桎梏束缚之下和学问饥饿中的知识界、学术界，促进了知识分子思想的解放，也引起了顽固势力的大为不安和极端仇视。一些封建顽固派，如王先谦、叶德辉等，甚至恶毒地辱骂康有为"无父无君"，要求清政府把他处死；洋务派官僚张之洞，还为此特意写了一本《劝学篇》与之相抗衡；就连倾向维新的开明官僚陈宝箴、孙家鼐也奏请皇帝下诏把《孔子改制考》毁版。从各方面的强烈反应，可

以看出这本书的社会影响是多么强烈而深远，难怪梁启超把《孔子改制考》一书的问世，誉为晚清思想界的"火山大喷发"了。

在康有为的笔下，孔子是一位勇于建设新学派（创教），善于鼓舞人创新精神的大学问家，被塑造成维新运动的开山祖师，巧妙地利用革新家孔子来向封建顽固保守势力宣战，并引导学者怀疑和批判数千年来被大家公认为神圣不可侵犯的经典。我们从湖南人苏舆编纂的《翼教丛编》及其序言中，可以看出封建顽固势力对这两本书是多么的仇恨和恐惧，他说："甲午以来，外患日逼。皇上虑下情之壅阏，愍时难之勿拯，情求通达时务之士，言禁稍弛，英奇奋兴；而倾险淫诐之徒，杂附其间，邪说横溢，人心浮动。其祸始肇于南海康有为，弟子梁启超张其师说，其言以《新学伪经考》、《孔子改制考》为主，而平等、民权、孔子纪年诸说辅之。伪六籍，灭圣经也；托改制，乱成宪也；倡平等，堕纲常也；申民权，无君上也；孔子纪年，欲人不知有本朝也。"在他看来，康有为简直是十恶不赦，罪该万死之徒。

康有为在所谓"孔子圣意改制"的大旗下，顶着"离经叛道"、"非圣无法"的压力，保护着自己的维新变法主张，证明自己的政治思想和变法主张的"合乎古训"和无可厚非。康有为机智巧妙地借用孔子的威名，并披着圣人古老的神圣外衣，在神秘奇异的公羊"三世"说理论掩盖下，以进化论的历史观为核心，演出了中国近代历史上的新的一幕。对此，梁启超曾作过精辟的论述，他说：康有为"以为生于中国，当先救中国。欲救中国，不可不因中国人之历史习惯而利导之。又以为中国人公德缺乏，团体散涣，将不可以立于大地，欲从而统一之，非择一举国人所同戴而诚服者，则不足以结合其感情，而光大其本性，于是乎以孔教复原为第一著手。先生者，孔教之马丁路得也"。

康有为利用今文经学中变易的哲学，发挥古代优秀思想遗产的作用，托古改制，创教立法，不仅仅是为自己的改革主张撑起一把保护伞，更重要的是想以此来争取团结期望变法维新救亡图存的知识分子们。因此，康有为用今文经学为中国的资本主义寻找出路，是有历史进步意义的；他借用今文经学的词句来介绍资本主义思想，比较容易被当时具有开明思想的封建知识分子所接受，这在当时确实是一种必要的切实可行的方法。康有为不但把孔夫子搬出来，而且还要把他进一步提升到基督的地位，"尊之为教主"，就是企图借用长期支配封建士大夫的圣人名义，通过某些带有宗教色彩的形式，如奉孔子为教主，用孔子纪年等，把孔教变成宗教，让追随维新的人们在这宗教信仰和宗教激情中团结奋斗，更有效地推进变法维新事业。显而易见，康有为所创的"孔教"，实际上是提倡改革进化、"三世"、"大同"的"孔教"，与封建顽固保守的圣人正背道而驰的资产阶级化。这个经过改头换面的"孔教"，是符合新兴资产阶级政治经济利益的新宗教。正是靠了《新学伪经考》和《孔子改制考》这两部力作，康有为才被推上了维新运动领袖的地位。那时候所有进步的知识分子，无不对"南海康先生"佩服得五体投地。不过，应该指出的是，康有为把中国专制主义思想统治的起点，划在两汉之间，把刘歆当作变乱孔子之道的祸首，这既与历史事实不符，也是不公正的。他在《孔子改制考》中，又把被历代王朝美化的封建主义偶像孔子，说成是受命于天，为万世制法的中国耶稣，这就滑入了非科学的神学说教之中，也更加脱离了历史事实。康有为在著书立说的过程中，效法陆王心学"六经皆我注脚"的手法，先按自己的主张立论，然后搜集资料，以证明自己的论点，从儒家经典的字里行间穿凿附会出原书所无的"大义"。这恰恰说明，康有为一方面猛烈抨击刘歆，另一方面自己却在模仿刘歆；康有为竭力宣传孔子"托古改制"，而自己的行动也正是要求"托古改制"。这又说明，康有为的政治思想中沿袭了大量的封建主义的思想内容，这也表明了康有为晚年保守思想的渊源。尽管如此，清朝统治者也容纳不了他的言行。但是，清政府可以下令焚毁康有为的书，也可以罗织罪名扬言要杀他的头，但康有为的著作和学术思想依然冲破重重障碍风行海内。历史再次告诉我们，任何一种学术观点，任何一种理论或著作，如果不符合历史发展方向，不符合人民利益，要靠权力强制推行是行不通的；而任何一种学术观点或学派，靠任何方式的强力也是压不服、扑不灭的。

# 三、体系成熟

康有为作为维新派的政治领袖，他的思想体系的形成经历了一个曲折发展的过程。康有为出身于世代为官的封建家庭，自幼接受程朱理学的教育，后来又师从于朱次琦，转而开始对王阳明的心学产生浓厚的兴趣，不久又潜心钻研佛学。中法战争以后，康有为又产生了向西方寻求真理的念头，因而开始研究西学。由此可见，康有为的思想体系是极其庞杂的。可以这样说，他是以创维新理论为主旨，杂糅古今中外各种思想体系于一身。

第一，把西学融入到中学中，贯通中西学于一身。在探索维新道路的过程中，康有为学到了许多西方的自然科学知识和社会科学知识，并把它们的许多值得借鉴的东西吸收过来，应用到自己的理论中去。例如：哥白尼的日心说，牛顿的万有引力说，康德的天体星云说，拉普拉斯对天王星、海王星的测算，以及地质变迁史，生物进化史等。在他的哲学思想体系中，这一点表现得特别明显，它既包含着中国古代哲学，同时又融入了西方近代自然科学知识。他的《诸天讲》一书，就是一部天文学和哲学著作。在书中，他探讨了宇宙的起源，接受了康德

的星云说。"积气而成为天，摩砺久之，热重之力生矣，光电生矣，原质变化而成焉。于是生日，日生地，地生物，物质有相生之性。"康有为对哥白尼的日心说和牛顿的天体力学（万有引力学说）特别推崇，他说过，正是因为有了哥白尼和牛顿的学说，他才能够得以"尽破藩篱而悟彻诸天"。他根据自己从西学中得来的一些自然科学知识，论述了太阳系的起源、地球与诸行星绕太阳旋转及其原因，解释了月亮的圆缺、日食、月食、彗星、流星、太阳的黑子等天象，也对地球上发生的潮汐、地震、火山等的原因进行了说明。通过对自然科学的研究，康有为认识到："器之为用大矣哉！显微千里之镜，皆粗器耳，而远窥土、木之月，知诸星之别为地，近窥精微之物，见身中微丝之管，见肺中植物之生，见水中小虫若龙象，而大道出焉。道尊于器，然器亦足以变道矣。"在社会科学方面，康有为把西方的议会、三权分立、民权等思想，与中国的儒家经典结合起来，使儒家思想带有了很多资本主义的特点。

第二，歌颂儒学，发展儒学，赋予儒学新的内容，赋予孔子新的形象为己所用。康有为把孔子树立为"托古改制"的万世教主，并且把孔子的儒学思想同自己的大同思想紧密地联系起来，还把明末遗民思想也充实到儒学中去。康有为不仅对顾炎武的"天下兴亡，匹夫有责"的思想大为赞颂，而且对黄宗羲的重民、非君思想以及王夫之的"人欲即是天理"的思想也倍加推崇，他一方面要利用儒学的这些优秀思想为自己的政治理想服务；另一方面，他还要进一步探求儒家典籍的新含义。

第三，以今文经学对抗古文经学。在《新学伪经考》中，康有为指出东汉刘歆为王莽篡位作掩护而对经书肆意篡改，并且宣称古文经为"新"学，是伪经，从而提倡今文经，并把今文经学作为他要求变法的一个重要的理论依据。

总之，康有为的思想体系的形成离不开当时国际国内政治形势的时代背景。十九世纪八十年代，近代中国的学术思想正在发生前所未有的巨大变化，例如今文经学的兴起、陆王心学重新被重视以及西学的广泛传播等。所有这些对康有为思想体系的形成都产生了深远的影响，这也是康有为形成中西融合，儒佛杂糅的思想体系的外部环境。

康有为生活在国难当头、救亡为先的时代。中华民族处于生死存亡的边缘，这促使他去找寻一条救国救民的道路。他既赋予了自己"以经营天下为志"的使命，又决心"舍生命而为之"。康有为中西学的知识和理论，在不断学习、研究和总结中日趋成熟。其主要标志是：

其一，形成进化论的世界观。康有为通过多年不断的学习和探索，其进化论思想日渐成熟，由此形成了进化论的世界观。他认为天下万事万物都是不断发展变化的，应该因时变革，他还对外国近代历史和强弱原因进行详细考察、辨析，并认为中国变法"莫如取鉴于日本之维新","以明治之政为政法"。康有为认为："拘者守旧，自谓得礼，岂知其阻进化，大悖圣人之时义哉！"

其二，在政治上反对封建专制，主张实行君主立宪。康有为深刻揭露了封建制度对人们的严重压制。"君主不能公天下，乃以天下为一家私有之物。"他认为，中国要想谋求富强，首要的问题是必须改变传统的封建专制主义中央集权的政治制度。他一针见血地指出，中国之所以贫弱衰败，究其根源是封建专制造成的。康有为还从"天地生人，本来平等"的人本主义观点出发，具体阐述了君臣之公理，父子之公理，夫妇之公理及朋友之公理。他认为"中国之俗，尊君卑臣，重男轻女，崇良抑贱"，但他预见，在不久的将来一定会出现"君不专，臣不卑，男女轻重同，良贱齐一"的局面。这不仅是对封建专制制度的大胆抗争，也是向封建的传统道德规范提出了挑战。康有为对西方资本主义国家的"三权分立"的政治制度倍加推崇。"东西各国之强，皆以立宪法开国会之故。"中国要想富强，必须仿效他们"立行宪法，大开国会，以庶政与国民共之，行三权鼎立之制，则中国可治强，可计日待也"。

其三，在思想上利用孔子的权威，以孔子托古改制作为实现自己政治理想的工具。"天下所宗师者，孔子也，义理制度皆出于孔子，故学者学孔子而已。"康有为特别称道孔子托古改制的理论，把孔子奉为圣人，"窃哀今世之病，搜得孔子旧方，不揣愚妄，窃用发明，公诸天下，庶几中国有瘳，而大地群生俱起乎"！以此表示自己要像孔子托古改制那样，救国于危亡，救民于水火。

其四，学洋改制思想。康有为不仅托中国的"古"以改制，而且还要学洋改制。在探索救国救民道路的过程中，康有为也非常重视对外国近代化经验教训的学习和借鉴。他特别推崇俄国彼得大帝改革的决心和方法，称赞它是变法自强的最佳途径，建议为政者应该"通晓而摹仿之"，"采择而变行之"。采法彼得，主要是"以俄大彼得之心为心法"，仿照俄国彼得大帝和日本明治维新作为实行君主立宪的蓝本。"职窃考之地球，富乐莫如美，而民主之制与中国不同；强盛莫如英、德，而君民共主之制，仍与中国少异。惟俄国其君权最尊，体制崇严，与中国同。其始为瑞典削弱，为泰西摈鄙，亦与中国同。然其以君权变法，转经为强，化衰为胜之速者，莫如俄前主大彼得。故中国变法，莫如法俄，以君权变法，莫如采法彼得。"康有为还对日本的明治维新进行了考察，建议中国不妨以强敌日本为老师，借鉴日本明治维新的具体步骤、措施及其经验、教训，来达到中国变法改制的目的。康有为还把自己的仿洋改制思想与中国的传统文化相联系，他指出实行君主立宪政体是"上师尧舜三代"，"实得吾先圣之经义"。并且这一思想与孔子的思想也如出一辙，"孔子拨乱升平，托文王以行君主之仁政，尤注意太平，托尧舜以行民主之太平。然其恶争夺而重仁让，昭有德，发文明

……圣人之意，其犹可推见乎？后儒一孔之见，限于乱世之识，大鹏翔于寥廓，而罗者犹守其薮泽，悲夫"！康有为试图借鉴西学，又用中国文化传统重新解释，以此来为自己的变法维新服务。

其五，为中国乃至全球未来社会设计了一个理想模式。1884 年，康有为开始撰写《大同书》的第一部分，在康有为看来，未来的世界是一个"人理至公"，"天下为公"，没有私有剥削的"公产"社会。在这个世界里，财产公有，土地公有，百工之业，"必归之公"，"不许有独人之私业"；无阶级，无压迫，"既无帝王、君长，又无官爵、科第"，人人平等，大家都生活在机器日新月异，物质财富极为丰富的幸福太平的世界里。应该指出，康有为所描绘的这个大同世界实际上是不可能实现的，他的大同理想不仅远远超越了中国当时的社会发展的现实，也超越了世界发展的现实。然而，康有为在民族危机日趋严重的时代背景下，通过重新阐释传统文化，为中华民族树立了一个美好的奋斗前景，对统一人们思想起着重要作用。从这个意义上说，康有为的大同思想还是具有进步意义的。

总而言之，康有为在其思想体系形成过程中，勇于学习，大胆探索，不仅把西方的进化论思想与民主思想和中国古圣先贤的学说相结合，而且他还试图为西方思想披上一件儒学外衣，以适应自己的变法维新需要。虽然有时难免有些牵强附会，但他的大胆尝试是出于对祖国强盛的目的，而且事实上对中国近代化进程确实也产生了深远的影响。康有为正是在这种大胆的不断探索过程中，思想日趋成熟。尤其可贵的是，他还逐步把这些思想和理论付诸到实践中去。

# 第六章　维新运动

## 一、南海会馆

康有为在清末光绪年间五游京师，七次上书光绪帝，其间曾在国子监祭酒盛昱家住过，但最常住的地方是南海会馆，它处于宣武门外米市胡同。在整个维新运动期间，南海会馆成了光绪皇帝推行新政，变法图强的宫外参谋部。康有为等维新志士在此著书立说、起草奏折，并向光绪帝呈书和上奏，不断提供可以借鉴的新政方案。同时，南海会馆又是康有为等维新派商讨筹划维新变法的主要场所，成为中国维新运动的活动中心。

康有为领导的维新运动是通过自上而下的方式展开的，因为他认为皇帝"乾纲独断"，只要当朝的皇帝决心变法，从而运用手中的大权扭转乾坤，开创历史的新局面是易如反掌。因此，他住在南海会馆的主要目的不是参加科举考试，借以求得功名，而是连续不断地向光绪帝上书以"格君"。

1888 年，康有为赴北京参加顺天乡试，当时就住在南海会馆七树堂的"汗漫舫"。他到京师不久，满怀救国的热忱，写了一封《上今上皇帝书》，也即上清帝第一书，向清政府提出了变法图强的建议，书中言辞恳切，爱国忧国之情溢于言表。他这一大胆"格君"的行动，在当时京师产生了极大轰动。据康有为说，自黎庶昌以后，没有一位书生上书皇上，"当时大恶洋务，更未有请变法之人，吾以至微贱，首倡此论，朝士大攻之"。但是，康有为面对朝士的群起攻击，并没有退缩，反而，攻之者越多，他这位南海书生的名气越大。

1895 年，康有为再次偕梁启超等赴北京参加会试，当时正逢中日双方在日本谈判，准备鉴订《马关条约》，康有为四处活动，联络各省举人，在松筠庵集会，当时有一千三百多举人参加，从而发动了著名的"公车上书"，在上书中，他再次倡言变法。

1897 年冬，帝国主义掀起了一股瓜分中国的狂潮，中华民族面临亡国灭种的危险。在得知德国强占胶州湾的消息后，康有为又急忙北上京师，在南海会馆

里，他奋笔疾书，第五次上书光绪皇帝，请求及时变法，在这封上书里，他"格君"的措辞比过去更为激烈。

在以康有为、梁启超为首的维新派的强烈要求下，1898 年 6 月 11 日，光绪帝终于发布"明定国是"诏书，这标志着维新变法正式开始。康有为在"百日维新"期间，住在南海会馆里。在维新官员和他的弟子们的协助下，他日夜编书，先后向光绪帝呈奏了《俄彼得变政记》、《日本变政考》、《波兰分灭记》和《列国政要比较表》等书稿。与此同时，还连续不断地向光绪帝上奏折，最勤的时候，几乎是日奏一折。

这时他还写下了大量忧国伤时、交游上书的叙事诗，由于这些史诗大部分是在南海会馆写的，所以就用当时所居住的"汗漫舫"为名编成一部《汗漫舫诗集》。在这本诗集的前言中，康有为写道："簿录京师旧作，皆壮岁七八年中者，都之为《汗漫舫集》，其出入京师，便道所游作者，亦附焉。上书发愤，放浪销忧，以记进退无常，或跃在渊之时焉。"

从 1898 年 1 月开始，康有为在南海会馆夜以继日地设计维新变法方案，频繁地向皇上呈书上折，南海会馆简直成了他"格君"的中心。戊戌年间，康有为"格君"的许多重要奏折，就是从南海会馆里发出的。其中主要有：

1 月 29 日，上《请大誓臣工开制度新局折》，即《上清帝第六书》。康有为在上书中建议皇上效法日本，全面维新。

3 月 12 日，康有为在总署递《俄彼得变政记》及《为译撰俄彼得变政记成书，可考由弱致强之故，呈请代奏折》。希望皇上以彼得大帝为榜样，采取强硬手段，决心变法。

3 月 19 日，上《俄胁割旅大，覆亡在即，乞密联英日，坚拒勿许折》。

4 月 10 日，康有为呈递《日本变政考》、《泰西新史揽要》、《列国变通兴盛记》，同时上递《译撰日本变政考成书，乞采鉴变法以御侮图存折》和《请照经济科例推行生童岁试片》两件条陈。康有为建议皇上向日本学习，走日本明治维新之路。

6 月 19 日，进呈《为推行新政请御门誓众，开制度局以统筹大局，革旧图新以救时艰折》，同时呈递《孔子改制考》、《新学伪经考》、《春秋董氏学》，请求在全国设孔教会，并"行孔子纪年以崇国教"。

6 月 21 日，光绪帝下谕旨宣布，如果康有为有折，可让他直接上递，康有为开始进呈由《日本变政记》改写的《日本变政考》。

6 月 26 日，上《请厉工艺奖创新折》，康有为在上书中指出"方今万国交通，政俗学艺，日月互校，成胜劣败，淘汰随之，置我守旧闭塞无知无欲之国民，投于列国竞争日新又新之世，必不能苟延性命矣。"当今已进入工业之世界，

"已为日新尚智之宇宙矣，而吾国尚以其农国守旧愚民之治与之竞，不亦慎乎？希望皇上诚讲万国之大势，审古今之时变，讲明国是，移易民心，去愚尚智，弃守旧，尚日新，以知新为学识，以日新为事业"，这样才能达到"一转移间，而吾富强加三十倍，无敌于天下矣"。

7月10日，递《请改各省书院为中学堂，乡邑淫祠为小学堂，令小民六岁皆入学折》，在奏折中，康有为指出，"欲富强之自立，教学之见效，不当仅及于士，而当下逮于民，不当仅立于国，而当遍及于乡。"他进一步指出："泰西变法三百年而强，日本变法三十年而强，我中国之地大民众，若能大变法，三年而立，欲使三年而立，必使全国四万万之民皆出于学，而后智开而才足。"康有为建议把省府州县乡邑，公私现有之书院、义学、社学、学塾，统统改为兼习中西的学校，把省会的大书院改为高等学堂，府州县的书院改为中等学堂，义学、社学改为小学。无论谁家子弟，只要年满六岁，都必须进小学读书，"若此则人人知学，学堂遍地，非独教化易成，士人之才众多，亦且风气遍开，农工商兵之学亦盛"。如此则人才大成，国势日强。

7月19日，康有为上《条陈商务折》，他指出，"方今国库窘匮，杼轴俱空，司农仰屋，束手兴叹。"其原因由于不发展商业，导致财源漏泄，从而出现"皆自商务不兴，财源漏泄之故"，所以，他认为"洋货所以能越数万里畅销者，盖其国中有商学以教之，有商报以通之，有商部以统一，有商律以齐之，有商会以结之，有比较厂以励之，有专利牌以诱之。及其出国也，假之资本以助之，轻其出税以便之，有保险以安其心，有兵船以卫其势，听其立商兵轮以护其业。又有领事考万货之情，以资其事，官商相通，上下一体，故能制造精而销流易。视万里重洋若枕席，情信洽而富乐多，故筹兵饷重款，若探囊取物，民足而君足，国富而势强"。我们要想恢张利源，整顿商务已刻不容缓。只有设商务局、立商学、商报、商会，才能使"富国有成效"。

8月18日，康有为向总理衙门呈递《请开农学堂地质局以兴农殖民而富国本折》。希望国家设农学堂、地质局，以此兴农殖民，以富国本。

8月，康有为呈递《请废漕运改以漕款筑铁路折》。建议停止漕运，以漕运之款修筑铁路。"那么，要不了十年，全国交通就会运于咫尺，地利大辟，物产繁滋"。

9月5日后，康有为上《请计全局筹巨款以行新政筑铁路起海陆军折》。在此折中，康有为指出，当今世界各国竞争，优胜劣败，关键在于国防与民治，"若稍疏阙，败亡随之"。况且我国"广土万里，辽、蒙、准、藏、滇、桂诸边延袤，皆接强敌，防不胜防"，所以应该"举国为兵之制"，"而且应当筑铁路以辟地利，开发民智。这样，中国富强，指日可待也"。

在这段时间里，南海会馆不仅成了他写政论文章和起草奏折的地方，而且还成为全国维新志士的聚集地。康有为许多万木草堂的得意门生经常聚集在此，大家一起筹划变法的内容、方法、步骤，憧憬美好的未来，对中国前景充满信心。

在这些维新志士中，有几位比较重要的人物，基本上都是康有为的学生，其中，麦孟华，是万木草堂的高才生，他不仅参与了"公车上书"，而且整个变法运动期间的各项活动他都置身其中。他经常到南海会馆，与自己的老师共同策划救国方略。韩文举也经常与老师共商救国大计，且在维新派办的报刊上发表大量文章。他编著的《近世中国秘史》，用大量的事实揭露了清政府的腐朽没落，为推动维新思想的发展作出了很大贡献。此外，经常出入南海会馆的还有梁朝杰和王觉任，他们都为维新变法运动奔波操劳。尤其要强调的是，康有为的得意门生梁启超，他在变法运动初期，成为康有为的得力干将。

康有为发动"公车上书"时，梁启超就到南海会馆参与、组织这次活动。甲午战争后，他忧虑时局危急，开始追随康有为从事变法维新的宣传和组织活动。他经常与老师在"汗漫舫"彻夜长谈，共同策划维新变法事宜。梁启超受其老师的思想影响，特别推崇老师的公羊三世说理论。他认为"法何以必变？凡在天地之间者，莫不变"。变，乃古今之理也。"变亦变，不变亦变。""变而变者，变之权操诸己，可以保国，可以保种，可以保教。不变而变者，变之权让诸人，束缚之，驰骤之。"其间，充满了辩证法的光辉思想。至于维新变法的内容和次序，梁启超认为应首先从废科举、兴学校、培育人才下手。开民智、兴民权、立农工商政。同时还要修铁路，开矿山，开武备学堂，练陆海新军等等。在变法的途径方面，梁启超的观点与老师基本一致，主张上靠王公大臣，下靠开明士绅，自上而下地推行变法。

梁启超先后在维新派所办的报刊上发表了大量文章，宣传康有为变法维新的理论和思想。所以曾有人这样认为："戊戌前，南海已蜚声海内，这其实应归功于梁启超。"特别是由他主笔的《时务报》，名噪一时，在维新运动中产生了极大的影响。梁启超曾表示："吾国人不能舍身救国者，非以家累，即以身累。我辈以此相约：非破家不能救国，非杀身不能成仁，同此义者，皆为同志。"1898年6月11日，光绪帝颁布"明定国是"，宣布正式变法维新后，梁启超与老师康有为一起在南海会馆拟定了大量变法奏折，希望通过皇上的地位达到变法图强的目的。

# 二、强学保国

康有为不断上书光绪帝，反复阐述维新变法的道理，并提出周详的变法建议，以实现他"格君"维新变法、救亡图存的目的。与此同时，康有为还面向社会，在广大的知识阶层中积极寻找变法维新的社会力量。

为此，康有为领导了一系列爱国维新活动，其中影响较大的有兴学堂、办报刊和开学会三件事。兴学堂和办报刊的主要目的是开民智，是康有为呼吁广开民智的积极步骤，以学为吸力，引向合群。开学会则着眼于合群，通过学会组织团结更多的维新志士，造就更多的维新人才。兴学堂、办报刊和开学会三者是互相联系、相辅相成的。

康有为不断地向皇帝上书和宣传、鼓动组织士大夫的力量，通过自上而下和自下而上相结合的方法，终于在全国掀起了一场轰轰烈烈的维新变法运动。

1895年8月，康有为、梁启超等在北京组织了强学会，这是戊戌时期创办的第一个学会。北京强学会的基本成员除康有为、梁启超、麦孟华等维新志士外，还有清廷官员陈炽、文廷式、沉曾植、沉曾桐、丁立钧、袁世凯、王运鹏、张孝谦、徐世昌、张权、杨锐等人。但学会实际上由康有为负责。当时清政府中帝党大臣翁同龢、孙家鼐、李鸿藻、张荫桓对强学会都给予了大力支持。在当时维新变法思潮发展和广泛传播的形势下，清政府中的一批投机军阀官僚也纷纷表示"赞助"强学会。如湖广总督张之洞、两江总督刘坤一、直隶总督王文韶就曾各捐款五千两给强学会作为经费。甚至李鸿章也想捐款入会，但由于他是《马关条约》的签订者，影响很坏，故被强学会拒绝。

强学会成立后，正式会员达几十人，他们每十日举行一次集会，由康有为等人在会上发表演讲，宣传维新变法思想。强学会还设有图书馆，收集大量中外书籍供大家阅读，以开阔会员视野。在维新志士们的多方努力下，京师强学会的规模日益扩大，且活动频繁。康有为曾自豪地这样评价强学会："自七月创办以来，朝士云集，军机总署御史翰林名曹来会者百数，几与外国议院等……经费已巨万，粤中戴少怀学士、黎璧侯学使、曾刚甫、何梅村、周芹生各主政咸在局中，御史达官能言事者数千人，诚嘉会也。"强学会像一座桥梁一样把资产阶级改良派和帝党联合起来。

1895年10月，为了进一步扩大维新思想的影响，康有为离开北京，到南方去组织维新力量，宣传维新思想，11月到达上海。

自鸦片战争以后，上海成为资本主义文化侵略的中心。由于这里是早期资产

阶级比较集中的地区，文化出版事业也比较发达。康有为认为上海"为南北之汇，为士夫所走集"。在这里成立强学会以与京师遥向呼应，并渐渐向各省扩展，而且上海又是"群天下之图书器物，群天下之通人学士"。1895 年 11 月，康有为与梁鼎芬、屠守仁、黄绍箕、汪康年、黄遵宪、黄体芳、张謇、龙泽厚等人共同发起，组织成立了上海强学会。

康有为为学会起草了《上海强学会章程》，章程宣称设立强学会的目的是为中国能够自强，"以中国之弱，由于学之不讲、学之未修，故政法不举。今者鉴万国强盛弱亡之故，以求中国自强之学"。通过强学会的活动，要达到"聚天下之图书器物，集天下之心思耳目，略仿古者学校之规，及各家专门之法，以广见闻而开风气，上以广先圣孔子之教，下以成国家有用之才"。章程规定了强学会要做的四件大事：其一，刊布报纸。其二，译印图书。其三，开大书藏。其四，开博物院。

康有为指出，创办强学会的宗旨是"联人心，讲学术，以保卫中国"。1896 年 1 月 12 日，上海强学会的机关报《强学报》创刊。报刊主编由康有为的弟子徐勤、何树龄担任。在《强学报》的创刊号上有这样一段一本局告白："现当开创之始，专以发明强学之意为主。派送各处，不取分文……"尤值一提的是，《强学报》鼓吹用孔子纪年，并大胆带头实践，在报头位置印出"孔子卒后二千三百七十三年"字样，和光绪纪年并列。其中刊登的许多文章，都以尊孔为名，宣传托古改制思想，旗帜鲜明地倡导变法维新。这在当时的中国，确实是一个大胆的举动。

在上海强学会的成立及《强学报》的创刊的过程中，时任两江总督的张之洞一开始表面答应支持强学会，但同时又企图控制上海强学会和《强学报》，因康有为在许多问题上坚持己见，不愿屈从，所以张之洞决定阻止上海强学会的成立，了以"论学不合背盟，电来属勿办"。康有为却不买他的账，坚决表示："会章大行，不能中止。"毅然决然地成立了上海强学会，办起了《强学报》。此举使张之洞及其同党一直怀恨在心。

尽管京师强学会和上海强学会的存在的时间都不长，但其影响却不小。它不仅传播了变法救国的维新思想，而且对人们的思想起了巨大的启蒙作用。在政治实践上，它打破了封建专制主义不准结社的禁令。为此，梁启超曾对他的老师的勇敢精神予以高度评价："强学会之开也，余与其役，当时创议之人，皆赞此举，而惮会之名号，咸欲避之，而代以他字，谓有其实不必惟其名也，而先生断断持之，不肯迁就，余颇怪焉。先生曰：吾所以办此会者，非谓其必能成而有大补于今时也，将以破数百年之网罗，而开后此之途径也。后卒如其言。"从此之后，学会之风遍及全国。学会的普遍建立，极大地推动了维新运动的发展。

强学会的活动及其产生的影响使封建顽固势力深感不安。大学士徐桐、御史褚成博等扬言要弹劾康有为。李鸿章由于被拒入会,对康有为及其强学会更是恨之入骨,早就想寻机报仇。他指使他的儿女亲家广西道监察御史杨崇伊上书光绪帝,攻击北京强学会植党营私,要求清政府予以查禁。由于慈禧太后为首的封建顽固势力频频施压,光绪皇帝只好被迫下令封闭京师强学会,禁止该会进行任何活动。后来,又将强学会改为官书局,出版《官书局报》和《官书局汇报》,交由大学士孙家鼐管理。北京强学会就这样被封建顽固派扼杀了。

在得知慈禧太后查禁了北京强学会的风声后,一向善于见风使舵的张之洞也立刻响应,声称不同意康有为的"孔子改制"的理论,下令停止供给上海强学会资金,并查禁上海强学会及其会刊《强学报》。

但是康有为并没有因失败而放弃心爱的事业。为了继续强学会的未竟事业,1898 年 1 月 5 日,他在北京组织旅京广东籍人士二十余人成立粤学会。在他的策划和帮助下,林旭组织了闽学会,宋伯鲁组织了关学会,杨锐组织了蜀学会,杨深秀组织了陕学会。其他如湖南、浙江、江西、直隶、云南、贵州等省旅京人士也纷纷组织学会,京师乃至全国维新变法运动又渐渐高涨起来。

1898 年春夏之交,是中国近代史上很不平静的时刻。这年春天,各省举人又云集北京参加会试,康有为决定利用这次机会进行一次大规模的爱国维新宣传,他认为"自经割台巨创以后,我士大夫醉乐酣嬉,不识不知,三年于兹","乃及今岁胶、旅、大、威相继割弃",必须成立一个"大会",来让国人表达义愤之情,促使天下人都具有爱国热忱。刚好这时江南道监察御史李盛铎也有开会的主张,于是两人一拍即合,发起组织了保国会。

4 月 17 日,在北京南横街粤东会馆,保国会召开第一次集会,当时参加集会的京官及各省举人达二三百人,楼上楼下坐满了言官,大家一致推举康有为登台演说。康有为义不容辞,立即飞步登台,目光如炬,他一开口就痛陈中华民族的灾难说:"吾中国四万万人,无贵无贱,当今日在覆屋之下,漏舟之中,薪火之上,如笼中之鸟,釜底之鱼,牢中之囚,为奴隶,为牛马,为犬羊,听人驱使,听人割宰,此四千年中二十朝未有之奇变。加以圣教式微,种族沦亡,奇惨大痛,真有不能言者也。"他痛心地叙述说,在近两个多月的时间里,我们中国失权之事就发生了二十起,像这样下去,等待我们的将是同印度、波兰一样的亡国命运。说到激动处,他振臂挥舞,大声高呼:"若使吾四万万人皆发愤,洋人岂敢正视乎","故今日人人有亡天下之责,人人有救天下之权!"康有为在这篇精彩悲壮的演说中,表达了爱国的激情和救亡图存的决心,在场的听众都被他深深地感动了,一些人泪流满面,泣不成声。当时去参加集会并听到康有为演说的李宣龚,后来写信给丁文江,说他十分钦佩康梁敢于冒险犯难的革命精神,他这

样写道："当时辇毂之下，何施不可，康、梁诸公乃敢犯冒严谴，成此异举，实在不能不钦佩！"

在这次集会上，通过了康有为起草的《保国会章程》，共三十条，第一条就明确表明了保国会的目的："本会以国地日割，国权日削，国民日困，思维持振救之，故开斯会以冀保全，名为保国会。"还指出该会的主要宗旨是：保国、保种、保教，也即指保全国家之政权土地，保人民种类之自立，保中国圣教之不失。此外，章程还详细规定了总会和分会的组织机构、权限、纪律、入会手续、会员的权利和义务、首领及工作人员的职责等。保国会已大致具备资产阶级政党的规模和性质，在戊戌维新运动中所涌现的各进步团体中，它的影响最大，它预示着民族觉醒的戊戌维新高潮即将到来。

在保国会的带动下，各地类似组织如保浙会、保川会、保滇会纷纷成立。一些激进之士认为中国学者长期埋首束身于章句之学，辞藻之末，所以肌体、大脑衰弱，而要振兴民族国家，必须有坚强的体魄，主张"汇集同志，聘请豪勇军师，以研究体育之学，其能备资者，或入外国海陆军学堂"。康有为居住的南海会馆常常是高朋满座，热闹非凡。他不分昼夜，行色匆匆，前往各会发表演讲，变法声浪震动了京师。康有为这种热切的精神深深地感动了每一个有良知的人。梁启超这样评价他老师当时的思想状况："以先生之多识渊博，非不能曲学阿世，以博欢迎于一时，但以为不抉开此自由思想之藩篱，则中国终不可得救，所以毅然与二千年之学者，四万万之时流，挑战决斗也。"

面对保国会和各种学会掀起的越来越热烈的爱国维新活动，封建顽固势力深感惊慌和仇视。于是，亲贵大臣们又一起跳出来围攻康有为，气势汹汹。吏部主事洪嘉与撰写了一篇《驳保国会》的文章，并怂恿浙江人孙灏出面攻击康有为，对保国会章程三十条逐节驳诘，诬蔑康有为想做"民主教皇"。这篇文章中对康有为的人身大肆攻击，辱骂他是"地方大光榾"、"厚结党徒，妄冀非分"、"形同叛逆"、"辩言乱政"、"邪说诬民"、"鬼蜮伎俩"、"诳骗人财"，污言秽语，不一而足。并颠倒是非地说："外衅迭至，犹未可危，内患交乘，若辈为钜，尽变成法以从海西，是谓客强而非自强。"

5月2日，御史潘庆澜上书弹劾康有为成立保国会是"聚众不道"。5月17日，福建道监察御史黄桂鋆参劾保滇会、保浙会、保川会"皆由保国会党，包藏祸心，乘机煽惑，纠合下第举子，逞其簧鼓之言，巧立名目，以图耸听，冀博准办之谕旨，便可以此为揽权生事之计"。还说如今民主民权之说日益猖獗，若准各省纷纷立会自保，天下将从此分裂，要求皇上下旨严禁此事。荣禄更是杀气腾腾地扬言：康有为立保国会，现在还有许多大臣未死，即使亡国也不需要他保国。他这样恣意妄为，总有一天非除掉他不可。你们如有相识的人，告诉他们小心脑袋。

御史李盛铎见政治风向一转，马上反戈一击，居然上疏参劾保国会，把自己洗刷得一干二净，并攻击康有为聚众滋事，图谋不轨。尽管亲贵大臣们大肆指控康有为，可是光绪帝却一概置若罔闻。军机大臣刚毅阴谋借着李盛铎的奏折，要求查办保国会员，光绪帝制止说："会能保国，岂不大善，何可查究耶？"这样那些暗藏杀机的胡言乱语都通通被挡了回去。据康有为后来说，光绪帝之所以袒护保国会，是因为他在此之前曾上书"请开社会局，明会党之善，又编《日本会党考》，附《日本变政记》进呈，上知各国通行之俗，以开民智而励士气者，故不禁也"。康有为寥寥数语，言简意赅，说明光绪帝也赞成爱国救亡、变法图强、学习西政、锐意改革，在这些方面与维新派的思想是一致的，他甚至顶住西太后镇压强学会的压力，没有下令解散保国会，从而在组织上支持了维新派，若不是光绪帝的多方保护，康有为不仅无从变法维新，就是脑袋恐怕也早搬家了。

光绪帝虽然暂时遏止了顽固派对保国会变本加厉的迫害，但保国会举行了三次集会后，也自行解散了。然而，其规模和到会人数都超过了强学会，其御侮图存的爱国色彩比强学会更为鲜明，后来列为"四卿"参赞新政的林旭、刘光第、杨锐都是保国会员，它在聚集爱国志士，促进光绪皇帝早日下诏"明定国是"，全面实行维新变法方面发挥了不容忽视的作用。

通过七次上书，康有为终于争取到光绪帝和帝党官吏对维新变法的支持。他又通过兴学堂、办报刊、立学会，在社会上培养和聚集维新进步力量。而维新派每组成一学会，必出一刊物宣传其思想。在他们的影响下，各种主张变法的团体纷纷成立，盛况空前；各种宣传维新变法的报刊也蔚然出现，各种传授新学新知识的学堂，更是如雨后春笋，纷纷成立。据中国历史博物馆的统计资料表明，从1895年到1898年间，维新派在国内外成立的学会、学堂和报馆共计352所，其中学会103个，学堂185所，报馆64个。

# 三、办报图强

康有为在多年的摸索中，认识到要救国，必须自强，而要自强，必须变法维新，而要实行变法，必须广招人才，开通风气，而要达到广联人才，开通风气，必须创办报纸。梁启超也认为："度欲开会，非有报馆不可，报馆之议论既浸渍于人心，则风气之成不远矣。"正是基于这样的认识，1895年8月17日，中国资产阶级维新派办的第一家报纸——《万国公报》在北京创刊发行。

维新派创办的《万国公报》是双日刊，报刊形式与《京报》相似，每册有编

号，但没有出版日期。由梁启超、麦孟华主编。每册有一篇论文，长篇论说则分期连载。除转录广学会及其他报刊外，其余未署名的文章，大多出自梁启超、麦孟华之手。所刊著名文章有《地球万国说》、《通商情形考》、《地球万国兵制》、《万国矿务考》、《万国邮局章程价值考》、《各国学校考》、《学校说》、《铁路情形考》、《铁路通商说》、《铁路改漕说》、《铁路备荒说》、《铁路便行旅说》、《铁路兴屯垦说》、《铁路工程说略》、《佃渔养民说》、《农学略论》、《农器说略》、《铸银说》、《西国兵制考》、《报馆考略》、《印俄工艺兴新富国说》等等。凡是富国强兵的方方面面，这些文章都几乎涉及到了，并详尽地论述了开矿、铸银、制机器、筑铁路、造船、办邮政、立学堂、办报馆等。

《万国公报》的创刊发行，不仅深受维新志士的欢迎，也为广大人民群众所喜爱，一个月里，发行量达 3000 份左右，这在当时是了不起的成就。对此康有为感到非常满意，"报开两月，舆论渐明，初则骇之，继亦渐知新法之益。吾复挟书游说，日出与士大夫讲辨，并告以开会之故，明者日众"。尤值一提的是，《万国公报》的创办，起到了振臂一呼的作用，从此以后，各地维新志士纷纷开始办报，把报刊作为一个重要的政治斗争工具。

《万国公报》共出刊四十五期，后来，因为与广学会所办的报刊名称相同，有许多不便之处，于是改名为《中外纪闻》，并正式把它作为强学会的机关报，由梁启超、汪大燮主笔。

1895 年 12 月 16 日，《中外纪闻》正式出版，报名由康有为亲笔题写。仍为双日刊，木活字竹纸印刷，每册注明出版年月，但无编号，每册约十页，四千五百字左右。内容分"上谕"、"外电"、"译报"、"各报选录"和"评论"等栏目。除转载中外各报有关"新政"的新闻和评论外，还经常刊登一些评论时事的文章。康有为也曾对《中外纪闻》所刊登的内容作过大致的介绍，"本局新印《中外纪闻》，册首恭录阁抄，次全录英国路透电报，次选择外国各报，如《泰晤士报》、《水陆军报》等类，次择录各省新报，如《直报》、《沪报》、《申报》、《新闻报》、《汉报》、《循环报》、《华字报》、《维新报》、《岭南报》、《中西上报》等类，次译印西国格致有用诸书，次附论说。"可见，当时《中外纪闻》创意之新，内容之丰富，在当时中国是绝无仅有的。

《中外纪闻》从创刊到被查禁，共出了 18 期，其内容有阁抄、宫门抄、摘录各报、选择外报，还有一些论文，如《英国幅员考》、《西国铁路考》、《英国度支考》、《地球奇妙论》、《垦荒广种屯田为农务之本》，此外，还刊发了《中西纪年比较表》等资料。除选录一些新闻外，还对一些西方资本主义国家的情况作了介绍。特别是在许多文章之后的评论中，时时透露出向西方学习，变法图强的思想倾向。如在《英国幅员考》之后的附论，就充分表达了这一点：

地球面积，海多于陆，万国相通，舍海道末由也。英人以三百年间，尽扼海道之险要而守之……五洲船舶，来往孔道，无不归其掌握如奕者。然统筹全局，择要著而争之，其余散著，不烦虑而定矣……虽然，以土耳其跨三洲之地，而见逼六国，以英人处三岛之陋，而雄制五洲。盖边防之强弱，惟内治之兴替是视。《孟子》曰："国家闲暇，及是时，明其政刑，虽大国必畏之矣"。又曰："国家闲暇，及是时，般乐怠傲，是自求祸也。"万国强弱之原，无外此二途者，谋国者宜何择焉。

《中外纪闻》虽然发刊时间不长，但它是中国资产阶级早期政治团体的机关刊物，除刊登"阁抄"、译录新闻外，他还刊载了一些格致有用之书，并探讨万国强弱的根源，初步引进了一些西方先进的思想文化，使士大夫阶层渐渐明白了实行新法的好处，为变法运动奠定了良好的理论基础和群众基础。正因为如此，《中外纪闻》引起了封建顽固势力的恐慌。不久，顽固派大官僚徐桐、御史杨崇伊等纷纷跳出来说三道四，对强学会及其《中外纪闻》大肆诬蔑，要求查禁强学会及其报刊。迫于慈禧太后的压力，光绪帝在命令封闭强学会所的同时，也封闭了《强学报》和《中外纪闻》。

《中外纪闻》和《强学报》创刊发行后，全国各地纷纷响应，一时间各种报刊杂志如雨后春笋，不断涌现，从而使近代中国出现了办报活动的第一个高潮。据有关资料统计，1895 年到 1898 年，全国报纸种类骤增三倍多。除了宣传维新思想的报刊以外，当时还出现了一批学术性和专业性报刊。

维新志士所办的报刊，在形式和内容上虽不尽相同，但它们的目的是一样的，那就是要求变革，救亡图存。正如严复曾指出的一样，各报刊"虽复体例各殊，宗旨互异，其于求通之道则一也"。因此可以说，在当时的历史条件下维新派所办的这些报刊，所起的进步作用是重大的。

第一，通过报刊对维新思想的宣传，使资产阶级的新思想、新文化得以广泛传播，开阔了中国人的视野。维新派所宣传的西学，有西方资产阶级的社会政治学说，也有近代自然科学方面的内容。如《时务报》就曾介绍过西方资本主义国家发展历史和政治经济学说，《国闻报》对达尔文的进化论和斯宾塞的社会学也作过介绍。一些报刊还注意介绍西方情况，就连洋务派首领张之洞也不得不承认报刊开阔了人们的视野。"一孔之士，山泽之民，始知有神州，筐箧之吏，烟雾之儒，始知有时局。"通过大量的宣传，使人民更深切地感受到"要救国，只有维新，要维新，只有学外国"，所以说，维新派大量宣传资产阶级思想文化，对广大人民群众、尤其是知识阶层起到了一个很好的思想启蒙的作用。

第二，维新派的创办报刊活动，为人民争得言论出版自由开了先河。历代统治阶级为维护自己的统治，一贯采取文化专制政策，特别注重控制舆论工具、禁止出版自由。清朝封建统治者也是如此。如《大清律例》就有这样的明文规定"凡造谶纬妖书妖言及传用惑众者，皆斩"，并说"捏造言论，录报各处者，系官革职，军民杖一百，流亡千里"。私人办报一直被视为是非法的。甲午战争以后，随着维新运动的开展，资产阶级维新派不仅提出报刊出版自由的要求，而且还把它变成了具体的行动，康有为几次在上皇帝书中均提出这个问题。功夫不负有心人，终于使光绪皇帝接受了这一建议，并把它作为维新期间一项新政内容加以颁布。光绪帝发布了一系列上谕，宣布解除限制办报禁令，承认官绅士民有一定程度的报刊出版自由。从此，维新派报刊纷纷出版，资产阶级改良派的办报活动的热情空前高涨。封建统治阶级垄断新闻出版事业的局面，从此被打破。

第三，通过报刊这一宣传阵地使广大读者更加深切地感受到了中华民族所面临的危机，从而唤起人民的觉醒。许多维新志士纷纷在报刊上发表文章，谴责帝国主义的野蛮掠夺，号召人民行动起来，救亡图存，他们慷慨激昂的言论促使广大人民去思考、去求索。中国人觉醒了，变法、自强、救亡图存，成了当时中国人民的共同心声。

# 四、新学热潮

科举制度是我国封建王朝选拔各级官吏的重要手段，同时也是历代封建王朝实行文化专制的工具。它限制人民的思维，实质上是一种愚民之术。连统治阶级自己也承认，科举制度足以"束天下豪杰于寻章琢句之中，以柔其犷悍横逸不驯之气"。尤其是八股取士制度更是束缚了人民的思想，其结果必然造成"野皆愚民，庠皆愚士，朝皆愚吏"，因此，康有为等维新志士把废科举作为教育改革的突破口和中心内容。

康有为对科举制度进行了深刻的揭露，认为八股取士制度弊端甚多，危害严重。"自童年而咿唔摹仿，妃青俪白，迄白首而按节吟哦。既因陋而就简，咸闭聪而黜明。试官妄取，谬种展转以相传，学子循声，没字空疏而登第。虽有经文五义，皆以短篇虚衍，虽有问策五道，皆依题字空对。但八股清通，楷法圆美，即可为巍科进士、翰苑清才，而竟有不知司马迁、范仲淹为何代人，汉祖唐宗为何朝帝者。若问以亚非之舆地，欧、美之政学，张口瞪目，不知何语矣。"康有为认为八股取士是中国贫弱的罪魁祸首，"中国之割地败兵也，非他为之，而八股致之也"。所以，1898年6月，当光绪帝召见康有为时，他力陈八股流弊，指出"国之弱，民之贫，皆由八股害之"！特别是现在"绸缪于未雨之时，为兴学育才之事，若追亡救火之急，犹恐其不能以立国也。而乃以八股试多士，以小题枯困截搭缚人才，投举国才智于盲瞽，惟恐其稍为有用之学，以为救时之才也，不亦反乎"？康有为指出，"今变法之道万千，而莫急于得人才；得才之道多端，而莫先于改科举，今学校未成，科举之法，未能骤废，则莫先于废弃八股矣。"为此，康有为希望皇上早下决心，立即下诏废除八股取士，使举国数百万人士，"立可扫云雾而见青天矣"。且从此"内讲中国文学，以研经义、国闻、掌故、名物，则为有用之才，外求各国科学，以研工艺、物理、政教、法律，则为通方之学"。康有为建议废八股，改试策论。"此制一变，则士民靡然响风，人才辈出，孔子所谓一言兴邦者，未有捷于是者。"正是在以康有为为代表的维新志士的努力争取下，1898 年 6 月 23 日，也就是百日维新正式开始后的第三天，光绪帝就发布了废除八股取士改试策论的诏谕。下令"自下诏开始，乡会试及生童岁科各类考试，四书文，以前考四书五经类，视一律改试策论"。

与废科举同时进行的是兴学堂。康有为认为，"泰西之强由于人才，人才出于学校"。并且认为要实现"开民智，兴民权"，关键是要兴学堂。康有为还进一步指出，应当普及平民教育，"欲富强之自立，教学之见效，不当仅及于士，而当下逮于民，不当仅立于国，而当遍及于乡……必使四万万之民，皆出于学"。康有为还十分重视创办各种专科学校，以此来培养各行各业的专门人才。他建议各省府州县要普遍举办专科学校，关于天文、地矿、医律、光重、化电、机器、武备、驾驶等方面都要设立专科学校，还要设立铁路、农业、商业、师范等学校，以及女子学校。康有为尤其重视师范学校，因为师范学校实为小学之根基，认为"师范学院立，而群学之根基悉定"。除此之外，维新派还主张翻译大量西学书籍，并认为"有学校而不译书，则不知泰西新政新学新法，无以为教之之地"。为此，他们建议设立译书局，专门编译西学书籍作为教材。

1898 年 7 月，康有为上《请饬各省改书院淫祠为学堂折》，折中提出创办学堂的具体构想。康有为建议"省府州县乡邑，公私现有之书院、义学、社学、学塾，皆改为兼习中西之学校，省会之大书院为高等学，府州县之书院为中等学，义学、社学为小学"。并且他还鼓励私人办学，"鼓动绅民，捐创学堂，严旨戒饬各疆臣，清查善后局及电报、招商局各溢款、陋规、滥费，尽拨为各学堂经费"，以达到"人人知学，学堂遍地……人才大成，国势日强"的目的。

总而言之，康有为等维新派把兴学堂作为聚集维新力量，扩大阵营的重要手段，并开始用实际行动来实现这种目的。

为了传播维新变法的思想，培养维新骨干，康有为等维新志士们开始创办学堂。当时创办的学堂数量很多，梁启超在《戊戌政变记》中曾统计，在 1895 年

到 1898 年间，维新派先后在全国各地创办有十九所学堂。其中取得成就较大的有：

万木草堂：由康有为创办于 1891 年，就学的许多学生后来都成为戊戌变法的骨干力量，前文已经说过，这里就不再重复。

时务学堂：由谭嗣同等发起，于 1897 年在长沙开办。时务学堂的创建得益于湖南巡抚陈宝箴、按察使黄遵宪、学政江标的赞助，学堂总教习由梁启超担任。教学内容有经、史、诸子和资本主义国家的政治法律与自然科学。学生每日作札记，由教习批改。时务学堂共招学生四十人。中国近代著名的军事家蔡锷当时就在此学堂学习。

通艺学堂：由张元济在严复的帮助下，于 1896 年在北京创办。张元济（1867—1959 年），字菊生，浙江海盐人，现代出版家。他是光绪进士，曾任刑部主事、总理各国事务衙门章京。后因参加维新运动，1898 年戊戌政变时被顽固派革职。后在上海从事文化出版事业。解放后参加中国人民政治协商会议，当选为全国人民代表大会代表。通艺学堂有学生四十至五十人，戊戌变法期间，光绪帝曾召见过张元济，他向皇上详细汇报了通艺学堂的情况。皇上感到很高兴，并勉励他要教导学生好好地学，将来可以替国家做点事。

此外，还有谭嗣同等在 1897 年设立的"浏阳算学馆"，梁启超在 1897 年倡设于上海的女学，以及 1898 年吴怀疚、经元善等在上海创办的"务本女学"和"经正女学"等也在当地小有名气。

维新派创办的学堂，教学内容以新学为主，以西方的政治学说为核心，为资产阶级的社会变革服务。维新派把自己所创办的学堂作为宣传西学、新学、传播维新变法思想的阵地，向封建堡垒发动了猛烈的攻击。

尽管维新志士们为改革旧的教育体制做了大量的工作，但在当时封闭落后的社会条件下，收效还是不大，而且从全国的范围看，学堂的发展仍很缓慢，维新派迫切需要借助皇帝的力量把维新学堂迅速向全国推广。在康有为等人的多方努力下，从 1898 年 6 月 11 日起，光绪皇帝依靠维新派，陆续颁布了一系列维新变法的诏书，其中属于教育方面的改革主要有以下各项：

1. 改革科举制度，废除八股取士，改试策论，以选拔"体用兼备"、"通经济变"的人才。

2. 在全国各地筹办高、中、小各学堂，兼习中学和西学。各地旧有的大小书院，一律改为兼习中学和西学的学堂。民间的祠庙一律改为学堂，鼓励绅民捐建学堂。

3. 筹办京师大学堂，并将官书局和译书局并入其中。

4. 筹备设立农务、矿产、铁路、茶务、蚕桑、医学等专门学堂。

5.设立译书局及译学堂。

6.《时务报》改为官办，准许士民自由开设报馆、学会，开放言论，鼓励士民上书，出版书刊、报纸者给以免税。

7.选派人员出国留学。

这些改革冲击了中国传统封建教育体制，体现了新兴的资产阶级要求发展资本主义的愿望。它不仅在当时有进步意义，而且对中国以后的教育改革也起了巨大的开创示范作用。

虽然在戊戌政变后，一切新政措施几乎全被废除，但京师大学堂却保留了下来，这也是戊戌变法的唯一成果。1902年，清政府将京师同文馆归并入京师大学堂。1912年，京师大学堂改为北京大学。

维新派在教育上提出的纲领是废科举，兴学堂，开民智，育人才，从而把政治运动与文化运动有机地结合起来，与顽固派、洋务派展开了激烈的斗争。这场斗争的性质是资产阶级的新文化与封建阶级的旧文化的斗争，也是学校与科举之间、新学与旧学之间、西学与中学之间的斗争。

其一，关于变与不变的论争。

封建顽固派恪守祖宗之法不能变，叫嚣"宁可亡国，不可变法"，把一切西学视为洪水猛兽，把轮船、铁道、电报等一切新事物当作奇技淫巧。而洋务派尽管不同意顽固派的这种思想，但他们所讲的变革思想与维新派有根本区别。1898年，洋务派首领张之洞发表了《劝学篇》，具体阐述了对抗变法维新的思想。他所讲的"变"，只是变科举、改学制、开矿藏、修铁路，讲求农工商学等等，其要义是反对变革封建君主专制政体。

维新派则指出，没有政体的改变，其他一切不会从根本上得到改变，所以，必须下决心改变君主专制政体。康大有为指出："今天下之言变者，曰铁路、曰矿务、曰学堂、曰商务，非不然也。然若是者，变事而已，非变法也。"康有为进而指出，"不变固害，小变仍害，非大变，全变，骤变不能立国也。"

其二，关于废八股、变科举的论争。

康有为等维新派坚决主张废八股、变科举。而顽固保守势力对维新派这一主张表示坚决反对。梁启超曾生动地描写了顽固势力对八股取士的恋恋不舍之情。当梁启超联合举人联名上书请求废除八股时，"当时会试举人集辇毂下者将及万人，皆与八股性命相依，闻启超等此举，嫉之如不共戴天之仇，遍播谣言，几被殴击"。由此可见，来自顽固势力的阻力确实很大。而洋务派虽也反对八股，但惧怕由此引起众怒而对自己不利，故而也不提废除八股之事。梁启超曾一针见血地指出："八股取士锢塞人才之弊，李鸿章、张之洞何尝不知之，何尝不痛心疾首而恶之。张之洞且尝与余言，言废八股为变法第一事矣，而不闻其上折请废之

者，盖恐触数百翰林、数千进士、数万举人、数十万秀才、数百万童生之怒，惧其合力以谤己而排挤己也。"

维新派则把改革科举、兴办教育事业作为进行维新变法活动的重要组成部分，并且大力兴办学堂，为维新运动培养大量人才。

其三，关于中学和西学的论争。

洋务派代表人物张之洞提出了"中学为体，西学为用"的主张。他要求把"中学"作为根本，而"西学"则是为"中学"服务的。张之洞的所谓"中学"，指的是中国经史之学，在中学为体的前提下，用西学弥补中学的不足。关于西学，张之洞认为主要是指西艺和西政。所谓西艺，即是算、绘、矿、医、声、光、化、电等，所谓西政，则包括学校、地理、度支、赋税、武备、律例、勤工、通商等。由此可见，张之洞的所谓西政，只是政治、经济、军事、财政、文教的一些具体措施，并不是指资本主义的政体。所以说，其结果仍是在不改变中学为体的前提下，来学西学、用西学的，他反对从根本上改变封建专制政体，也就是反对变"法"。实质是"旧学为体，新学为用"。

维新派倡导学西学，不仅要学"西艺"、"西政"，而且要学习西方社会的政治理论。梁启超指出"今日之学，当以政为主义，以艺学为附庸"，他认为，当今中国不思自强则已，苟犹思之，其必自兴政学始。维新派希望通过学习西方的社会政治学和自然科学，从根本上改变封建君主专制政体，以促进资本主义的发展，实现强国救危的目的。

维新派与洋务派的这场论战，其性质是资产阶级思想同封建主义思想的直接交锋，集中地反映了中学和西学、新学与旧学在中国近代思想文化领域中的斗争。通过这场论战，使维新变法思想更加深入人心，从而形成了一种新的社会思潮，为推动变法维新运动高潮的到来起到了重要作用。

# 第七章　七书促变

## 一、公车上书

1894 年，康有为入京参加会试，6 月 9 日，在京下车时扭伤了脚，只好南归。7 月 25 日，清政府运载援兵赴朝鲜的"高升"号轮船在航行途中，遭到日本海军袭击，甲午中日战争爆发。

甲午战争的爆发完全是由日本方面一手挑起的。日本的对外扩张和征服世界的野心由来已久。在"武国"方针的指导下，明治政府制定了征服南洋、亚洲乃至整个世界的"大陆政策"。所谓"开拓万里波涛，布国威于四方"，实施"大陆政策"的主要侵略矛头是指向朝鲜和中国。日本把朝鲜作为"渡满桥梁"，蓄意把朝鲜作为跳板，进而侵略中国。

1894 年，朝鲜爆发"东学道"起义，农民军多次打败政府军。在这种情况下朝鲜政府只好向清政府请求援助。由于日本假意许诺不会借中国出兵朝鲜而趁机出兵，清政府信以为真，于是派淮军叶志超部开赴朝鲜牙山。而此时日本却背信弃义，大规模向朝鲜增兵，逐渐包围了驻守牙山的中国清军，并不时挑衅。7 月 23 日，日本军队闯入朝鲜王宫，挟持朝鲜国王，组织傀儡政权，并偷袭了驻牙山的叶志超、聂士成部。7 月 25 日，日本海军又袭击了运载援军赴朝鲜的中国"高升"号轮船。

叶志超、聂士成部不久就败退平壤，而平壤交战又以中国军队的失败告终。9 月 17 日，中日两国海军在黄海展开了战斗，由于执行了李鸿章退敌于国门之外的错误指示，中国海军处处被动挨打。不久黄海海战失利。日军海陆两军同时进军，直入中国境内，日本舰队于 1895 年 2 月开进威海港。北洋海军威海卫基地完全落入敌手，清政府经营多年的北洋舰队全军覆没。1895 年 4 月 17 日，李鸿章代表清政府与日本伊藤博文签订了丧权辱国的《马关条约》，甲午中日战争结束。

《马关条约》规定：中国割让辽东半岛、台湾全岛及附属岛屿和彭湖列岛给

日本；中国赔偿日本军费白银2亿两；增开沙市、重庆、苏州、杭州四个通商口岸，日船可沿内河驶入以上各口；允许日本在中国通商口岸设立工厂；承认日本对朝鲜的控制。这个丧权辱国的条约是日本强加给中国的。《马关条约》签订的消息传到国内，举国哗然，整个京师都震动了，人们纷纷要求废除和约，迁都再战。

当时正值各省举人在京应试。康有为激于义愤，用一天两夜的时间，奋笔疾书，草拟了一份一万八千余言的上皇帝书，因为这份上书有一千三百余名在京会试的举人联名，所以又叫作"公车上书"。所谓的"公车"，在古代即指官车，汉代以公家车马递送中了举人的人，后来就以"公车"作为举人的代称。

在这份上书中，康有为首先详细地分析了《马关条约》中割让台湾等地给日本的利害关系。书中说道："窃以为弃台民之事小，散天下民之事大，割地之事小，亡国之事大，社稷安危，在此一举。"接着他又作了进一步分析："何以谓弃台民即散天下也？天下以为吾戴朝廷，而朝廷可弃台民，即可弃我；一旦有事，次第割弃，终难保为大清国之民矣。民心先离，将有土崩瓦解之患……故谓弃台民之事小，散天下民之事大。"特别可怕的是由此引起的后果。他认为，"诸夷以中国之易欺也，法人将问滇、桂，英人将问藏、粤，俄人将问新疆，德、奥、意、日、葡、荷皆狡焉思启。有一不与，皆日本也，都畿必惊。若皆应所求，则自啖其肉，手足腹心，应时尽矣，仅存元首，岂能生存？且行省已尽，何以为都畿也！故谓割地之事小，亡国之事大。"特别令人担忧的是民心一旦涣散，散勇无归，外患内讧，危在旦夕，故在此国家危难之际"欲借和约，求得眼前的安定，这样下去，不久就会亡国"。康有为警告皇上，"夫言战者，团结民心，力筹大局，可以图存；言和者，解散民体，鼓舞夷心，更速其亡。"他愿请皇上在此民族危亡的紧要关头，孰利孰害，孰得孰失，应慎重加以权衡。

如果这样，就是"近之为可战可和，而必不致割地弃民之策，远之为可富可强，而必无敌国外患之来"的良药。最后，康有为向皇上提出四条建议，"下诏鼓天下之气，迁都定天下之本，练兵强天下之势，变法成天下之治"。

首先要下诏鼓天下之气。怎样下诏才能鼓天下之气呢？为此，康有为建议光绪帝下三道诏书。第一道诏书：罪己诏。"今日本内犯，震我盛京，执事不力，丧师失地，几惊陵寝，列圣怨恫。"他请求皇上"特下明诏，责躬罪己，深痛切至，激励天下，同雪国耻"。皇上如果能做到如此深明大义，那么"忠臣义士读之而流涕愤发，骄将懦卒读而感愧忸怩，士气耸动，慷慨效死，人怀怒心，如报私仇，然后皇上用其方新之气，奔走驰驱，可使赴汤蹈火，而岂有闻风哗溃者哉"？第二道诏书：明罚诏。要严厉惩办那些"辅佐不职、养成溃痈、蔽惑圣聪、主和辱国之枢臣，战阵不力、闻风逃溃、克扣军饷、丧师失地之将帅，与夫擅许割地、辱国通款之使臣，调度非人、守御无备之疆吏"，都要严厉惩办；第三道诏书：求才诏。康有为建议，对确有才能的人，要不拘一格加以利用，如果做到这样，那么"天下之士，既怀国耻，又感知遇，必咸致死力，以报皇上"。康有为坚信，一旦这三诏一下，则全国"士气咸伸，天下必跳跃鼓舞，奔走动容，以赴国家之急"。

其次，迁都以定天下之本。康有为对当时的形势进行了具体分析，他认为："方今旅顺已失，威海既隳，海险无有，京师孤立。近自北塘、芦台、神堂、涧河，远自山海、抚宁、昌黎、乐亭、清河、蚕沙，处处可入，无以为防守之计。"他还对清政府为保住京都，割地弃民的作法进行了严厉的批评，指出"吾所以忍割地弃民者，为保都畿、安乘舆也"的想法是浅见，因为如果将来外夷得陇望蜀，不但京都难以保全，恐怕连皇上的宝座也坐不稳了。这种做法，牺牲天下万里之地、数万万人民，以保区区之都城，其后果必将使智者无所骋其谋，勇者无所竭其力，其结果只能是"坐困胁割尽而后已"。因此，康有为认为现在除了迁都再战，已没有更好的办法了，他建议迁都西安，"我即迁都，可以力战，虽沿边糜烂，而朝廷深固，不为震慑，即无所胁制，主和者无所容其身，主战者得以激其气"。只有这样，才能改变处处被动的局面。

再次，练兵以强天下之势。康有为认为，兵者国之甲胄也。"今环地球五十余国，而泰西争雄，皆以民为兵，大国练兵至百余万……其阵法营垒器械枪炮，日夕讲求，确有程度。操练如真战，平居如临敌，所由雄视海内也。"但我国却兵备松弛，士兵战斗力低下，尤为严重的是武器装备大大落后于西方，所以才导致今天的割地赔款之事。当今之计，应选良将以重振士气，购置先进的武器，"这样，才能组成一支能和列强抗衡的军队"。

康有为认为，选将之道，贵新不贵陈，用贱不用贵。当今外夷战备日新，而我朝"老将多恃旧效，昧于改图，故致无功"。应该不拘一格，日夜训练，励以忠义，激以国耻，择其精悍，优备饷精，更练重兵，以待敌变。守卫边疆的大臣，亦宜选振作有为之人，不宜用资格老之旧臣，应选将才担当此重任。关于购械，康有为指出，外夷讲求枪炮，制作日新。而我国自己"未能创制，只购旧式"，所以"我师溃败，虽将士不力，亦器械不精，故胆气不壮"。因此，我们应该多购买一些先进武器，来武装自己的士兵。

最后，变法以成天下之治。康有为指出，上述三策"都是暂时应敌的权宜之计，而不能从根本上立国自强"。所谓"物久则废，器久则坏，法久则弊"，而如今数十国皆对我虎视眈眈，要是还不变法图强，就会同"盛夏已至而不释重裘，病症已变而犹用旧方，未有不暍死而重危者也"。康有为为皇上开出了具体的药方，"今之为治，当以开创之势治天下，不当以守成之势治天下；当以列国并立

之势治天下，不当以一统垂裳之势治天下"。康有为指出，"穷则变，变则通。不变法而割祖宗之地，驯至于亡，与变法而光宗庙之威灵，可以大强，孰轻孰重，孰得孰失，必能辨之者。所以说非变通旧法，无以为治。与其用二万万巨款赔偿日本，倒不如以二万万外修战备，内变法度。"

康有为为皇上筹划的变法方案具体地说，包括富国、养民、教民和革新庶政四个方面。

所谓富国之法，主要包括六项内容：曰钞法，曰铁路，曰机器轮舟，曰开矿，曰铸银，曰邮政。

关于钞法。康有为指出，国家应统一发行钞票。这样不仅"可以聚举国之财，收举国之利"，还可扩商务，筹国饷，且"骤可富国"。

关于铁路。康有为认为，铁路可缩万里为咫尺，合旬月于昼夜，便于运兵，便于运械，便于赈荒，便于漕运，便于百司走集，便于庶士通学，便于商贾运货，便于负担谋生，便于通言语、易风俗，"铁路之利，天下皆如"。他主张应把铁路修筑权交给人民，"吾民集款，力自能举"，而不必让外国人借修路事机夺我权利。

关于机器轮船。康有为指出，"机器厂可兴作业，小轮舟可便通达。"所以应允许民间设立机器工厂和轮船公司，应鼓励人民设机器厂，造轮船，并加以保护。"凡作机器厂者，出费领牌，听其创造。轮舟之利，与铁路同，官民商贾，交收其益，亦宜纵民行之。"

关于开矿。康有为认为中国矿产资源丰富，为世界之最。云南的铜、锡，山西、贵州的煤、铁，湖广、江西的铜、铁、铝、锡、煤，山东、湖北的铅，四川的铜、铅、煤铁等都非常丰富。我们应大力开办矿学，以培养开矿专门人才，充分利用这些资源来加快发展，以达到富国强丘。

关于铸银。康有为指出，中国现在通用的元宝及银锭，形体不一，携带不便，分量又无一定，有加耗、减水、折色、贴费之殊，有库平、规平、湘平、漕平之异，轻重难定，亏耗滋多。而各国银钱，重率有定，体圆易握，人情所便，所以易流通也。更重要的是他们"都只有本国的银钱"，我们也应该自铸银钱，以收利权。为此康有为建议皇上，"请饬下户部，预筹巨款，并令行省皆开铸银局"，只有这样，才能塞漏卮而存正朔。

关于邮政。康有为指出，我国公牍文移，谕旨奏折，都是由塘驿讯铺传递，这样不仅耗费巨资，而且远寄艰难。但是在西欧国家，他们设立邮政局，马车急递，应时无失，民咸便之。我国仿效西欧，在全国遍设邮政局，这样邮局与铁路相辅相成，就会使消息易通，见闻易广，利国利民。

所谓养民之法，它包括务农、劝工、惠商、恤穷四方面内容。

关于务农。康有为认为，天下百物都出于农，对于农业最重要的是用科学方法来管理农业。外国讲求树畜，农学会遍布城乡各地，他们种田讲究科学，能使"瘠壤变为腴壤，小种变为大种，一熟可为数熟"。我国也应大量翻译国外农书，遍设农会于全国城镇，鼓励人们采用新办法种田。另外，还可以多方面发展一些副业，如养蚕种棉，发展畜牧业等，这样，要不了多久农业就可发展起来。

关于劝工。康有为指出，西欧各国皆对发明创造给以重金奖励，如美国"岁给新器功牌一万三千余"，所以美国能成为全球最富的国家。他建议在各州县设立考工院，专事译外国制造之书，并选通测算学童，分门肄习。工院既多，图器渐广，见闻日辟，制造日精。凡是有新发明者，给以执照，并给予物质奖励，并许其专利。

关于惠商。康有为认为，凡一统之世，必以农立国，可安定民心；并争之世，必以商立国，可牟敌利。"古之灭国以兵，人皆知之；今之灭国以商，人皆忽之。以兵灭人，国亡而民犹存；以商灭人，民亡而国随之。中国之受毙，盖在此也。"所以为今之计，应设通商院，派廉洁而又长于理财的大臣，经营其事。各直省设立商会、商学，由商务大臣统一管理，这样上下可以互通信息，共同办理商务，振兴商业。

关于恤穷。康有为指出，京师四方，乞丐遍地，孤老残疾，无人收恤，每日都可见废死道路者。康有为认为应设法收恤这些人。恤之之法有三：其一，移民垦荒。这样不仅可以辟利源，还可以充实边防。其二，教工。设立警惰院，这有点类似今天的下岗职工再就业中心。其三，养穷。应令各州县市镇收养那些鳏寡孤独、疲癃残疾，盲聋喑哑，断者侏儒等，借以安定民心。

所谓教民。这主要是指普及文化教育，为此，康有为指出，天下士少而民多，人民不学习文化，则农工商方面必无人才。"故教育及于士，有逮于民，有明其理，有广其智。能教民则士愈美，能广志（智）则理愈明。"所以西欧国家之所以富强，不在炮械军兵，而在穷理劝学。况且"才智之民多则国强，才智之士少则国弱"。康有为建议改武科为艺科，令各省、州、县遍开艺学书院。凡天文、地矿、医律、光重、化电、机器、武备、驾驶分立学堂，而测量、图绘、语言、文字皆学之。如此则天下之士，才智大开，人才不可胜用矣。康有为还提倡设立报馆，"见闻日辟，可通时务"，不仅可了解新闻，且政俗备存，文学兼述，小之可观物价，琐之可见土风。此外，康有为认为应设立道学一科以发扬孔子之道。并"令乡落淫祠，悉改为孔子庙，其各善堂会馆俱令独祀孔子，庶以化导愚民，扶圣教而塞异端"。并且康有为认为在南洋等地的华侨中也应广泛宣传孔子思想，"将来圣教施于蛮貊，用夏变夷，在此一举。且借传教为游历，可洞夷情，可扬国声，莫不尊亲，尤为大义矣"。

所谓革新庶政。它主要是指裁撤冗员，澄清吏治，改革官制等等。康有为还认为应讲求外交，设使才馆，并在贡生、监生中挑明敏辨才者入馆学习，以培养外交人才。使才馆学员要学习各国语言文字，政体律法，风俗约章，并且激励士庶，出洋学习，或资游历，发给凭照。这样，人们不仅赞美皇上开明，还可借此以开新风气。

康有为进一步指出，造成中国积弱不振的原因在于"上下隔塞，民情不通"。君臣之间，官与民之间，大臣与小臣之间相互隔绝，如"浮屠百级，级级难通，广厦千间，重重并隔"。所以他建议皇上下诏海内，"令士民公举博古今、通中外、明政体、方正直言之士，略分府县，约十万户，而举一人，不论已仕未仕，皆得充选，因用汉制，名曰议郎"。并让他们轮流入宫向皇上直言实情，并准他们随时请对，上驳诏书，下达民词。这样可达到上广皇上之圣聪，可坐一室而知四海；下合天下之心志，可同忧乐而忘公私的目的。这样必能使天下欢欣鼓舞，有智出智，有钱出钱，共同致力于富国强兵。这样君民同体，情谊交融，中国一家，休戚与共。以之筹饷，何饷不筹？与之练兵，何兵不练？把四万万民心凝聚在一起，国家定会富强昌盛，而且还可以一雪国耻，壮我国威。

康有为建议皇上独振乾纲，不可再犹豫不决，不可再拘于旧俗，应大胆破除旧习，更新大政。以二万里之地，四万万之人，二十六万种之物产，力图自强，不仅可以雪割地赔款之国耻，且可以西拓俄、英，南收海岛。

康有为的这次上书，犹如一声惊雷，震醒了当时中国千万万人民，在京应试的举人纷纷在上书上签名，特别是在知识分子阶层中传颂一时，影响很大。正因为如此，封建顽固势力才从中作梗，加以阻挠，最终上书没有上达皇上，但在当时的中国社会所产生的政治影响是巨大的。可以这样说，康有为发起组织的这次公车上书也即第二次上书，标志着资产阶级维新派开始以崭新的面貌，登上了政治舞台。变法运动从此深入人心，成为一场广泛的群众爱国运动。

# 二、上清帝书

从 1888 年 10 月直到 1898 年 6 月 11 日光绪帝颁布"明定国是"诏书前的十年间，康有为先后七次上书光绪帝。在这七封上书中，康有为系统而完整地提出了资产阶级维新变法的政治纲领以及变法的步骤。上清帝第一书、第二书的内容，前面我们已经简单地作了介绍，下面再就后五书的内容一一作一下介绍。

中日《马关条约》签订以后，清政府既不从中吸取教训，也不想改弦更张，当时国内形势是，"和议既定，肉食衮衮，举若无事，其一、二稍有人心者，亦以为积弱至此，天运使然，无可如何，太息而已"。康有为认为先事不图，临事无益，亡羊补牢，犹未为迟，如果中国由此赶快行动起来，发愤图强，救亡图存还不算晚。于是他于 1895 年 5 月 29 日，第三次呈上一封长达一万三千万多字的《上皇帝书》，和前两次不同的是，这次他是以新中进士身份上书的。他在上书中进一步补充和发挥了《公车上书》的内容，详细陈述了变法应从何处下手以及变法的先后顺序，并从各个方面说明中国必须赶快变法的道理。他建议应乘和议刚刚签订，国耻方新之时，下哀痛之诏，以鼓天下之气，转败为胜，重建国基。

康有为在这次上书中，向光绪帝提出了自强雪耻的四条计策，即富国、养民、教士、练兵四策。前三策是重述公车上书的内容，但练兵策则内容更具体了。他设计的具体办法有六条：一、汰冗兵而合营勇；二、起民兵而立团练；三、练旗兵而振满蒙；四、募新制以精器械；五、广学堂而练将才；六、厚海军以威海外。

康有为指出，只有破格提拔人才，才能创立非同寻常的事业。如果一味奉行文书，按循资格，一定不利于人才的发现，"所以审端致力者，则在乎求人才而擢不次，慎左右而广其选，通下情而合其力"。这再次反映了康有为等维新派希望被破格重用以参加政权的强烈愿望。

从中国第一历史档案馆发现的康有为《上清帝第三书》的进呈本，原称是《请及时变法富国养民教士治兵呈》，在本中，他非常勇敢地再次向光绪帝提出了设立"议郎"的要求，充分表明了康有为在戊戌前激进的宪政思想。他写道：

> 伏乞特诏颁行海内，令士民公举博古今、通中外、明政律、方正直言之士，略分府县，约十万户而举一人，不论已仕未仕，皆得充选。因用汉制，名曰议郎。皇上开武英殿，广悬图书，俾轮班入直，以备顾问。并准其随时请对，上驳诏书，下达民词。凡内外兴革大政，筹饷事宜，皆令会议，三占从二，下部施行。所有人员，岁一更换，若民心推服，留者领班。著为定例，宣示天下。上广皇上之圣聪，可坐一室而照四海；下启天下之心志，可同忧乐而忘公私。

四天之后，这封上书由都察院转呈皇上。处于封建顽固守旧势力包围之中的光绪帝，终于看到了康有为的上书，他一口气读完，觉得书中所言改革之条理甚为周详精当，顿觉耳目一新，精神为之一振。他一面对康有为大加赞许，一面责怨各大臣对他封锁国家大事的消息。他当即命再抄录三份副本，一份呈送慈禧太后，一份留存军机处，一份放在乾清宫南窗小箧，另一份存勤政殿以备随时观览。这是康有为和光绪帝第一次穿过紫禁城的封建禁区，开始在思想上发生接

触。由于康有为的影响，光绪帝于 7 月 5 日颁布《举人才诏》，并于 7 月 19 日将康有为的奏折分发各省督抚会议奏覆，令各地修筑铁路，开采矿山，创设邮政，训练军队，并鼓励私家投资办厂，这些措施对民族工商业的发展起了巨大的推动作用。

那时，户部尚书翁同龢作为帝师兼值军机大臣，居于宰相的地位。光绪帝亲政后无权的处境令他非常焦急，他总希望寻找改革国政的新生力量，并把它介绍给光绪帝。因此，他特意走访六品小官康有为，不巧康外出。康有为闻知此事，受宠若惊，当即登门回拜。两人反复讨论变法事宜，谈得很投机。翁同龢还向康有为表达了对皇上无权的忧虑，而且还把康有为的著作都拿去看了。翁同龢此后力主变法，和此前判若两人。

翁同龢能够礼贤下士，怜爱人才，极大地鼓舞了康有为"游说公卿"、掀起变法运动的热情。从此以后，具有变革倾向的开明帝党官僚和以康有为为首的资产阶级维新派日益接近起来。翁同龢正式成为康有为向光绪帝建言献计，倡言变法的重要桥梁。

同年 6 月 30 日，康有为又以六品工部主事的名义，第四次呈上一封上皇帝书，洋洋万言，专门谈论变法之先后次第及下手之法，正式提出了"设议院以通下情"的政治主张，请求光绪皇帝速下决断，以图自强。他对洋务派的"廷议变法"进行了猛烈抨击，认为那仍不过是补漏缝缺之谋，不图再立堂构之规，由于根本不净，所以百事皆非。因此有海军而不知驾驶，有使馆而未储使才，有水师堂练洋操而兵无精卒，有制造局船厂而器无新制，有总署而不通外国掌故，有商局而不能驰驱外国。他再度重申："今当以开创治天下，不当以守成治天下，当以列国并争治天下，不当以一统无为治天下，诚为积习既深，时势大异，非尽弃旧习，再立堂构，无以涤除旧弊，维新气象。若仅补苴罅漏，弥缝缺失，则千疮百孔，顾此失彼，连类并败，必至无功。"根本目的还是借鉴西方富强的历史经验，要求光绪皇帝尊重人才，体察下情，做到有情而必通，有才而必用，要及早变法。为此，他设计了变法的具体方法：

首先，立科以励智学，对著新书发明创造新学说的士人给以奖励，对制造新机器的工人给予专利权，这样可使中国人各竭心思，争求新法。

其次，设议院以通下情，使四方民间疾苦皆能上闻，事皆本于众议，令权奸无所容其私，中饱者无所容其弊。并请光绪帝召集群臣，讲明国是，明确必须尽弃旧的积习，一味补缺补漏不会达到富国强兵的目的，要根据事情的先后缓急，逐步扫除旧观念、旧习气。若果能涤除积习，另立堂基，三年则规模可成。十年则治化大定，复地雪耻，则是易如反掌的事！

康有为指出，皇帝若要深观时变，使下情上达，必须做到以下五点：

一、下诏求言。要破除壅蔽和忌讳，设上书处，允许天下言事之人直接到午门递折，由御史们轮流监收，如果有可采纳的意见，则给以奖励，或令召对。

二、开门集议。令天下都邑每十万户中推举一人，凡遇有政事，就令他们开会讨论表决，少数服从多数。为通下情，各省、府、州、县也要允许多收条陈。

三、辟馆顾问。令大开便殿，广陈图书，皇帝公余翻阅图书，随时向顾问咨询，这样可"上以启圣聪，既广所未闻，下以观人才，即励其未学"。

四、设报达聪。令各省要郡开设报馆，州县乡镇亦令续开，将报纸日月进呈，使百官都能通悉敌情，皇上可周知四海。

五、开府辟士。在中央开设幕府，略置官级，听其辟士，督抚县令，皆仿此制。严刑长跪应当免除，以减少民众痛苦，厚俸养廉，以劝导官吏廉洁自守。

这五条措施如果得以付诸实行，则可以顺天下之人心，发天下之民气，合天下之知以为知，取天下之才以为才。

为了能够顺利推行这五项变法措施，康有为认为皇上首先必须"引咎罪己，以收天下之心"，其次必须"赏功罚罪，以伸天下之气"，然后"举逸起废，求言广听，广顾问以尽人才，置议郎以通下情，数诏一下，天下雷动，想望太平，外国变色，敛手受约矣"。所以国家要富强，首先要变陈法，而变法的主要关键"惟在皇上内审安危，断自圣衷而已"。因为"中国人主之权雷霆万钧，惟所转移，无不披靡"。

应该指出的是，康有为在这次上书中所倡言设议院是有前提的，那就是，尊崇君权。这种议院至多只能算作封建皇帝的一个咨询机构，它的作用仅仅局限在宣扬上德，沟通下情，解决筹饷等问题上。所以，与资产阶级的议会制不可同日而语。这次上书，由于遭到御史徐郙、工部侍郎李文田和督办处大臣荣禄的阻挠，未能上达。康有为拿着奏折请大臣代递，没有肯帮忙的，无奈之余，只好南返江宁，经上海，返回广州，继续从事他热爱的教育事业。

1897年冬，德国强占胶州湾，康有为闻知此消息，急忙从广州赶到北京，于12月5日，第五次呈上一封六千多字的上皇帝书。这次上书的言辞比前几次更加激烈了，他开门见山地指出，自从1885年中法战争结束后，清政府并没有认真接受战争失败的惨痛教训，仍然苟且偷安，守旧不变。他分析当时的国际形势说，日本议院天天开会，各国报馆议论纷纷，都在讨论如何瓜分中国。现在，中国的危险情况就好比"地雷四伏，药线交通，一处火燃，四面皆应，胶警乃其借端，德国固其嚆矢耳"。

康有为的上书内容一次比一次尖锐深刻，情绪一次比一次慷慨激昂，字里行间洋溢着炽热的爱国激情，字字句句充满了"格君"的迫切愿望，他忧虑万分地说："宗社存亡之机，在于今日；皇上发愤与否，在于此时。若徘徊迟疑，因循

守旧，一切不行，则幅员日割，手足俱缚，腹心已刲，欲为偏安，无能为计。"他希望光绪皇帝因胶州湾事件而发愤图强，"明定国是，与海内更始；自兹国事，付国会议行；纡尊降贵，延见臣庶，尽革旧俗，一意维新。大召天下才俊，议筹款变法之方，采择万国律例，定宪法公私之分"。

康有为在这份紧迫的上书中，抛弃了纯粹思辨的进化历史观的外壳，与其政治思想和政治要求结合在一起，毫不掩饰地指出当今世界是弱肉强食，适者生存；在今天这样的列强相争的环境中，要图保国生存之策，除了变法外别无它途。

最后，他向光绪帝提出了具体的变法之策，分上、中、下三策，上策的主旨是效仿俄、日，以定国是，要"以俄国大彼得之心为心法，以日本明治之政为政法"，这里，康有为把他历来主张的学习西方政法具体化为学习俄国和日本。中策主旨是大集群才而谋变政，主要是指召集六部九卿等官吏中的维新才贤，择供变法咨问。下策的主旨是听任疆臣各自变法，主要目的是使支持维新变法的地方督抚有一些推行新政的自主权力。

康有为在国难当头的时候，住在米市胡同南海会馆里，国家危难使他寝食难安。为了宣传自己的救亡主张，他日夜在公卿之间奔走，并携带卧具于自己的马车内，连饮食也顾不上了。湖南人孙蔚林见了大吃一惊，而康有为却淡然一笑说："我已三天没好好吃饭了。"为了挽救民族危亡，"先天下之忧而忧，后天下之乐而乐"的高尚情操在康有为身上得到了很好的表现。

由于工部尚书淞湔如扣压不送，这次上书未能及时上达光绪帝手中。康有为的爱国热情再次受到挫折，又十分想念万木草堂的学生们，准备趁冰封之前南归广州。1897年12月12日，古都北京大雪纷飞，寒气袭人。在南海会馆门前，康有为的行李已装上了马车，即将踏上归途。翁同龢下了早朝，听说康有为要回广州，立即赶到南海会馆，拉康进入汗漫舫，握住他的手说："你不要走，我今日早朝向皇上极力推荐你，说你康有为文才过我百倍，请举国以听，皇上将重用你，你千万不要走。"

康有为对翁同龢这种恳切的挽留和器重，感激之情顿时涌上心头。在"百日维新"开始后的第四天，慈禧太后免除了翁同龢的协办大学士及户部尚书的职务，并把他逐回江苏老家常熟。这时，康有为也想离开京师，翁同龢又告诉他："上意拳拳，万不可行。"康有为感激涕零，想起了《史记》记载的萧何追韩信的故事。他感怀知己，将翁同龢誉为知人善任的萧何，而将自己比作开创新业的韩信，写下了感怀知己的《怀翁常塾台湾省国》七律一首：

胶州警近圣人居，伏阙忧危数上书。

已格九关空痛哭，但思吾党赋归欤。

早携书剑将行马，忽杆轩裳特执裾。

深惜追亡萧相国，天心存汉果何如？

此次上书虽未上达，但却被京中许多官员竞相传抄，天津、上海的报纸也把它刊登出来，如上海大同译书局迅速印出单行本，长沙《湘报》全文刊载，在当时产生了很大轰动，有人记述当时的情景说：“康工部有为五次上书，为大僚所格，未达九重。原文传布，登沪上报章，展阅一周，言有过于痛哭者。”

当时正在北京的汪大燮曾写信给汪康年说：“康工部（康有为）到京，颇有鼓动。此公摄力胜人，或能有所振发。”所谓“摄力胜人”，是说康有为的活动深深吸引了爱国人士，对赞同变法改革的光绪皇帝和翁同龢等也同样有很大的吸引力。康有为掀起的变法运动，正在冲破重重阻力，在艰难坎坷中一步一步地向前迈进。

康有为的上书及其活动不仅吸引了一些爱国人士，也感染了朝中较为开明的官僚。当时兵部掌印给事中高燮曾读过康有为上书的传抄本后，为他的爱国热情和才学所感动，更为康有为的遭遇愤愤不平。高燮曾，字理臣，湖北武昌人，后官至顺天府府丞、监察御史。高燮曾与康有为交往甚厚，常代递奏章。他很看重康有为的才华。因而，他看过康的上书后，于1897年12月12日呈上《请召对康有为片》一折，奏请光绪帝召见康有为，授以官衔出国参加在瑞士举行的弭兵会。

# 三、西花厅问话

读过康有为三上皇帝书传抄本的兵部掌印给事中高燮曾，在大为感动之余，他为康有为的遭遇鸣不平。第二天，高即上奏章推荐康有为，说他学识渊博，才华横溢，熟谙西法，具有肝胆，请求光绪帝亲自召见他，委以重要官职。翁同龢这时也趁机在光绪帝面前把康有为大大夸奖了一番，促使光绪帝决定传旨召见康有为。但是，恭亲王奕䜣却站出来反对，他对光绪帝说：“本朝成例，非四品以上官不能召见。今康有为乃小臣，皇上若欲有所询问，命大臣传语可也。”

光绪帝见旧制难以打破，只好命总理衙门的大臣去传康有为问话，向他询问有关变法事宜。虽然这是降格问话，但也说明通过几年的努力，他的政治地位已大大提高了，就是清朝的皇帝和诸位大臣，也要听听关于变法的政见，向他请教治理天下的办法了。

总理衙门，是"总理各国事务衙门"的简称，又称为"总署"、"译署"。是1861年初，清政府在第二次鸦片战争失败后，应列强要求而设立的中央机构，专门办理洋务。它的职责有办理外交事务，派出驻各国的公使，兼管通商、海关、海防、订购军火、主办同文馆和派遣留学生等项事务。总理衙门大臣是恭亲王奕䜣。1898年正月初三日下午三时，康有为来到总理衙门，接受询问。参加问话的大臣有：北洋大臣李鸿章、总理衙门行走翁同龢、兵部尚书荣禄、刑部尚书廖寿恒、户部左侍郎张荫桓。恭亲王奕䜣和庆亲王奕劻因陪英俄两国公使，没有出席问话。在出席问话的五大臣中，李鸿章与荣禄是坚决反对变法的顽固分子，张荫桓倾向变法，但中途有事退席。翁同龢与廖寿恒在原则上也赞成变法，因此对康有为很感兴趣。这五大臣在总理衙门专门接见外国公使的西花厅延见了康有为，表面上把康有为待为上宾，实际上是进行了一场维新与守旧的大论战。

问话开始后，顽固分子荣禄首先向康有为发难。他重弹"祖宗之法不能变"的老调，质问康有为："为什么一定要改变祖宗的成法呢？"康有为坚定地回答道："祖宗之法，以治祖宗之地也，今祖宗之地不能守，何有于祖宗之法乎？即如此地为外交之署，亦非祖宗之法所有也，因时制宜，诚非得已。"康有为的分析有理有据，荣禄被驳得瞠目结舌，无话可说。

廖寿恒因为对变法了解不多，所以对怎样变法很感兴趣，他询问康有为："变法应该如何着手呢？"康有为明确地回答说："宜变法律，官制为先。"也就是说要开制度局作为立法机关，变更故有的法律和政府各部门的机构，建立新政局以推行维新变法。而且他还指出，这一点最为重要，是所有改良新政的基础。

李鸿章一听要改变旧律和官制，认为这必然侵犯六部的职权，是绝对不行的。因此，他向康有为道："然则六部尽撤，则例尽废乎？"康有为当即回答：当今时代，列强并立，以前大一统的局面早已不复存在了。现在所有的官制和法律，不仅早已过时，而且弊端甚多。正是由于这些旧律和旧官制才造成了中国的弱亡。如今应该将这些旧律和旧官制全部废除，即使一时不能全部做到这些，也必须斟酌改定，只有这样，新政才能推行。康有为言之有理，驳之有据，认为旧律不去，新政必定不出。李鸿章这位老顽固被驳得哑口无言。

帝师翁同龢虽主张变法维新，但若要推行新政，必须有经费作为保障。因此，他垂询康有为，如何筹措变法所需款项。康有为对此早已胸有成竹，他回答说，日本设立银行发行纸币，法国实行印花税，印度征收田税，结果都非常有成效。中国领土幅员辽阔，物产丰富，只要改变了制度，税收可以比以前增多十倍，另外，还可以大借洋款，推行新政。只要能认真学习西方，就能把新政推行下去。所以他再一次强调，要维新就必须要学习西方。

接着，康有为又阐述了法律、度支、学校、农商、工矿、铁路、邮信、会社、海军、陆军之法。他主张效仿日本变法，他说："日本维新，仿效西法，法制甚备，与我相近，最易仿摹。"并说他正在编辑《日本变政考》、《俄彼得变政记》，可作为变法之借鉴。

这次问话从午后三时一直持续到黄昏。荣禄因憎恨康有为的变法主张，又无法驳倒康有为，所以没到结束就先走了。康有为一个小小的六品主事，被大臣们召见问话，这在总理衙门自成立以来还从未有过，被视为破天荒的"旷典"。康有为侃侃而谈，有理有据的分析论证，得到了翁同龢等人的赞赏。第二天，翁同龢把西花厅问话经过据实呈报给光绪帝，并再次夸奖康有为是可用之才。光绪帝听了很高兴，更加坚定了要重用康有为的决心。他想召见康有为，但又受到顽固派分子恭亲王奕䜣的阻挠。奕䜣对皇帝说，可以先让康有为条陈所见，若有可采之处，再召见也不迟。光绪帝没有办法，只好传令让康有为条陈所见，并将《日本变政考》和《俄彼得变政记》一起呈上让他过目。

康有为在总理衙门能与众大臣平起平坐，纵论变法主张，这也说明了他的政治地位确实提高了。他不畏压力，舌战顽臣，打击了顽固派的嚣张气焰，表现了其为了祖国安危不怕牺牲生命的崇高品质。正是这种精神，促使光绪帝决定接受他的主张，实行维新变法。

# 四、《上清帝第六书》

西花厅问话以后，光绪帝命令总理衙门大臣：今后康有为上的条陈，要立即进呈。从此，康有为的奏折条折都可以直接送到光绪帝手中，君臣二人的距离拉得更近了。

1898 年 1 月 29 日，即问话后第五天，康有为又一鼓作气向光绪帝上第六书，即《外衅危迫，分割洊至宜及时发愤，大誓臣工开制度新政局某旧国新以存国祚折》。

这份上书是经过康有为的认真思考，仔细斟酌之后提出的变法方案，是康有为提出的从全局尽变旧制的纲领性文献。由于受到顽固派许应骙、恭亲王等的阻挠，被扣压了一个多月，3 月 11 日才上达光绪帝。

康有为在《上清帝第六书》中，把"明定国是"作为进行变法的前提，提到了十分重要的位置。

虽然他在前两次的上书中，也曾提出过明定国是的问题，但那时因变法的时机不成熟，只是泛泛而谈，并没有深入论述。而第六书则先分析当前形势，总结世界各国兴亡的原因和教训，然后才系统陈述变法的必要性。

　　康有为指出，当前的国际局势是"大地忽通，万国竞长"，中国如果再不奋起变法，就难以摆脱现在这种落后闭塞、任人欺凌的处境，最终难逃灭亡的命运。所以，他认为目前的国内形势是臣民都在观望，等待皇上下诏变法，有不可不变之心，外国逼迫，有不能不变之势。但要开始变法，首先必须明定国是。他把国是比作操舟之舵，罗盘之针，说："国是者，犹操舟之有柁，罗盘之有针。趋向既定，而后驶行求前，其有赴程或迟，不能速登彼岸，则或因风雾见阻，或责舟人惰勤。若针之子午无定，舵之东西游移，即使舟人加力，风帆大顺，而遥遥莫适，怅怅何之，甚且之楚而北行，马疾而愈远矣。"这形象地说明了明定国是是何等的重要。

　　康有为进一步指出，明定国是的关键在于皇帝要有决心彻底变法，尽革旧习。他再一次批评了自同治中兴以来的洋务运动，洋务派虽然也学习西法，但只是进行某些细枝末节的改革，结果以自强救国为目的的洋务运动并没有使中国强大起来，反而却日渐贫弱。究其原因，就在于"根本未变，大制未新，少袭皮毛，未易骨髓"，这好比"厦屋朽坏，岌岌将倾，而粉饰补漏，糊表丹青，思以支柱，狂风暴雨之来，求不覆压，岂可得哉"。因此，康有为认为要想图强自救，必须彻底改弦更张，尽除旧法，实行维新。他建议光绪皇帝早下决心实行根本变革，不可再犹豫。

　　康有为还一针见血地揭露了守旧顽固势力用以对抗变法革新的惯用手法，就是打出"祖宗成法"的旗号。而他们所坚持的祖宗成法，只不过是"胥吏之案臼，奸人之凭藉耳"。他引经据典，旁征博引地说道：用新去陈，病乃不存。新则活，旧则板；新则疏通，旧则阻滞；新为生机，旧为死机。变法更新，则如同乳虎食牛，朝气蓬勃；因循守旧，则如同为丛驱雀，一片死气沉沉。为此，他大胆宣称，只有新陈代谢是宇宙间不可抗拒的自然法则，现在中国面临列强瓜分，祖宗之地都守不了，还留有祖宗之法干什么呢？他再次郑重上奏光绪帝：能变则全变，不变则亡，全变则强，小变仍亡。

　　但是，要决心变法，就必须要有勇气。只有有魄力冲破障碍，弃尽旧习，才能当强者。明定国是不是杂乱无章的，也要按部就班，为此，康有为向皇上建议明定国是及变法的次序：首先皇上要大集群臣，诏定国是，躬申誓戒，除旧布新，与民更始；然后命群臣具名上表，咸革旧习，黾勉维新，以激励众志；在午门设上书所，许天下士民都可上书，官僚言事可以自己直接上奏，对那些称旨者，量才擢用，这样就可通晓下情；另外，在内廷设制度局，选十数名天下通才入其中，皇上每日亲临制度局，与他们商量国家大事，议论庶政的增、改、存、删；然后重定章程，颁布实施。这样，使变法有条不紊地进行，要不了多久，中国必能转乱为治，由弱变强。

　　确定国是，是变法维新的大前提，但它只是解决了变法的方向性问题，未涉及具体变法步骤。变法不是轻而易举的事情，必须指明推行之本末，先后的次序，条理万端，知道如何下手。对这一点，康有为以俄、日两国变法，尤以日本变法为样板，为光绪帝指点了迷津。

　　康有为认为日本与我地势相邻，风俗相近，而且他们学习西方最见成效，条理尤详，中国变法"莫如取鉴于日本之维新"，他希望走明治维新的道路。而日本明治维新的变法纲领归纳起来，主要有三条：

　　其一，大誓群臣以革旧维新，而采天下之舆论，取万国之良法；其二，开制度局于宫中，征天下通才二十人为参与，重新商定一切政事制度；其三，设待诏所，许天下人上书，日主以时见之，称旨则隶人制度局。这三点也是康有为在上书中反复提到的。

　　康有为在这份奏折中，最早提出了"特置制度局于内廷"的主张，对中央政府进行新政改革。他认为制度局下应成立法律、税计、学校、农商、工务、矿政、铁路、邮政、造币、游历、社会、武备十二局。这十二局职能各有不同，各司其职。

　　康有为认为开制度局是明治维新的主要经验。因为如何取法万国良法，如何采天下舆论，均须由制度局商定。他在奏折中还具体规划了制度局的组成和职能，建议妙选天下通才二十人入制度局，指派王公大臣担任总裁，"每日值内，共同讨论，皇上亲临，折衷一是，将旧制新政，斟酌其宜，某政宜改，某事宜增，草定章程，考覈至当，然后施行"。十二局立，而新制举，凡制度局所议定之新政，皆交十二局实行。由此可见，制度局是立法性质的机构，十二局是行政性质的机构。对于地方官制的改革，他建议"变官为差"，每道设一新政局，选维新人才督办，对地方上的学校、农工、商业、山林、渔产、道路、巡捕、卫生、济贫、崇教、正俗等新政共同商议。每县设一民政局，由督办派人会同地方绅士，进行管理。

　　光绪帝对这份上书深表赞同，对世界竞争的大势更加清楚，于是变法维新的意志就更加坚定了。后来康有为指导"百日维新"的变法，就是以此《上清帝第六书》为纲领的，这也是维新派和顽固派进行斗争的焦点。

# 五、《上清帝第七书》

　　清朝自立国以来，就一直执行着闭关锁国的政策，无论是皇帝还是王臣百官及士大夫，他们的思想都处于封闭状态。只知护自己的短处，而不知道学人家的

长处，"只知闭关自守以为治，不知人非就学于人为耻"，夜郎自大，远远落后于人还不自知。而今在列国交通，列强竞争的时代里，再继续闭门称王就难以为继了。一部分先进分子已在考虑和主张如何开通壅塞，师人之长，采万国良法了。康有为就是这先进分子中的一员。

康有为在乙未年上书时就指出"中国大病，首在壅塞"，后又不断建议皇帝及王臣百官，要放下尊贵的架子，通民情，学西法，以开通壅塞，除旧步新，以图自强。康有为屡次上书，痛陈时局的艰难，指出变更祖法的关键。康有为沉痛的论说，终于使光绪皇帝萌生变法维新的意向。

为了给光绪帝提供变法的蓝本，康有为搜考世界各国变法图强的实例，编译成书。在《上清帝第六书》中他就声称，经过多年编译，他已经写成了《日本变政考》和《大彼得变政考》，"若承重采，当以进呈"。康有为所以把各国变政考呈给光绪帝，除为变法提供蓝本外，更重要的是使光绪帝能了解世界形势，懂得变法的必要性和可行性，以此激励光绪帝下决心向西方和日本学习，自上而下地推行变法。

康有为费尽心机，编译了多部外国变政考，而其中重要的有三部：《俄彼得变政记》、《日本变政考》、《波兰分灭记》。其中，《俄彼得变政记》是最先呈进光绪帝的。

1898年3月12日，康有为在获知他的《上清帝第六书》已被总理衙门呈上之后，就又向皇帝呈上了《俄彼得变政记》。在进呈该书的同时，为了使光绪帝能清楚明了俄彼得变法的历史，及中国摹仿彼得变法的可能性，他随书奏上《为译纂〈俄彼得变政记〉成书，可考由弱至强之故呈请代奏折》，这就是《上清帝第七书》。

光绪帝收到这些书后，反复阅鉴，爱不释手。读到高兴的时候，每每击节叫绝；读到悲哀的地方，常常叹息流泪。后来他把这些书放在身边，一件件地选择颁行。光绪帝甚至在上谕中也常常直接采用他书中的内容或词语。康有为在这些书中，为光绪帝主持维新变法提供了变法的蓝本和具体的政策策略。可以这样说，戊戌变法运动中，前台颁布新政命令的是光绪帝，而幕后的变法设计师则是康有为。

康有为在《俄彼得变政记》一书中，分析说，当今世界各国中，俄国地域辽阔，军备强大，甲午战争后只用一纸最后通牒，就迫使日本放弃了割占我辽东的欲望，但中国却要以在华开银行筑铁路的权利报答俄国，可见俄国颐指气使好不威风。但俄国以前并没有这么强大："考俄之始，乃以八万兵败于瑞典万人，乃割边地于瑞国。无学校，无练兵，无通商，无制造良工，愚冥狂榛，既蠢既顽，昧塞小弱，岌岌殆亡，固有甚于我中国者。"

那么，俄国改变这种落后局面，由弱变强的原因到底在哪里呢？康有为认为关键在于彼得大帝有变法的决心，他对彼得力排众议、矢志变法大加赞赏，他说："彼得知时从变，应天而作，奋其武勇，破弃千年自尊自愚之习，排却群臣阻挠大计之说，微服作隶，学工于英，遍历诸国，不耻师学，雷霆震动，万法并兴。"正是由于彼得这种非常之举动，坚定的决心，使俄国只用了几十年的工夫，就文明大开，辟地万里，称霸全球。他建议光绪帝学习俄国彼得大帝改革的"心法"，为光绪帝提供了一个学习的榜样。当时沙皇俄国是个君主制国家，彼得一世的改革是"以君权变法"，这一点完全和康有为依靠君主的权力自上而下实行变法的思路相吻合。那么，康有为在《俄彼得变政记》中，要求光绪帝向彼得大帝学习的"心法"内容有哪些呢？

第一，学习彼得大帝改革之勇气，下定变法之决心。康有为在书中特意描写了这样一个故事，彼得一世在听了法国人雷富卜德讲述西方文学和兵制后，深受感动，含泪说道："外国政治工艺皆胜我，何我国之不思仿效也？于是有变政之心矣。"彼得大帝环顾俄国国内，看到大臣昏昧，政事荒疏，民俗卑陋，没有学校，没有精兵，既不与外国通商，更无制造良工，甚至还要向瑞典割地赔款，这一切使他感到很痛心。他仰天长叹说："如果再不从根本上改变我国弊政，将来必成为欧洲大国的夷隶，天下大辱，莫过于此。"知时从变，应天而作，决心赶上世界历史的潮流。这种情况与当时的中国国情十分接近，因此，康有为希望光绪帝也能像彼得大帝一样痛定思痛，下定变法的决心。

第二，学习彼得大帝放下架子，破除千年自尊自愚的坏习气，游师西学，虚心求教，博采万国之美法。康有为在书中不吝篇幅对彼得一世改装易服，隐姓埋名，亲自游学西欧诸国，学习各国的先进科学技术，考察各国的政治法律制度的情景作了生动具体的描写。

康有为还详细描述了彼得派出使臣和商人到欧洲，自己却微服随从，就像一个奴仆进入荷兰著名船厂学艺，凡锯木、截铁、造缆、制帆、手制桅樯都亲自学习；后来他又到法国考察政治，法王请他住在金碧辉煌的行宫，他婉言谢绝了，因为彼得要想考察其制度，学其技艺，如果受其宾礼，就不能出入自由了。他不仅到各工厂参观学习，还拜格物学院掌院为师，"所至之地，见器具精巧，必停车详问，默仿其式以归而行之"。

彼得大帝回国后，雷厉风行地推行新政：迁首都、造战舰、印书籍、修道路、立邮局、开矿产、设医院、割长袍、行舞会，使俄国国内气象一新，国力蒸蒸日上。所以，康有为对此特别赞赏，高度评价彼得大帝说："其举动为千古英主之所无，故其创业遂为大地万国之雄霸。"而回首中国，皇帝高高在上，大臣重重在下，关山万里，百弊丛积，原因在于体制过于尊崇。因此康有为希望光绪

帝也能和彼得大帝一样，放下九五至尊的架子，放眼世界，到世界各国去学习别人的长技美法。

第三，学习彼得大帝独断朝纲的强硬手段，对反对变法的顽固守旧势力予以严厉打击。由于当时中国守旧顽固势力千方百计破坏维新变法，所以康有为在书中特别推重彼得大帝坚决打击守旧势力的行为。当彼得大帝认识到要实行新政"非亲游诸国，不能通文物开识见，无以为变政之端"的时候，曾下令召集群臣讨论皇帝出国游学的问题。守旧大臣对此纷纷加以阻挠，有的说国王不可离开自己的国家，国不可一日无君，应该端居国内，缓为化导，风俗自然会起变化；有的说要用外国法，就必须考求外国书，恐怕外国法不适应俄国国情；有的说以国王之尊，出外游学，去学工匠，实在有失身份！彼得大帝力排众议，坚持己见。

守旧大臣们唯恐彼得大帝取法先进国家，力革旧政，将危及他们平日欺君殃民、保位营私之术，于是煽动叛乱抵制变法。彼得获知，断然把他们一网打尽。在改革过程中，彼得对那些造谣生事，阻挠新政的守旧分子严厉惩处，毫不手软，直至对那些首恶分子处以极刑。对那些破坏改革的世塞子弟，他下诏斥责说："爵以驭勋，官以酬赏，祖父有功先世，而子孙永享其利，驯至骄奢，非制也。"他果断地下令，今后功臣贵族后代，如果对国家没有功绩，一律削其职位，只保留俸禄。康有为向光绪帝分析俄国贵族反对变法的原因说："盖变政之初，其世家贵族皆久豢富贵，骄倨积久，不与士类相见。又不读书，夜郎自大，皆以己国为极美善，故皆阻挠大计。"他们动不动就以变法危及国体，子民不便为辞，或者是出于愚昧无知世界形势，或者是怕君上新政后可以明察秋毫，无所售其奸，明明知道国势溃乱而漠然视之，只是怕一旦变法成功，而失去自己既得的权力和富贵，所以，最好的办法莫过于阻止变法使之难以实行。康有为对彼得改革的雷厉风行的作风大加赞赏，希望光绪帝学习彼得，力排守旧大臣的阻挠，对顽固派的破坏新法多以严厉镇压，雷厉风行地推行维新变法。康有为采用对比的手法写道，俄国本来是个僻处穹远、愚昧闭塞的穷国，可是后来由于彼得大帝独断朝纲，专心新国新民为志向。他不怕强邻的威慑，不被守旧大臣所阻挠，日理万机，创新图远，遣游历以取文明，兴工艺以阜人民，造海军以强国势，开海口以控形胜，从而为俄国的强胜打下坚实的基础。康有为无限感慨地对光绪皇帝启发道："呜呼，若彼得不自发愤变政，国且不保，何有于今日之强盛哉？"康有为请求光绪皇帝空暇时能看看此书，"日置左右，彼得举动，日存圣意，摩积激动，震越于中，必有赫然发愤不能自己者。非必全摹彼得，而神武举动，绝出寻常，雷震震声，皎日照耀，一鸣惊人，万物昭苏，必能令天下回首面内，强邻环视易听。其治效之速，奏功之奇，有非臣下所能窥测者"。这本书的字里行间充满了对光绪帝早日下决心变法维新的殷切期望。

　　为推动中国维新变法，他向光绪帝推荐的主要样板就是俄国和日本，为此，他分别进呈《俄彼得变政记》和《日本变政考》，后者虽非康有为的七次上书之一，但由于它和前者关系密切，所以有必要在此作一下简单介绍。康有为反复强调要"以俄大彼得之心为心法，以日本明治之政为政法"，大意就是说要学习俄国彼得大帝变法的决心、勇气和雷厉风行的作风，强调的是变法的决心和作风；效法日本明治维新的内容和措施，强调的是变法的具体内容。他在《日本变政考》中明确地回答了中国向日本学习变法措施的内容。

　　康有为指出："变法之道，必有总纲，有次第。"为此，他对日本变法的总纲和次第进行了归纳。他认为，日本变法条理虽多，但大体说来，不外是以下六条："大誓群臣以定国是，立制度局以议宪法，超擢草茅以备顾问，纡尊降贵以通下情，多派游学以通新学，改朔易服以易人心数者。其余自令行若流水矣。"这六条措施，既是康有为重点叙述的日本变法措施，也是他为光绪帝变法提供的蓝图，希望光绪帝采纳借鉴。

　　康有为的《日本变政考》在他所有上书中是最完备的一部。该书对光绪帝影响很大，甚至有时在上谕中也曾引用该书的内容或词句。由此可见，该书在戊戌变法中起到的作用是毋庸置疑的。

　　就这样，康有为满怀爱国热情，不顾地位卑微，奔走南北，游说公卿，于1888年至1898年十年间七次上书，终于使光绪帝下定变法图强的决心。中国近代史上一场短暂而轰轰烈烈的百日维新运动就要拉开序幕了。

# 第八章　变法运动

## 一、百日维新

1898 年春天，康有为进一步加紧宣传维新变法。除了上书皇帝倡言变法外，他还在广大的知识分子阶层中进行宣传，号召他们加入维新变法，挽救民族危亡的行列。为了实现这一行动目标，他发动了抗议德国人骚扰破坏山东即墨文庙的"公车上书"。

1898 年 1 月 22 日，多名德国侵略军闯入即墨县文庙，破坏孔子圣像四体，并挖去先贤仲子双目，肆意践踏我圣教。当地中国百姓无不为之愤怒。4 月 22 日，十余名进京参加会试的山东举人及孔子后裔孔广謇联名向都察院汇报了此事。康有为、梁启超等听说后，借此机会，鼓动各省举人纷纷向都察院呈递条陈，提请都察院上奏朝廷，向德国政府提出抗议。因此，这年的春天，京师出现了第二次"公车上书"的高潮。

此次"公车上书"与 1895 年不同的是，除举人之外，一部分台谏和京官受影响也纷纷上书。如 5 月 12 日，翰林院编修李桂林等领头的，共有一百五十四人签名了《德人残毁文庙圣像，请旨严行责问，以保圣教而弭隐患折》，这在当时也产生了很大影响。这一切表明：通过保圣教来挽救危局已成为当时朝野的共同心声。

1898 年，第二次"公车上书"，是康有为等维新派为挽救民族危亡，推动清政府变法以求自强而采取的又一重大行动。他们发动广大的知识阶层，冲破了士人不许干涉朝政的禁令，大胆上书朝廷，发表政见，进一步促进了广大人民的觉醒。参加上书的举人和开明官僚，对德国侵略者破坏文庙，辱我圣教的霸道行为感到无比愤怒。同时，又对清政府造成的国势衰微、软弱无能而深感痛心，从而更加急切地要求维新变法。所以，这次"公车上书"，动员了群众，制造了推动维新变法的舆论，对促进百日维新的早日到来，起到了积极的推动作用。

为了推动变法，康有为及其维新派同伴们确实是用尽心思，费尽周折。康有为的多次上书及其进行的维新活动，在朝野产生了很大的影响。当时，变法维新成了朝廷内外的知识分子阶层谈论的主要话题，变法救亡的呼声，震动了京师内外。维新变法已是众望所归，大势所趋。但是，在守旧派看来却是洪水猛兽，祖宗之法绝不能改，否则即为大逆不道。因此，正当康有为等维新派积极活动的同时，守旧顽固势力并非坐以待毙，他们也在阴谋策划，伺机向维新派进行反扑。

1898 年春，守旧势力即全力出动，对康有为等维新派进行攻击。当时，要不要明定国是，要不要改变"祖宗成法"，是维新派与守旧派争论的中心问题。在封建社会里，往往是皇帝一人说了算。因此，关键是看皇帝的态度。光绪帝就是当时新旧两派说服和争取的对象。维新派希望光绪帝尽快下决心颁布诏书，明定国是，与民更始；守旧派则极力说服光绪帝，摈弃康有为的变法主张。3 月 23 日，军机大臣刚毅上书皇帝，代表了守旧势力的观点，他说："我国要想自强，应当先做一些容易做到的事……如整顿吏治以稳定民心，重视农业以足衣食，储备粮食以备荒歉之年，实行保甲制度以清除盗贼……是我国容易做到的事，那些鼓吹变法的人舍易就难，弃长取短，转而又说我们祖宗之成法无用，想全盘引进国外的那一套，此举必然导致亡国，而更不必说解决问题了……我朝成法，尽善尽美。不合理的地方，是时弊造成的，而与法有何干系？"由于慈禧太后对刚毅的上书大加赞赏，所以，守旧势力更加有恃无恐。由于朝廷内外的各个角落都充斥着庞大的守旧势力，因此，他们对维新派反扑时，气势汹汹无人能挡，原先倾向维新的官僚也纷纷后退，以求自保。曾参与发起保国会的李盛铎，这时也反戈一击，弹劾保国会以自保，甚至帝师翁同龢也不敢出头了。在这种形势下，康有为深感孤单，他在《自编年谱》中这样描述："诽谤我的话，随处都可听见，客人甚至最好的朋友，这时都不敢来访，门可罗雀，与三月时对比，仿佛两个世界。"可见康有为等维新派在变法途中曾一度受挫。

正在维新派受到守旧派打击而感到迷茫时，又出现了转机。一贯阻挠变法的重臣、军机首辅恭亲王奕訢病死，使守旧派少了一个靠山，清除了变法路上一大块绊脚石。这为维新派重新活动提供了上好机会。因此，康有为又马上开始活动。他在《自编年谱》中说："上读日本变政考而善之，再催总署议覆，然以粤中学者咸集，已决归。上时决意变法，使庆邸告西告曰：'我不能为亡国之君，如不与我权，我宁逊位。'西后乃听上。于时恭邸薨，吾乃上书常熟。促其亟变法，勿失时，常熟以吾谤鼎沸，亦欲吾去，乃召还，亦听吾归矣。"当时，翁同龢希望康有为离京，以平息保守派的诽谤、攻击。但是，康有为这时已经了解光绪帝颇有志于变法，就这样，康有为在关键时刻又连续为他人草拟奏折，催促光绪帝早日明定国是。

具有"若不变法图强，社稷难资保守"思想的光绪帝，在维新派与守旧派的

斗争中，把自己关键的一票投向了维新派。

1898年6月11日，在康有为为首的维新派的多年努力下，光绪帝终于颁布了"明定国是"诏书，宣布正式变法，诏书明令：

> 嗣后中外大小诸臣，自王公以及士庶，各宜努力向上，发愤为雄，以圣贤义理之学，植其根本，又须博采西学之切于时务者，实力讲求，以救空疏迂谬之弊。专心致志，精益求精，毋徒袭其皮毛，毋竞腾其口说，总期化无用为有用，以成通经济变之才。

这是中国第一次以皇帝的名义，正式宣布把向西方学习、实行新政定为国家的基本政策，从这份诏书中可以明显地看出康有为对光绪帝的影响。从这一天起到同年9月21日慈禧太后发动政变为止，新政共计推行了一百零三天，历史上称为"百日维新"，它既是戊戌维新运动的高潮，又是维新思想的集中体现。

维新变法开始后，光绪帝采取了一个重大行动，那就是亲自接见维新派领袖康有为，下诏定于16日召见康有为。慈禧太后却于15日，即光绪帝召见康有为的前一天，先发制人，迫使光绪帝下诏免去帝党领袖翁同龢的一切职务，并逐回原籍常熟。对康有为来说，这简直是当头棒喝。堂堂一个帝师、大学士翁同龢主张变法尚且落得如此下场，他这个小小四品的工部主事倡言变法，简直是以卵击石。康有为仿佛从中看到了自己未来的命运，所以决定离开京师，回到故乡。可是由于翁同龢执意挽留，并告诉他："上意拳拳，万不可行。"康有为考虑到有皇帝撑腰，似乎腰杆子又硬起来，于是，就打消了离京的念头。

6月16日，光绪帝不顾慈禧太后的反对，打破清朝皇帝不得召见小臣的祖宗成法，特别下旨在颐和园仁寿殿（当时叫勤政殿）召见康有为。光绪皇帝和维新派领袖之间的第一次单独会见和直接对话开始了。

这天清早，康有为在朝房候旨召见，不料，与荣禄撞个正着。荣禄斜着眼睛，挖苦康有为"以子之槃槃大才，亦将有补时局之术否"？

对荣禄这种轻慢傲岸的腔调，康有为非常反感，于是，坚定地回答：

"非变法不能救中国！"

荣禄毫不相让，进一步逼问道：

"固知法当变也，但一二百年之成法，一旦能遽变乎？"

康有为被荣禄这种蛮横的态度深深激怒了，他气愤地说：

"杀几个一品大员，法即变矣！"

荣禄被驳得哑口无言，只好狠狠瞪了康有为一眼，拂袖而去。从他那凶狠的目光中，可以看出其对维新派的切齿痛恨，也表明他对维新派必欲除之而后快。

　　荣禄退下来之后，康有为应召觐见皇上。光绪皇帝急于见到康有为，竟然走下龙座，到门边接他。那时光绪帝年富力强，锐意变法。但是，由于长期受制于西后不能任意施展报负使他变得面容清瘦而抑郁。康有为紧走几步，伏身长跪，连声叫道："南海小臣叩见皇上。"光绪帝微微一笑，轻轻扶他起身，亲切地询问康有为的年龄、出身，见朱卷上有"十三世为士"等语，不觉抚掌叫好。围绕关系国家命运迫切需要改革的一些基本问题，君臣进行了一场历史性的对话。

　　康有为开门见山、慷慨陈词："现在中国正遭到列强的逼迫和瓜分，已经处于生死存亡的关头了。"

　　光绪帝说："这种严重后果都是那班守旧的人造成的！"

　　康有为接着说道："既然皇上知道病源，为什么不对症下药呢？知道因循守旧会招来危亡，那么就应该除旧布新，进行变法维新。"光绪帝听了康有为的话，变法的决心似乎更坚定了。光绪帝说话的声音虽然不大，但却很难掩饰见到康有为时内心的喜悦和激动，仿佛从康有为身上看到了中国的希望。

　　康有为进一步说："近年来并非不讲求变法，但只是少变而不是全变，办了这一桩，不办那一桩，所以成效甚微。而所谓变法，必须把制度、法律先行改订，否则只能算是变事，不能算作变法。"他请求光绪帝总揽全局，先设立制度局。并告诉光绪帝，他研究过各国变法的历史，西方各国经过三百年才富强起来，日本自明治维新后不过三十年，就一跃成为世界强国。中国如果顺利变法，只要三年就可以自立，以后则蒸蒸日上，富强可驾万国。像皇上这样圣明，要图自强，简直是易如反掌的事。光绪帝完全被康有为的话吸引了，不断点头同意，并夸奖说："你的条陈讲得很详备。"

　　康有为急切地询问说："皇上既然知道非变法不可，为什么很长时间没有举动，眼睁睁地看着国家危亡呢？"

　　光绪帝斜视了一下帘子外面，确认无人偷听，才叹息道："我处处受制于人，无法放手进行变法啊！"

　　康有为此时此刻终于亲身体验到了慈禧太后在宫廷中专横守旧的淫威，便向光绪帝建议，采取迂回进取的策略："皇上可以先做自己权力范围内的事，虽然不能令变，但如果能扼要地做几件大事，也可以救中国。不过现在的大臣大都年老守旧，不了解世界大势，指望他们来变法，是不行的。"因此他建议仿效日本明治维新时的做法，继续说道："不必尽撤旧衙门，只要增设新衙门，不必尽撤旧大臣的职，只要不拘出身擢用有才干的官员，多召见维新志士，破格给以官职，准许专折奏事的权力，让他们力理新政诸事。这样，旧大臣仍然可以保持高官厚禄，他们既不需辛劳办事，又没有失去官位的恐惧，他们就不会阻挠新政了。"

接着，康有为又提出了废除八股的要求，他说："现在中国落后，主要原因是民智不开，而八股取士正是造成民智不开的原因之所在。学八股的人，既不读秦汉以后的书，也不研究世界的形势，但他们却可以通过科举取得高贵显爵，所以今天朝廷上虽然人才济济，但会办事的没几个，这都是八股取士造成的危害！"

光绪帝深有同感地附和道："确实是这样！西方人注重学习有用的学问，中国偏偏对那些无用的学问孜孜不倦，所以造成今天这种局面！"

康有为乘机提出："皇上既然知道八股的危害，为什么不废除它呢？"

光绪帝非常爽快地说："应该废除。"这样，就为废除八股文定下了基调。

八股取士已经实行了几百年，是清朝政府的一件大政要事，要想立即废除它，一定会遭到守旧大臣的反对，所以康有为为光绪帝出主意说："皇上既然认为八股可以废除，请直接下明诏，千万不要交去部议，如果交部议，那些部臣必然驳阻！"

光绪帝点头同意："可以。"又询问道："如今国库空虚，怎样筹款呢？"康有为又立刻侃侃而谈，向光绪帝介绍日本开设银行，发行纸币，设立邮局，印度征收田税，都为国家筹到巨款等等，他满有把握地说："中国地大物博，藏富于地，主要不是患贫，但患民智未开，更患变法不得其根本耳。若大举筹款数万万，遍地修筑铁路，训练民兵百万，购买铁舰百艘，建立水师学堂和船坞，在全国各地开设各类学堂，则一举而致国家于富强的境地。"

然后，又谈了翻译西文、派遣留学生、大臣出洋考察等等。光绪帝一个问题未了，又提出一个问题，君臣反复讨论用人行政、开民智、激民气，以及移风易俗、改造社会等一系列的问题。最后，康有为又向光绪帝汇报了著书的情况。君臣二人一问一答，话题不断地变换，他们几乎忘记了时间的流逝，忘记了君臣的身份。此时康有为已勇敢地站到历史的前台，激浊扬清纵论天下大事。湖南巡抚陈宝箴称赞康有为"博学多才，盛名几遍天下。誉之者有人，毁之者尤有人。誉之者无不俯首服膺，毁之者甚至切齿痛恨，诚有非可以常理论者"。由此可见，康有为成了当时中国新旧党争论的焦点人物，同时也是关系中国前途、民族命运的先觉人物。

召见康有为后，光绪帝立即传旨任命康在总理衙门章京上行走，以后又特许康有为专折奏事的权力，就是说康有为的奏折，不必由总理衙门代递，可以直接送到光绪帝手里。这样一来，康有为必然更加积极地为维新变法上奏折出谋划策，呈编书以供采鉴。

在这次政策性很强的对话中，康有为特别要求光绪帝，要多下措词强硬的诏书，颁布各项变法措施。期望依靠皇帝的权力，避开和挡住守旧势力的进攻。光绪帝把康有为视为知己，对他深信不疑，康有为的每一主张和见解几乎都受到他的赞赏。君臣二人如鱼得水，相见恨晚。不知不觉过去了两个半小时，光绪帝关切地说："你下去歇歇。"又说："你还有什么建议，可以写奏折呈上来。"康有为叩头谢恩而出，光绪帝还依依不舍，目送他出殿门。

康有为一出来，就被许多宫里当差的围住问个不停，因为在他们看来，光绪帝还从未花这么长的时间接见一个臣子呢。从此以后，康有为成了朝野议论的中心人物。

百日维新一开始，康有为就利用自己有专折奏事的权力，不断上奏折，递条陈，进呈各国的变政考，为维新变法设计蓝图，并提出具体的方法。他在百日维新期间所上递的条陈，超过历年上折的总和。据统计，他以自己的名义上折十三片，这在《杰士上书汇录》的后两卷中可以查证。除此之外，他还代一些京官或御史草拟奏折共有三十四片。从康有为写的各类奏折来看，他提出了内容十分广泛的新政建议：政治方面澄清吏治，革除陋习，出版报刊，广开言路；经济方面兴办实业，奖励发明，整顿厘金，劝工惠商等等。现按轻重缓急，作如下分类。

首先，在文化方面，他要求废除八股，在全国遍立学堂，培养真才实学之人。康有为多年来，一直要求废除八股。在第一次面见光绪帝时，他就力陈八股之害，请皇上降旨明令废止。在得到光绪帝的同意后，康有为就立即写信给宋伯鲁，让他立即上奏折给皇上，要求废止八股取士制度。光绪帝召见康有为的第二天，宋伯鲁即上奏《请改八股为策论，以作人才而济时艰折》，要求光绪帝特下明诏，永远停止八股，以试策论代替乡会试及生童岁科一切考试。6月19日，康有为又亲自递上《请商定教案法律厘正科举文体听无下乡邑增设文庙谨写孔子改制考进呈御览以尊师而保大教折》。他在奏折中指出，八股为亡国亡教的祸根。因为八股盛行导致孔教不兴，而孔教不兴必将导致国家衰亡，所以请皇上立刻废除八股科举制度。6月11日，康有为又在代徐致靖拟《请废八股以育人才折》的折中，再次敦请光绪帝不要犹豫，他还进一步指出，废除八股是实行新政的最重要而又最有成效的措施。光绪帝在康有为的一再恳请下，终于在6月23日下令："著自下科为始，乡会试及生童岁科各试，向用四书文者，一律改试策论。"

康有为在废除八股的同时，又主张在全国遍设学堂。推行学校教育制度，7月10日，康有为又上奏折《请改直省书院为中学堂乡邑淫祠为小学堂令小民六岁皆入学折》。他在折中指出，只有兴办教育才能使国家富强。而教育不应当仅是士人的权利，应遍及全民教育，使全国四万万同胞都有受教育的机会。为此，他建议将各省会大书院改为高等学堂，府、州、县书院改为中等学校，义学、社学一律改为小学。他还建议把无用的庙宇改为学堂，把庙祠充作公产，以弥补教育经费的不足。他还提出在民间筹集资金兴办教育，鼓励有钱人出资创办学堂。并要求年满六岁的孩童必须进小学学习，如有违反者，拿他们父母示问。

总之，康有为提出的废八股，兴学堂的主张，解放了人们的思想，并为推行学校教育奠定了坚实的基础。

其次，在政治上，他要求改革官制，分别官差，以官优勋旧，以差待才能。改革官制是维新派在变法途中遇到的重要而又麻烦的问题。清朝官僚机构庞大臃肿，而且官员多为愚顽守旧之人，他们成了推行新法的绊脚石。在百日维新前，康有为就多次上书光绪帝，指出，改变官制乃变法之要，他还援引日本明治维新时的废藩之例，敦请光绪帝下改官制的决心。百日维新后，他又连连上折，请求光绪帝改革官制。

康有为主张的官制改革，主要有三方面内容。第一，设立议政机构，选一通才之士参与其内，推行变法。这种议政机构，在《上清帝第六书》中称为制度局，在《日本变政考》中称集议院，在他代宋伯鲁拟《变法先后有序，乞速奋乾断而救艰危折》中，称立法院。康有为主张设此议政机构，目的是让维新志士参与新政，给皇上的变法充当顾问，借以推行新政。第二，区分官差，把虚官高位让给老臣旧官，但重要的差使让维新通达之才去做。8月29日，康有为上呈《为厘定官制，请分别官差，以行新政以高秩优耆旧，以差使任贤能折》。在奏折中，康有为对于官场赎职严重，办事效率低下的现状，向光绪帝特别指出，"官差不别，则若尚书、侍郎，既领枢垣、译署之差，即不当复任本部任事，即不当充名要差，盖以一人之身，才力有限，精神无多，且皆垂老之年，而令其官差杂沓，归并一人，势必一切具文不办而后止"。如果对这种现象听之任之，新政便无法进行。因此，他建议光绪帝推行新政时，应绕开顽固守旧的老臣，为此必须先"注意差使，令各政皆别设局差，如军机译署之列，选通才行走，如宋及日本法。自朝官以上，不拘资格任之，去卿贰大臣方任专差之例……则凡此专差人员，皆赏给京卿、御史职衔，准其专折奏事，自辟僚佐。其每直省亦派通才一人，办理新政，体制亦同。若不设新局，则每衙门皆派人行走"。这是康有为给光绪帝出的一条妙计，既不触动守旧大臣的利益，又可名正言顺地擢用小臣。这样，就使大量维新志士参加到各级行政机构里来，为推行新政发挥才能。第三，对老臣实行高俸供养。在官制改革中，一个重要的问题是如何对待旧臣。在7月13日的奏折中，康有为强调"以高秩优耆旧，以差使任贤能"。他以光武帝和宋太祖对老臣高俸供养，不予实权的做法为例，建议光绪帝对那些年纪很大的老臣，不必让他们做事，让他们上上朝，却对他们赏以全俸，使老臣们老有供养，维新人才也可发挥作用。这样，旧臣和新人各得其所，两全其美。

最后，在经济方面，他要求全面振兴农工商业，奖励发明创造。自新政推行以来，康有为多次自奏或代他人草拟有关发展经济的奏折。6月26日，他递上《请以爵赏奖励新艺新法新书新器新学，以励人才而开民智折》，7月19日，递上《条陈商务折》，8 月 18 日，呈上《请开农学堂、地质局，以兴农殖民而富国本折》等。他在这些奏折中制定了以西法振兴农工商业的宏伟计划。在工业方面，他建议国家设立专科，对发明创造予以奖励，如士人著有新书，工人发明新器，均以很高的爵位或重金奖赏。长此以往，人们必然各竭心思，踊跃发明创造。在商业方面，他建议光绪帝抛弃重农抑商的思想，重视商务，调整商务政策。他认为要整顿商务就必须精通机器制造，精通商品营销之法，为此，他建议国人应该向西方国家学习，采取开商学，译商书，出商报，立商律，行保险等一系列措施，大力培育本国市场，扶植民族商业；只有广为种植，大搞机器加工，设厂与外商竞争，才能使商业发达。他建议，在中央设立商部，各省设立商务局，由总理衙门统一领导。在农业方面，他认为富国的基础是农业。主张引进先进的技术来发展农业，因此，他建议各省府设立农学堂，并开一地质局于各省，专门翻译农业方面的书，绘制农业地图，请农技师对土壤进行考察，因地制宜地种植各种农作物。他还建议在京师设立农商局，并设分局于各省，以加速对农业的改造。

康有为关于农工商业方面的建议，是维新派要求改革传统的经济体制，振兴民族经济的强烈愿望的集中表现。他的这些经济主张，绝大部分被光绪帝所采纳，通过颁布新政谕旨，在各部门推行开来。

除上述新政建议外，康有为还提出了其他方面的建议。这些建议有：请御门誓众，禁止妇女裹足、办报、练兵、废漕运、易服改元等等。康有为在百日维新中，实际上充当了总设计师的作用，有些建议虽然未被采纳，他的抱负没有完全在变法中得以展现，但他所奏条陈使人耳目一新，从而极大地解放了人们的思想。

但是，这些改革措施，虽然把中国推向近代化，但却深深地刺痛了以慈禧太后为首的顽固派，动摇了他们的统治基础。因为这些措施不仅仅是资产阶级夺取政权的初步尝试，它的最终目的必然是以资本主义生产方式取代封建主义生产方式。所以，随着变法的深入，封建守旧派与资产阶级维新派之间的最后较量日益迫近。

当康有为请光绪帝在京城设置十二局，凡局员皆选年力精壮、讲习时务的人担任时，就立刻遭到守旧大臣的百般阻挠。光绪帝强令他们奉旨实行时，他们却妄加猜测，制造谣言，四处挑拨，当时京城谣言四起，都传说康有为要废掉京师六部九卿衙门，那些在衙门混事、醉生梦死之徒对康有为恨之入骨。其实，康有为当时只不过说要增设新衙门，并没有说要裁并这些旧衙门。

这时，仍掌握重权的慈禧太后，早已在暗中策划扑灭维新变法的阴谋。他们打算首先强迫光绪帝秋季去天津阅兵，然后乘机将他囚禁，废旧立新。当时，政

变风声呼之欲出，光绪帝和康有为的命运实在是令人担忧。从康广仁给朋友的信中可以看出当时形势有多紧张，信中说："伯兄（指康有为）规模太广，志气太锐，包揽太多，同志太孤，举行太大。当此排者、忌者、挤者、谤者，盈衢塞巷，而上又无权，安能有成？弟私窃深忧之，故常谓但竭力废八股，俾民智能开，则危崖上转石，不患不能至地。今已如愿，八股已废，力劝伯兄宜速拂衣，虽多陈无益，且恐祸变生也。伯兄非不知之，惟常熟（指翁同龢）告以上眷至笃，万不可行。伯兄遂以感激知遇，不忍言去。"7月26日，光绪帝下旨改上海《时务报》为官报，派康有为负责该报事宜，但他并没立即上任而是一直留在京城。

康有为眼看着天津阅兵期迫近，日殚心思，夜不能寝。他要想出妙计，以击退顽固派的进攻，以使光绪帝立于不败之地。于是他连夜奋笔疾书，向光绪帝一连提出四项紧急应变措施。这四项措施分别是：第一，效仿日本，成立参谋本部，选天下雄武的猛将，忠贞不二的良臣，部署在皇宫周围，由皇帝亲自领导，统一指挥，以防不测。第二，改戊戌年为维新元年，这样可以表示变法的决心，使天下百姓耳目一新。第三，断发易服，与民更始。这样可使更新之气遍布全国，也可使守旧派心志动摇。第四，借"行幸"的名义，迁都上海。他指出，只要率领数十名精干办事人员，而使百官留守京师，巧妙地抛弃旧的京师这个政治包袱。他特别强调，自从甲午战以后，京师门户洞开，沙皇俄国屯兵于旅顺口，等于扼住了京师的咽喉，京师已无可守之屏障了。而且城内旗人聚居，到处都有旧党，一时难以扫除，只有迁都才能推行新政。如果皇上坐镇上海这样交通便利的地方，精选参谋部兵将，以雄兵铁舰护卫，再有众多的猛将谋臣，就可以强大的兵力控制天下，有了武力为后盾，推行新政自然会政令畅通了。康有为这些设想的确有精明独到之处，只可惜光绪帝一项都无法实行，而且，还招来了顽固派更猛烈的攻击。

# 二、"诛禄围园"

以康有为为首的维新派志士，在维新变法的实践活动中深深感到，慈禧太后是推行维新变法的主要障碍。康有为曾指出，他们只有除掉西太后，才能实现"尊君权"。杨深秀也曾向文悌透露："此时若有人带兵八千人，即可围颐和园，逼胁皇太后。"但是，后党势力在朝中根深蒂固、势力庞大，要想对付谈何容易。

由于维新派手中没有兵权，他们只好计划拉拢袁世凯来诛杀慈禧死党荣禄，然后领兵包围颐和园，即可捕杀西太后。只要慈禧太后一死，守旧官僚自然会树倒猢狲散。光绪皇帝就可真正执掌大权，重振朝纲，推行维新变法的新政策法令，维新派就可以顺利实现发展资本主义，振兴祖国，抵御外侮的梦想了。

康有为一方面派他的弟子徐仁禄到天津小站，去说服袁世凯，他手中掌握新式陆军，危急时可以起兵勤王；同时密奏光绪帝，赏给袁世凯特恩，企图笼络他使他感恩图报。1898 年 9 月 16 日，光绪帝在颐和园毓兰堂召见袁世凯，破格重赏他侍郎候补的官职，并暗示他说："人人都说你练的兵、办的学堂甚好，此后可与荣禄各办各事。"借此拉笼袁世凯，使他不再受制于荣禄。

维新派拉拢袁世凯，主要是看中了他的新建陆军，一旦慈禧太后趁在天津阅兵，废掉光绪帝另立新君时，就可利用袁来反戈一击，杀死荣禄，以清君侧。然后整肃宫廷，推翻慈禧的统治，使光绪帝能独立行政。

维新派计划利用袁世凯在京畿外围牵制住北洋另外两支部队——董福祥的甘军和聂士成的武毅军，诛杀慈禧死党荣禄。谭嗣同夜访袁世凯时说的话，十分清楚地表达了这种意图：

> 荣禄密谋，全在天津阅兵之举。足下及董、聂三军，皆受荣所节制，将挟兵力以行大事。虽然董、聂不足道也，天下健者，惟有足下，若变起，足下以一军敌彼二军，保护圣主，复大权，清君侧，肃宫廷，指挥若定，不世之业也。

在这同时，维新派积极物色捕杀西太后的人选，此人就是毕永年，他是湖南会党首领。他们还电令唐才常在湖南召集几个人，星夜入京，参加捕杀西太后的行动。最近，杨天石通过日本立命馆大学副教授松本英纪帮助，从日本外务省借到档案缩微胶卷。从毕永年的日记中可以确证康有为谋围颐和园捕杀西太后确有其事。

毕永年（1869—1901 年），湖南善化（今长沙）人，字松甫。年少时喜欢读王船山遗书，受其影响，渐生民族革命思想。他与谭嗣同、唐才常私交甚笃。经常聚在一起共谋维新大计，并四处联络会党，戊戌政变前夕到达北京。康有为命他包围颐和园时，乘机领兵捕杀西太后。他于 1899 年初写成关于此事的日记《诡谋直纪》，并交给日本人平山周。现摘录如下，以飨读者：

> 7 月 29 日（1898 年 9 月 14 日）夜九时，（康）召仆（毕永年）至其室，谓仆曰："汝知今日之危急乎？太后欲于九月天津大阅时弑皇上，将奈之何？吾欲效唐朝张柬之废武后之举，然天子手无寸兵，殊难举事。吾已奏请皇上，召袁世凯入京，欲令其为李多祚也。"

8月1日（9月16日），仆见谭君，与商此事，谭云："此事甚不可，而康先生必欲为之，且使皇上面谕，我将奈之何！我亦决矣。兄能在此助我，甚善，但不知康欲如何用兄也。"午后一时，谭又病剧，不能久谈而出。

夜八时，忽传上谕，袁以侍郎候补。康与梁正在晚餐，乃拍案叫绝曰：

"天子真圣明，较我等所献之计尤觉隆重，袁必更喜而图报矣。"

康即起身命仆随至其室，询仆如何办法。仆曰：

"事已至此，无可奈何，但当定计而行耳，然仆终疑袁不可用也。"

康曰："袁极可用，吾已得其允据矣。"乃于几间取袁所上康书示仆，其书中极谢康之荐引拔擢，并云赴汤蹈火，亦所不辞。康谓仆曰：

"汝观袁有如此语，尚不可用乎？"

仆曰："袁可用矣，然先生欲仆为何事？"

康曰："吾欲令汝往幕中为参谋，以监督之何如？"

仆曰："仆人一在袁幕中何用，且袁一人如有异志，非仆一人所能制也。"

康曰："或以百人交汝率之，何如？至袁统兵率颐和园时，汝则率百人奉诏往执西后而废之可也。"

3日（9月18日），但见康氏兄弟及梁氏等纷纷奔走，意甚忙迫。午膳时钱君告仆曰：

"康先生欲弑太后，奈何？"

仆曰："兄何知之？"

钱曰："顷梁君谓我云：先生之意，其奏知皇上时，只言废之，且候往颐和园时，执而杀之可也。未知毕君肯任此事乎？兄何不一探之等语。然则此事显然矣，将奈之何？"

仆曰："我久知之，彼欲使我为成济也，兄且候之。"

毕永年认为康有为与袁世凯关系并不密切，此举不可能成功，就拒绝了康有为的要求。他还写信给谭嗣同说明原意，劝他赶快离京。谭嗣同不听劝告，他只好一人独赴日本，投奔了在横滨的孙中山，参加了兴中会。

袁世凯真是老奸巨猾，一面敷衍康有为的拉拢，一面在揣摩倒向哪一边对他更为有利。凭着多年投机政治斗争的经验，认为维新派虽然暂时占据上风，但并没有力量对付以慈禧太后为首的顽固势力，所以决定倒向慈禧太后一边，出卖维新志士，使自己飞黄腾达。不久，袁立即向荣禄告密说康有为"谋围颐和园"，他在《戊戌日记》中这样写道：

> （谭）因出一草稿，如名片式，内开荣某废立弑君，大逆不道，若不速除，上位不能保，即性命亦不能保。袁世凯初五请训，请面付硃谕一道，令其带本部兵赴津，见荣某，出硃谕宣读，立即正法。即以某代为直督，传谕僚属，张挂告示，布告荣某大逆罪状，即封禁电局铁路，迅速载袁某部兵入京，派一半围颐和园，一半守宫，大事可定，如不听臣策，即死在上前各等语。予闻之魂飞天外，因诘以：“围颐和园欲何为？”谭云：“不除此老朽，国不能保，此事在我，公不必问。”

慈禧太后得到袁世凯的密报，立即从颐和园深夜还宫。光绪帝没有料到她突然到来，慌忙出迎，西太后见他神色慌张，更加相信光绪帝招外兵谋杀她，一下乘舆就大骂光绪帝道：“汝以旁支，吾特授以大统，自四岁入宫，调护教诲，耗尽心力，尔始得成婚亲政。试问何负尔？尔竟欲囚我颐和园，尔真禽兽不若矣！”其实，光绪帝根本不知道康有为等人的计划，还一个劲地解释说：“我无此意。”西太后又问道：“变乱祖法，臣下犯者，汝知何罪？试问汝祖宗重，康有为重？背祖宗而行康法，何昏愦至此？”光绪帝吓得浑身发抖，赶忙答道：“是固自己糊涂，洋人逼迫太急，欲保存国脉，通融试用西法，并不敢听信康有为之法也。”西太后越听越气，厉声断喝道：“难道祖宗不如西法，鬼子反重于祖宗乎？康有为叛逆，图谋于我，汝不知乎？尚敢回护也！”一副凶神恶煞的样子。光绪帝吓得魂飞魄散，不知如何回答。西太后又厉声问道：“汝知之乎？抑同谋乎？”光绪帝慌乱中答曰：“知道。”西太后说：“既知道还不正法，反要放走？”光绪帝只好说：“拿杀。”这就是后来密拿康有为，抄南海会馆上谕的由来。

1898年9月28日，顽固派处死了谭嗣同、杨深秀、林旭、杨锐、刘光第、康广仁等六君子。第二天，又以光绪帝的名义，发布上谕，指责康有为“谋围颐和园”，欺君犯上，罪该万死。这份上谕充满杀气：

> 主事康有为首倡邪说，惑世诬民，而宵小之徒，群相附和，乘变法之际，隐行其乱法之谋，包藏祸心，潜图不轨。前日竟有纠约乱党，谋围颐和园，劫制皇太后，陷害朕躬之事，幸经觉察，立破奸谋。又闻该乱党私立保国会，言保中国不保大清，其悖逆情形，实堪发指。朕恭奉慈闱，力崇孝治，此中外臣民之所共知。康有为学术乖僻，其平日著作，无非离经畔道，非圣无法之言。前因其讲求时务，令在总理各国事务衙门章京上行走，旋令赴上海办官报局，乃竟逗留辇下，搆煽阴谋，

若非仰赖祖宗默佑，洞烛几先，其事何堪设想。

康有为策划的兵围颐和园事件失败了，但在当时却是震惊全国。后来康有为为了维护封建伦理道德观念，多次否认此事，反说这是袁世凯捏造谣言，挑拨离间，从而导致戊戌冤狱。但历史不容抹杀，康有为意欲围园诛禄确有其事，应该去伪存真，还历史以本来面目。

9月18日，康有为派遣谭嗣同去说服袁世凯率兵勤王后，他一直在家焦急地等待消息。夜晚，当杨深秀、宋伯鲁、李岳瑞、王照等前来安慰他时，他让诸公多找人上奏折，请调袁军入京勤王。等到第二天子时，内城开门，他就急忙进城赶到金顶庙，探听谭嗣同的消息。当他得知袁世凯不能起兵勤王，以扶上清君侧时，深感无奈。

康有为动员袁世凯举兵无望，不得不再从外国人那里寻求帮助，拯救皇上。为此，他首先找到了李提摩太，由李介绍和陪同前去拜见英驻华公使窦纳乐。当康有为与李提摩太到达英公使馆时，才知道窦纳乐到北戴河避暑走了已好几天了。无奈之下，他只好求见日本的伊藤博文，请他向慈禧太后说情，劝说太后放弃政变的打算。同时，他还请容闳去向美国公使馆求救，不料美国公使正在西山休养。这样，康有为在他认为能救皇上的英、日、美有关人员中都进行了活动，但希望很小。因此，李提摩太劝告他暂时南下避避风头，相机而动。

康有为做完这一切之后，于9月20日天未明时，怀着沉重的心情依依不舍地带仆人李唐离开京城，抵达塘沽时已是黄昏时分，准备搭乘招商局的轮船海晏号南下。但该轮得等到21日下午四时才能起航，康有为感到滞留时间太久，于是，决定改乘英国太古公司的"重庆号"客轮，该轮早5小时出发。这样，康有为悄然离开了天津，乘船直抵上海。

# 三、出逃吴淞口

1898年9月21日，慈禧太后发动宫廷政变，把光绪帝囚禁于瀛台，宣布重新重帘听政。调三千精兵，关闭京师城门，停运京津铁路。并发布通缉令捉拿康氏兄弟。

缉捕令中说："工部候补主事康有为，结党营私，莠言乱政，屡经被人参奏，着革职。并其弟康广仁，均着步军统领衙门，拿交刑部，按律治罪。"

当天中午，步军统领崇礼亲自率领缇骑三百人把南海会馆包围，当场抓住了康广仁。从康广仁那里得知康有为已经离开天津后，荣禄下令对天津和塘沽一带的客栈进行大搜查，后来才知道康有为已于当天上午乘英轮"重庆号"去了上海。

当慈禧太后得知康有为已逃出北京后，气得火冒三丈。她一面发布密旨，捏造谣言，称康有为进献毒药丸谋害光绪帝，命烟台和上海的地方官一旦拿获康有为，就地正法，同时又派新从德国买来的"飞鹰号"快艇从天津出发，飞速前往追捕。"飞鹰号"快艇时速为三十海里，其航速比商船"重庆号"快一倍。只要开足马力，一定能追上。但是航行至中途时，管带刘冠雄声称煤已燃尽而返回天津。当清廷捕杀康有为的密电传到烟台时，也是康有为命不该绝，碰巧登莱道李希杰因事离开了烟台，并把电报密码带走了，留守的官员因而无法译出密电内容。这时康有为对此一无所知，根本不知大祸临头。当"重庆号"在烟台码头停靠时，康有为还不慌不忙登岸游览，并买了六篓烟台苹果，沿着海滩拾了一袋彩石回到船上，糊里糊涂地过了烟台这一关。

但是，上海的情况就不一样了。政变发生当天，消息已传播得沸沸扬扬、满城风雨了。9月22日凌晨一点，上海道台蔡钧接到了捕杀康有为的密电后，购买了许多康有为的照片，交给缉捕人员，并派上海县黄某手持康有为的照片，于黎明时到招商局金利源账房守株待兔。同时又通知法租界巡捕房派出通班捕探，封锁各码头。下午3点钟，当"新济号"抵达时，他们命令船停在黄浦江中心，不准靠岸，上船严密搜捕，至五点钟，仍一无所获。这时巡捕们又拿着照片，准备等"重庆号"一靠码头就上船抓人。为了确保万无一失，蔡钧又商请税务司洋人乘轮预先守候在吴淞口，带着认识康有为的堂兄指认捉拿。蔡钧不露声色，暗自得意，心想这回你康有为插上翅膀，也难逃罗网！

9月23日，上海道台蔡钧照会英国驻上海代理总领事白利南（R·Brenan），声称康有为是毒死皇帝的要犯，他奉命捉拿，要求搜查自天津开来的所有英国轮船。白利南仅答应由他自派两名巡捕上船搜捕，拒绝了蔡钧的要求。无奈蔡钧只好派人把康有为的照片送给白利南，以便准确抓捕，并宣布抓住康有为后，将送上酬金两千元以示感谢。两江总督刘坤一也悬赏三千元捉拿康有为。重赏之下，必有勇夫。中国的侦探和巡捕，在探知"重庆号"将于9月24日抵达上海时，为了赏钱，一个个都摩拳擦掌，跃跃欲试。

就在康有为星夜南逃的时候，在北京的政治舞台上演出了一幕小小的插曲。9月24日，李鸿章宴请前日本首相伊藤博文，席上谈到康有为。李鸿章说："康有为一人恐逃往贵国，倘果有其事，贵侯必能执获送回敝国惩办。"

伊藤博文连连摇头说："不然，康之所犯，如系无关政务，或可遵照贵爵相所谕；若干涉国政，照万国公法不能如是办理，当亦贵爵相所深知。"

李鸿章听了，无可奈何地说："若是，则敝国之不幸也。"出于反对俄在中国

扩张势力的政治需要，日本和英国对倡导联英日、拒俄的维新派领袖，在戊戌政变后提供保护和营救以便日后为其所用。

白利南事先得到李提摩太的电报请求援救康有为，在得到英国政府的同意后，派上海工部局职员濮兰德于 24 日清晨乘驳船前往吴淞口外去截住"重庆号"。他凭着蔡钧给他的照片，顺利地在旅客中找到了康有为，濮兰德对着康有为看了一会，便请他来到英人餐厅，问道：

"您是康有为吗？"并且拿出一张照片问他，"这是您的照片吗？"

康有为答曰："正是本人。"

濮兰德又问道："您在北京杀过人吗？"

康有为被问得莫名其妙，只好笑着说："我怎么会杀人呢？你的问题也太奇怪了。"

濮兰德立即拿出一道电旨，这是上海道台蔡钧抄录的，上面写道："康有为进丸毒弑大行皇帝，着即行就地正法。钦此。"康有为读完，失声痛哭。

濮兰德急忙问道："您有进毒丸谋杀皇上的事吗？"

康有为边哭边诉说："我受特达之知，赞变新法，天下皆知，愧不能报，安有弑理？"为了证明自己忠于光绪皇帝决不可能干此蠢事，他还口述光绪帝给他的密谕。

濮兰德告诉他："我英人濮兰德也，我领事固知君是忠臣，必无此事，且向知汝之联英恶俄，特令我以兵船救君，可速随我下轮，事不可迟，恐上海道即来搜船。"

康有为忍住悲痛，随濮兰德上了驳轮。在船上他想到光绪帝可能被杀，又不知英人到底有何目的，犹如五雷轰顶，痛不欲生。他真想纵身跳入波涛汹涌的大海，追随光绪皇帝到另一个世界去。这时，他准备投海殉节，即低吟一首，诗句极为悲怆：

> 孤臣辜负传衣带，碧海波涛夜夜心。
> 忽洒龙蓁翳太阴，紫微移座帝星沉。

他又急忙找来纸笔，匆匆起草给家人的遗书，另外，还给徐勤一书，托以家事，遗书写好后交随身仆人李唐密藏，以防不测。

我们来看看康有为给家人的遗书：

> 我专为救中国，哀四万万人之艰难而变法以救之，乃蒙此难。惟来人间世，发愿专为救人起见，期皆至于大同太平之治，将来生生世世，

历经无量劫，救此众生，虽频经患难，无有厌改，愿我弟子我后学，体吾此志，亦以救人为事，虽经患难无改也。地球诸天，随处现身，本无死理。至到无量数劫，亦出救世人而已，聚散生死，理之常，出入其间，何足异哉？到此亦无可念，一切付之，惟吾母君之恩未能报，为可念耳。

光绪二十四年八月九日　康长素遗笔

康有为给徐勤及诸弟子的信中这样写道：

吾以救中国故，冒险遭变，竟至不测，命也。然神明何曾死哉？君勉为烈丈夫，吾有老母，谨以为托，照料吾家人，力任大道，无变怠也。同门中谁能仗义，护持吾家吾国者，吾神明嘉之（任甫若存并以为托）。

孔子生二千四百七十五年即光绪二十四年八月九日　为绝笔告
君勉仁弟　　并示同门有志诸子

濮兰德见康有为哀哭，劝慰说："上大行尚无确信，但传闻耳，可待之。"康有为强忍着悲痛。到了"琶理瑞"轮上，他即函电澳门《知新报》陈仪侃、刘孝实、何穗田等人，告诉他们自己现在平安，并嘱他们救家人。又致电家乡的云衢书屋、万木草堂，让其家人和学生们逃往澳门躲避灾难。"琶理瑞"轮在吴淞口外停泊两日多，9月27日凌晨起航，两日后，该轮到达香港。这样，康有为终于平安逃离上海。

清政府捉拿不到康有为，恼羞成怒，即令粤督查抄康有为的家产，逮捕其家人。粤督谭钟麟奉命即到广州城里的云衢书屋搜查，不料却扑了个空，又赶到康家老宅苏村花埭搜捕，也是一无所获。原来，在9月23日，上海陈子褒致电广州公善堂区谦之告诉他政变已发生，区氏连夜赶到康家汇报此消息，因而康家人得以连夜出逃，到10月1日，康母及有为夫人已辗转到达香港。但康家的财产及康有为的大量藏书却未能幸免。它们被一一抄没，万木草堂也被封。康氏家族及亲戚故友也不得不四处躲避，使本来比较兴旺的苏村不久就凋敝了。

梁启超也得到日本使馆人员的帮助，乘日本炮舰逃到日本。

就这样，两位曾经为了救国救民不辞劳苦，奔走呼号的维新志士，面对顽固守旧势力的捕杀，不得不远走他乡，暂时放下他们未竟的事业。

慈禧太后发动戊戌政变后，重新掌握了统治大权，并迫使维新派首领康、梁等逃亡海外。但是，慈禧太后等顽固派并没有忘记对维新派人的仇恨，他们依旧

· 133 ·

穷追不舍，派出杀手到海外行刺康有为及梁启超，并发出通缉令，到处捉拿康有为等人。

在英国人的保护下，康有为逃亡到香港。在香港停留二十余日后，于10月24日抵达日本，与梁启超等会合。维新变法虽然失败了，但他们并没有因此消沉下去。他们又在海外重新着手进行活动以挽救维新事业。

此时，清廷顽固派派出的杀手也跟踪到了日本。此杀手是个劣绅，名叫刘学询。

刘学询，广东劣绅。早在戊戌维新时期，他因勾结土匪充当官差，受到维新派严厉指责，并因此被查办，但是他逃跑在外，拒不到案，于是，广东巡抚许振袆在查覆折中，作出"勒罚刘学询银一百万两"的处罚。因此，刘学询对康有为等维新派怀恨在心。戊戌政变发生后，刘学询认为报仇的机会来了，便毛遂自荐，愿意前往日本追杀康有为和梁启超等维新志士。

为达到此目的，刘学询伙同被革职的内务府郎中庆宽，以重金收买御史杨崇伊与总理衙门大臣奕劻，得到朝廷委任。在得到慈禧的同意后，刘学询被赏还候选道，而庆宽被赏给员外郎衔，他们以查看商务为名，前往日本，暗地里却自备资斧，秘密访拿康有为等。

1899年7月，刘学询与庆宽通过日本驻上海领事小田切的安排，来到日本。他们在日本各地以考察为名，活动了两个多月，但由于康有为、梁启超深居简出，严密防范，致使他们无法下手，只好空手而归。

虽然刘学询一无所获，慈禧却对他们的日本之行极为关切。9月19日，慈禧颁旨说："刘学询、庆宽现由日本差竣沪，著刘坤一传知该二员即行回京复命，先赴总理各国事务衙门报到。"10月9日，刘学询、庆宽来到总理衙门，向总理衙门大臣奕劻汇报了日本之行，并呈递了《问答节略》、《商务日记》等文件。

由于刘学询是自备资斧前往日本捕杀康有为、梁启超的，所以事虽未成，却得到了慈禧的格外嘉奖。10月12日，慈禧命湖广总督张之洞"差遣委用"刘学询。一个多月后，慈禧又把刘学询改交给两广总督李鸿章，以利用他专门对付康有为等维新派。刘学询到达广东后，处处与维新派作对，引起流亡海外的康有为、梁启超等人的憎恨，以致梁启超等也不得不策划谋杀刘学询。

1900年3月28日，梁启超给《知新报》朋友的信中说："刘豚为肥贼军师，必竭全力以谋我，恐其必生多术，以暗算我辈……肥贼刘豚在粤颇增我辈之阻力，宜设法图之，去年遣归诸侠，有可用否？此二人在他日阻力未有已也。"刘豚即指刘学询，肥贼指李鸿章，李鸿章是合肥人。

4月12日，梁启超又在给康有为的信中说："刘豚为我阻力极大，不可不图之。"两日后，梁启超又强调说："卯金富而多谋，今以全力图我，阻力之大过于荣（以其近也），不可不先图之。"

康有为、梁启超等之所以想除掉刘学询，是因为他在当时对维新派构成严重威胁。1900 年间，正是康有为等在海外策动勤王的关键一年，刘学询为了效忠慈禧，始终没有放弃捕杀康、梁的企图。由于康有为、梁启超等一直流亡海外，使他无可奈何，但维新派的其他成员及其家属，却成了刘学询的残害对象，致使许多维新志士人心惶惶，"无时不惧"。所以，刘学询在当时成了维新派的心腹大患。

但是，一方面由于康有为、梁启超身居海外，一时找不到合适的人选来行刺刘学询；另一方面，刘学询除了在国内迫害一些维新志士外，对流亡海外的康、梁无可奈何。所以，他们相互间的谋杀或捕杀，随着时间的推移，都成了遥远的事情。康有为、梁启超仍然在海外从事他们的未竟事业，而清王朝捕杀康、梁的阴谋也化为泡影。

# 四、改篡之谜

公元 1898 年，中国的维新运动达到高潮，这一年也是康有为自 1888 年《上清帝第一书》后，上书最多的一年。由于戊戌政变的突然爆发，康有为匆忙出逃，致使他的上书及奏折的底稿均被抄没，散失殆尽。时隔十几年之后，经过他的长女康民薇的搜集、抄存和整理，于 1911 年 5 月，在日本排印出版了他在戊戌年间的一些奏议，命名为《戊戌奏稿》。

《戊戌奏稿》有一大册，卷首有康有为的弟子徐勤写的序和麦仲华写的《南海先生戊戌奏稿凡例》。徐勤在序文中称颂了康有为在戊戌维新间的言行举止，并把它与宋代王安石变法相比。他这样写道："盖自王安石创经义试士之制，行之千年；武后行弓刀步石武科之制，行之千余年；萧何行漕运之制，行之二千年，皆至先生而后废之。定国是，请立宪，大译书，派游学，奖创新，裁绿营，放旗兵，易官制，及后此百凡新制，甚至剪发易服，皆自先生而始开之。系中国数千年政治之变，得失存亡之局。二千年来未有若先生关系之大者也。"他认为，康有为扫除中国千年丛积之弊，辟中国维新之局，在中国有史以来是第一次，堪称一代伟人。

麦仲华在《凡例》中，阐明了《戊戌奏稿》的成书概况。他写道："戊戌数月间，先生手撰奏折都六十三首，一代变法之大略在焉。亦有代作者。戊戌抄没，多所散佚，即篇目亦不能记忆。内子同薇文俪，先生女也。累年搜集抄存，得二十篇，迟迟久待，终无由搜全，惧久而弥失，先印之以应天下之望，余之搜

得，陆续补印。"

由上文分析可知，康有为在戊戌年间亲拟奏折共六十三篇，而《戊戌奏稿》收录的奏议只有二十篇。综观《戊戌奏稿》，我们发现，除二十篇奏议外，还有五篇进呈编书的序文；此外，还开列有奏疏存目十三篇，但无正文。因此，《戊戌奏稿》共有正文二十五篇，存目十三篇。

早在 1974 年，台湾学者黄彰健就根据国家档案局明清档案馆编辑的《戊戌变法档案史料》等相关资料，编写了《康有为戊戌真奏议》一书，书中对《戊戌奏稿》进行审核与辨伪。他认为其中绝大部分是康有为在政变后逃亡国外的补作或伪作，并非真作。黄彰健的《康有为戊戌真奏议》编缉的真奏议共有三十余篇，其中康有为本人具奏者仅五篇，其余大都是康有为代他人所草拟的。这样，便引出了《戊戌奏稿》的真伪问题。

1981 年，陈凤鸣在《故宫博物院院刊》上，发表《康有为戊戌条陈汇录——故宫藏清光绪二十四年内府抄本〈杰士上书汇录〉简介》一文引起广泛的注意。他在文中公布了康有为戊戌时期的奏折内府抄本《杰士上书汇录》。据陈说，《杰士上书汇录》共有三册，书封面上有本夹板，书名为楷书大写，字体颜色为绿色，刻在夹板中上方。三册书的封面都没有写总名，其中有两册分别题为《总理各国事务衙门代递工部主事康有为条陈五件》、《工部主事康有为条陈》，另一册根本无书名。根据三册总冠以"杰士"二字于书名中，以及书的装潢等情况来看，可断定此书为内府于 1898 年所抄，而且还是在西太后发动政变前抄定的，因为政变后，康有为以"贼臣"等罪名受到追捕，不会再被称之为"杰士"的。

《杰士上书汇录》共收录了 1898 年 1 月 29 日至 1898 年 8 月 29 日康有为的条陈十八件。其中有七件从未在已出版的康有为奏稿上出现。这七件分别是：

一、《为胁割旅大，覆亡在即，乞密联英日，坚拒勿许，以保疆土而存国祚折》，上奏时间为 3 月 19 日。

二、《进呈〈日本变政考〉等书，乞采鉴变法以御侮图存折》，上奏时间为 4 月 10 日。

三、《请照经济科例，推行生童岁科试片》，上奏时间为 4 月 10 日。

四、《请商定教案法律，厘正科举文体，听天下乡邑增设文设文庙，并呈〈孔子改制考〉，以尊圣师而保大教绝祸萌折》，上奏时间约为 6 月 19 日。

五、《请将优拔贡朝考改试策论片》，上奏时间为 7 月 10 日。

六、《为万寿庆辰乞许士民庆祝，并刊贴新诏书，嘉惠士农工商，以教尊新而隆恩谊，宜人心而永天命折》，上奏时间应该在 8 月 13 日以前。

七、《为厘定官制，请分别官差，以行新政，以高秩优耆旧，以差使任才能折》，上奏时间为 8 月 29 日。

在《杰士上书汇录》中还有六件与过去发表的奏文相同。这六件奏折分别是：

一、《译纂〈俄彼得变政记〉成书可考由弱致强故折》，也就是《上清帝第七书》。

二、《请改直省书院为中学堂，乡邑淫祠小学堂折》。

三、《为恭谢天恩，条陈办报事宜折》。

四、《为商务不兴，民贫财匮，请方商政，以开利源而杜漏卮折》。

五、《请定报律折》。

六、《请开农学堂、地质局，以兴农殖民而富国本折》。

另外，《杰士上书汇录》中有五篇奏折，曾被收录到《戊戌奏稿》中。但《戊戌奏稿》所载之文与《杰士上书汇录》原折相比较，无论文字或内容都有很大不同。这五折分别是：

一、《请大誓臣工，开制度新局政，革旧图新，以存国祚折》，代呈时间为 3 月 11 日。而《戊戌奏稿》载此折为《应诏统筹全局折》，上奏时间是 1 月 29 日。

二、《为推行新政，请御门誓众，开制度局，以统筹大局，革旧图新，以救时艰折》，具奏时间是五月。而《戊戌奏稿》称此折为《敬谢天恩并统筹全局折》，上奏时间为 6 月 19 日。

三、《请以爵赏奖励新艺新法新书新器新学，设立特许专卖，以励人才，开民智而济时艰折》，上奏时间 6 月 26 日。而在《戊戌奏稿》该折名为《请劝励工艺奖创新折》，具奏时间是农历五月，未标明具体是哪一天。

四、《为万寿大庆，乞复祖制，行恩惠，宽妇女裹足，以保民保教，延生气而迓天麻折》，上奏时间为 8 月 18 日。而在《戊戌奏稿》中，此折为《请禁妇女裹足折》，上奏时间为农历五月，也未写明几日。

五、《恭谢天恩，并陈编纂群书，以助变法，请及时发愤，速筹全局，以免胁制而图保存折》，上奏时间为 8 月 29 日。而在《戊戌奏稿》中，此折为《谢赏编书银两，乞预定开国会期，并先选才议政，许民上书言事折》，上奏时间为农历 6 月 8 日，而原折为农历 7 月 13 日。

陈凤鸣同志把《杰士上书记录》和《戊戌奏稿》作了一下对比，进而认为，《戊戌奏稿》所记这五篇奏议都不是当时康有为呈递的真折，其中有的也许是根据当时的提纲，摘记等回忆重写的；有的则是后来为了适应新的形势伪作的。因为《杰士上书汇录》是当时清廷内府根据康有为的奏折抄录的，应该真实可靠。经过上述比较，可以断定《戊戌奏稿》经过了改篡。

首先，戊戌维新是在顽固守旧势力的反对声中走向高潮的，守旧势力在朝中占绝对优势，而且他们手握实权。守旧势力的气势汹汹，使康有为不得不慎重行

事。他如果一味坚持兴民权，设议院，必然会激起守旧势力更大的反对。因此，为了减少推行新政的阻力，他只好改变斗争策略，暂时收起了民权学说，以便借用君权，推行新法。

其次，康有为的转变，主要是由于光绪帝对维新派的重视，特别是对他本人的重视。光绪帝颁诏推行变法，是在受维新派的直接影响下进行的。因此，变法一开始，光绪帝就将康有为、梁启超擢用于"侧陋冗散之中"，谘之以"变法自强之业"，赋予他们专折奏事的权力。这样就使维新派的地位骤然上升，康有为也由一无足轻重的书生，一跃成为光绪帝的变法总顾问，变法维新的总设计师。维新派地位的变化，使他们对光绪帝心存感激，也就专心维护君权，推行新政了。因此，维新派把变法的希望全部寄托在光绪帝的身上，放弃了"抑君权"之说，也就成为顺理成章的事了。

由于上述两个因素，康有为在戊戌维新期间改变了他以前鼓吹的兴民权、设议院的政治主张。但这只是策略性的改变，扶翼君权并非是他的初衷，他真正的政治主张仍是兴民权。所以，当他流亡到国外后，又恢复了他在百日维新前的主流思想，继续宣传民权思想，对专制制度进行抨击。他在《官制原理篇》中大胆而鲜明地宣传君主立宪思想。由此可知，《戊戌奏稿》中所增加的"兴民权，立宪法，开国会"的主张，正是康有为流亡海外后的政治主张。也可以说，是他早期政治思想的复归。

除此以外，康有为在《戊戌奏稿》中增加立宪法、开国会等新内容的另一个原因，是为了和以孙中山为首的革命派夺取民众的需要。

二十世初，革命潮流风起云诵。而此时康有为、梁启超等人坚持保皇立场，主张君主立宪，企图以立宪取代革命。因此，革命派和立宪派的斗争日益尖锐，双方展开了激烈的论战。革命党人曾批评康有为，说他在百日维新期间，放弃了早期开国会、立宪法、兴民权的主张，以新政要人自居，整日围着皇帝转，指望得到重用，忘记了原先的立场。革命派的这些批评，正击中了康有为的要害，使他在政治上处于十分被动的地位。为了使革命派失去进攻的凭据，并对革命派进行回击，摆脱不利处境，他在1911年出版《戊戌奏稿》时，把立宪法、开国会及抑君权的内容加在奏文中。

当然，造成《戊戌奏稿》改篡的其他原因也应该承认。如康有为当时匆匆出逃，奏疏手稿被抄没遗失，所以编辑《戊戌奏稿》时，只能凭追忆来补撰，与原折有一定差距，这也是情理之中的事。

# 第九章 流亡海外

## 一、拒绝革命

康有为乘英轮"琶理瑞号"一到达香港，香港总督勃来克便安排他住在警察署的楼上，以防不测。康有为觉得这样行动不方便，不久便借住在老朋友何晓生家。

香港也并非安全之所，因为香港和大陆相毗连，清政府派出的爪牙暗哨随时都会跟踪而至。因此，康有为准备东渡日本，寻求安全的避难所。

10月1日，康有为在香港致电日本驻华公使矢野文雄："上度国危，奉密诏求救，敬请诣贵国，若见容，望电覆并赐保护。"9日，日本内阁首相大隈重信电令日本驻香港领事上野季三郎，让他转告康有为，日本政府愿意提供保护，他随时可往日本。

当时日本志士宫崎寅藏正在香港，他曾与康有为会晤，见"他敝衣垢面，眼光明亮，面有愁容，足以引起侠士的同情"。宫崎寅藏非常重视康有为，想利用这个机会促成他与孙中山之间的合作，以便通过他们在中国打开新局面。而日本政府在决定接纳康有为等人流亡日本后，特意派了两名警察对他严密保护，"不令出门，亦不许人往访"。康有为在香港住了二十天，在征得日本政府同意后，于10月19日偕同弟子、从者六人，由宫崎寅藏、宇佐稳末彦陪同，乘日轮"河内丸号"离港赴日本。因为有日本政府中的最高层人士的帮助，康有为顺利地逃亡到了日本。这件事的大部分由同文会的领袖近卫笃麿从中穿针引线，而且他还暗中参与了此事的全过程。

日落西山，客轮乘风破浪，暮色苍茫中，香港的山峦城郭渐渐模糊了。康有为虽然逃脱了清政府的追捕，但而今当真要远离生他养他的祖国，奔赴异国他乡吗？望着那波涛汹涌的大海，回首那渐渐消失的海岸，他一阵心酸，不觉黯然泪下。就这样，康有为怀着无限依恋的心情，被迫痛苦地离开祖国，开始了他十六年流亡海外的生活。然而，当他一想起光绪皇帝在这次政变中只是被囚禁而并未

杀害时，心中又感到一丝渺茫的希望。

经过几日的海上颠簸，祖国的山山水水在眼前消失了，隐约望见的是异国他乡的琉球岛。康有为心潮澎湃，百感交集。在激动中他不禁题诗一首，寄情寓志：

> 海水排山通日本，天风引月照琉球。
> 独运南溟指白日，鼋鳌吹浪渡沧洲。
>
> 梨洲乞师曾到此，勃胥痛哭至于今。
> 从来祸水堪流涕，信信神州竟陆沉！

在诗中康有为借用古代两位义士外出求救兵救危的故事。梨洲，即指黄宗羲，清朝入关后，朱明遗族在南方建立南明政权，进行抗清。黄宗羲时任南明政权的左副都御史，曾到日本长崎请求日本政府援兵抗清，无果而返。勃胥，即春秋时期楚国申包胥，楚国遭吴国攻打，形势危急时，申包胥"哭秦廷"，感动了秦哀公，秦出兵救楚，使楚国得以保全。

康有为借古言志，以此来说明他到日本绝非单纯为了避祸，而是身负历史的重任，即拯救大清皇帝，挽救维新事业。

康有为于10月24日午夜乘船抵达神户，在外务省书记生高桥橘太郎陪同下，趁着浓浓的夜色，秘密登岸，第二天，他经过乔装打扮，直奔东京，与先期到达的梁启超会合，然后在麹町区平和町四丁三番地三桥旅馆住下。在日本政治避难之初，进步党领袖大隈重信任内阁总理大臣，犬养毅任文部省大臣，他们对中国维新派非常友好，康有为等人起居生活费用一律由日本政府提供。不久，康有为会见了日本领袖人物，受到内阁总理大臣大隈重信的热情接待，并在11月12日与近卫笃麿本人谈了很久。近卫在谈话中把明治中兴的长期准备与百日维新的仓促实行作了对比。近卫再次强调了他一贯的主张，即认为中日两国具有共同的政治和文化背景，因此必须实行亚洲门罗主义。

当时孙中山正在东京从事革命活动，他深情地回忆起早年他在广州与康有为一段不很愉快的交往。康有为那时还在广州长兴里讲学，尤其喜欢浏览西学译本，只要是上海广学会出版的书报，他都一一订阅。当时有一位名叫左斗山的基督徒，在广州双门底开设了一家圣教书楼，专门销售新学书籍。后来，康有为把讲堂移到广府学宫仰高祠，这里离双门底圣教书楼更近，他就经常出入书楼选购西书了。

孙中山从香港西医书院毕业后，便从1892年秋季起，先后在澳门、广州两地药局开始行医。由于孙中山与左斗山关系密切，便在圣教书楼内借了一个房间开设诊疗所，同时暗中物色同志。孙中山发现康有为经常来书楼购书，知道他对西学很感兴趣，就想与他联络，于是便托友人先向康有为表明诚意。康有为比孙中山大八岁，向以王者之师自居，竟然说孙某如想和他结交，必须拿门生帖前往拜其为师，孙中山对康有为的妄自尊大感到不满，也不愿屈驾折节，这件事也就不了了之。

1895 年，孙中山在广州建立农学会，这时他仍然不计前嫌，热情地邀请康有为和陈千秋等人加入。陈千秋很想参加，但师命难违，最终没有加入此组织。这年春天，孙中山让陈少白到上海召集同志，准备回广州发动起义。陈少白到上海后，住在洋泾浜全安栈的十九号房间，这时有人对他说："康圣人来了！"他这才得知康有为、梁启超二人此次是进京会试，路过上海，与他同住一客栈。他后来回忆此事时说道："康有为系志大言大之人，我们久欲延揽他同办大事。我想到在那年的春天，我和孙先生特地到广州去找他，到他那广府学宫里面教学的万木草堂，刚巧他还没有开学，没有见着。这一次我到上海，竟能与他同住一个栈房，我当然要去见见他了。"当时康有为就住在二十一号，于陈少白相隔不过几步之遥，于是陈就登门拜访。他敲了半天门，房门才轻轻打开，一个人伸出头来和蔼地问道："你找哪位？"陈少白回答道："我要见康先生。"对方忙客气地答道："我就是康某，你请进来谈罢。"陈少白一进门，康有为就又把房门关上。客房内光线不太好，空气沉闷，但康有为在房间里，仍是长袍马褂，正襟危坐，说话时常拱手相敬，这令仪态大方的陈少白不由肃然起敬。他们的谈话气氛还是很融洽的。陈少白说："现在中国的情况已很危急，满清政府实在太无能，非改革一下不可！"康有为一再点头说："你讲得很有道理。"后来，梁启超也进来了，他们三个人谈了几个小时，从此他们便相识了。

这一年的秋天，孙中山发动广州起义，由于准备不足，起义很快失败。而后不久，康有为派出门徒梁启超、麦孟华、欧榘甲等于 1896 年在上海主办《时务报》，派徐勤、何树龄、康广仁等于 1897 年在澳门主办《知新报》，这份报纸倡言改革，名噪一时。同时，革命派杨衢云、谢缵泰等与康有为的代表康广仁、何易一在香港秘密商谈两派合作事宜，由于种种原因，未能达成任何协议。

1987 年冬，日本横滨侨商邝汝磐、冯镜如等在中华会馆创办学校，教育华侨子弟，想从国内延聘新学之士为教师，请孙中山帮忙。孙中山以兴中会缺乏文士，与陈少白商量，准备推荐梁启超充任并代定校名为"东西学校"。邝汝磐派专人持陈少白介绍信赴上海见到了康有为和梁启超。康有为认为梁启超方主笔《时务报》，脱不开身，就推荐徐勤当此重任，让康门弟子林奎、陈汝成、汤觉、陈和泽等充任教师。康有为又觉得"东西"二字不雅，故把它更名为"大同"，

并亲书"大同学校"四字门额相赠。徐勤到达日本后主持大同学校校务，与孙中山、陈少白经常接触，互相讨论时政得失，颇为投机。那时他们往来异常亲热，不分彼此。但是，时过境迁，1898年夏，光绪皇帝接受维新派政治主张，宣布实行新政后，康有为的政治地位骤变，常以帝师自居，徐勤等也获得重用。这时他们认为维新有望，中国有救，反而怕革命党牵累了他们的维新大业，所以，渐渐疏远了孙中山、陈少白等人，从此以后，两派门户之见日甚一日。

不料，百日维新好景不长，慈禧太后发动政变，临朝训政，光绪帝被囚瀛台，六君子魂断菜市口，变法维新彻底失败。康有为、梁启超也由皇上的座上客变成清廷缉拿的逋客，他们都先后逃亡到了日本。其政治地位又重新降到与革命派同等水平。

孙中山领导的革命派对康有为为首的维新派始终采取积极合作的态度。在百日维新高潮时，他们钦佩维新派救国救民的举动，也衷心希望中国从此能振兴起来。当维新派失势时，孙中山等不计前嫌，对维新派伸出真诚的双手，他们曾经委派日本友人宫崎滔天、平山周等前来帮助康有为与梁启超脱险。康有为从香港逃亡日本的途中，就是由宫崎滔天等陪同到达日本的。孙中山以一个革命家的博大胸怀，表现出要同康有为合作的真诚愿望。

康有为、梁启超逃到日本后，孙中山认为彼此都是清廷逋客，应有同病相怜之感，准备亲自前往慰问，以示友好。为此，他曾通过日本友人宫崎滔天、平山周向康有为表达心意。然而康有为表示自己奉有光绪帝的"密诏"，和革命党人往来有诸多不便，拒绝与孙中山见面。后来，孙中山又通过日本友人犬养毅从中做工作，组织一次由孙中山、陈少白、康有为、梁启超四人的会谈，商讨两派合作方法。但是，康有为拒不到会，只派梁启超为代表参加会谈。由于维新派领袖不到会，会谈自然不会有什么结果。

然而，孙中山并不气馁，过了几日后，他又派陈少白拜访康有为。陈与康反复辩论了三个小时，向康有为晓以形势，请康有为改弦易辙，共谋革命大业。后来，陈少白在他《兴中会革命史要》中，对这次会谈经过作了以下记述：

> 我对康有为说："满清政府已不可救药，先生也要改弦易辙了。今日局面，非革命国家必无生机。况且先生以前对于清政府不算不尽力，到现在他们倒要杀你，你又何苦死帮他忙呢？"康有为说："无论如何不能忘记今上的"。我说："要是先生是个没有出息的人，我倒可以不说，如果你自命为一个当今之世舍我其谁的人物，那末你不能为了今上待你的好，就把中国都不要了。所以请先生出来的意思，就是不以私而忘公，不以人而忘国……"康有为没有什么好回答，只说了"今上"怎样

好，差不多比尧、舜、汤、武都要胜过几倍。我同他三个师弟反复辩论了三点钟，末了他还说我不知其他，只知"冬裘夏葛"而已。

康有为始终坚持的一信条，就是"今上圣明，必有复辟之一日，余受恩深重，无论如何不能忘记，惟有鞠躬尽瘁，力谋起兵勤王，脱其禁锢瀛台之厄，其他非余所知"。由于康有为昧于形势，拒绝与孙中山合作，从而错过了与革命派联合共建大业的有利时机。但是清朝反动统治者并不因此轻恕他们，而是把康有为与孙中山同等看待，咬定康有为是孙中山的党羽，认为他们都是清朝统治最危险的敌人。1898 年 10 月 13 日，掌广西道监察御史杨崇伊曾密奏慈禧太后说"康逆为孙文羽翼"，"康梁避迹，必依孙文，此人不除，中华无安枕之日"。要求设法把孙中山和康有为等叛逆一网打尽。很明显，清朝反动统治者镇压了维新运动以后，已经证明它是不容许任何改革的，早已成为维新派和革命派的共同敌人，两派理应联合起来推翻清朝统治。可惜康有为迷信恢复光绪帝的权位后，尚可再行新政，拒绝同孙中山合作，从而铸成了一个历史性的错误。

# 二、忠君保皇

康有为自流亡到日本后，就开始在海外四处活动，勤王求救。他效仿春秋时期楚国贵族申包胥为救楚伐吴而"哭秦廷"的故事，先后在日本、加拿大、英国等国游说，试图说服这些国家，出面帮助光绪帝复位，从而使中国的维新变法继续推行下去。康有为在劝说各国当局的同时，还在这些国家的华侨中进行活动，希望把华侨的力量聚集起来，拯救光绪皇帝。

1899 年 4 月 3 日，康有为偕容闳等人，并由日本人中西重太郎担任翻译与护卫，从横滨乘"和泉丸"横渡太平洋赴加拿大，于 4 月 16 日抵达温哥华，他们在维多利亚、温哥华，受到当地华侨的热烈欢迎。

4 月 20 日，康有为在温哥华发表演说，宣扬忠君爱国思想。他宣称，如今国势危急，四万万同胞生灵涂炭，这一切都是由于西太后一人不愿意变法造成的。他向海外华侨发出号召："联络并起，以自救其国，而自救其家，否则将来无国可归矣。"演说快要结束时，康有为激动地站起来，大声叫道："我今谨问各乡里兄弟大众，愿齐心发愤救中国否？愿者拍手。"台下数千百人立时应声而起，举手拍掌，有几十位洋人也应声起立，举手拍掌。他又大声问道："惟我皇上圣明，乃能救中国，今既幽囚，大众愿齐心发愤，救我皇上否？愿者拍掌。"台下数千百人又都立即应声拍掌。见此情景，康有为感慨地说："我兄弟如此齐心，

人之所欲，天必从之，皇上必可保存，而中国可望救矣，愿共发愤。"这时，台下千人齐声欢呼，久久不肯离去。

此后不久，康有为又渡大西洋，于5月31日抵达英国伦敦，希望通过前海军大臣柏丽斯子爵的关系，说服英国政府帮助推翻那拉氏政权，扶助光绪帝复位，结果失望而归。他只好重回加拿大维多利亚、温哥华，于7月20日，召集华侨李福基、黄宣琳、冯秀石及其子冯俊卿、徐为经、骆月湖、刘康恒等集会商议创立保商会。康有为的女儿康同壁这样解释道："华侨十九皆商，故保商即保侨，亦即团结华侨以爱卫祖国之会也。旋有人献议保皇乃可保国，乃易名保皇会。时那拉后与守旧派正谋危光绪，故保皇云者，当时抗那拉氏之谋而言，此保皇会之缘起也。"

后来，黄宣琳提出建议说："倡保商不如保皇为妙"。这正合康有为意，他立即拱手称谢，并说："我先倡保商为名，实和保皇政策起见"。于是，康有为等人便把保商会改名为保皇会，并于1899年7月20日正式成立。保皇会的全称为"保救大清光绪皇帝会"，也称为"保救大清皇帝公司"，或称"中国维新会"。

第二年春天，保皇会公布了其纲领和规章制度，即"保救大清皇帝公司序例"，在"序"中首先用大量事实揭露了列强对中国的侵略和慈禧太后等顽固派卖国求荣的丑恶行径。只有救出实行变法、爱民如子的圣主光绪帝，才能救中国，救我四万万同胞，舍此别无它法。因为"我圣主一复位，则以中国之君权，雷厉风行，期月三年，中国已可自立矣"，所以，一定要把圣主救出瀛台。在"例"中，首先，阐明了保皇会的宗旨。"例"中说，保皇会是奉光绪帝交杨锐带出的密诏而成立的，所以保皇会宗旨是"专以救皇上，以变法救中国救黄种为主"。其次，明确了保皇会员的资格，"例"中说："遵奉圣诏，凡我四万万同胞，有忠君爱国救种之心者，皆为公司中同志。"第三，规定了关于通讯、立总公司所、宣传等事宜开始时，以澳门《知新报》、横滨《清议报》两报馆为总公司所在地，并以两报为宣传阵地，进行保皇救国宣传。第四，说明所受捐款的用途及对捐款款出力许以奖励。规定公司接受的捐款，用以招养忠义之士，酬劳奔走讲劝劳力之人，用以办报宣传，或开办实业，保护工商。将来有一天，一旦皇上复位，"必奏请皇上，对出力捐款之人，照军功例破格奖赏"，并许诺，"凡救驾有功者，布衣可至将相"。最后，还决定设分会于美洲、南洋、港澳、日本各埠，各埠推举总理，做为总会的分支机构。顾名思义，保皇会的宗旨可以概括为保救光绪帝，"忠君爱国"。

康有为在《序例》中，公布了光绪帝让杨锐和林旭带出的两份密诏，但其中之词被他作了篡改。光绪帝密诏的原诏是"汝可迅速外出，不可延迟。"原是让康有为出京师躲避顽固派的攻击。而康有为却把林旭带出的密诏改篡为"汝可迅速外出求救，不可延迟。"内中含义变成了让康有为外出寻求救兵。康有为如此篡改密诏的意图是使他在海外的勤王求救活动，披上一层奉诏求救的外衣，从而使他进行的活动更加名正言顺。这种篡改密诏的行为不是为一己之私利，而是为救上保国。所以，他的动机是可以理解的。

保皇会成立后，康有为被推举为会长，梁启超、徐勤为副会长。该组织由支会、总会、总公司三级机构组成。支会是基层组织，由一埠或附近几埠组成；总会是中层组织，由一个国家或一个地区构成；总公司最高领导机构。各埠各会都推举出总理、副总理、值理若干人，各会立管库、管数、中西文书记人。1900年，保皇会又公布了《保皇会草略章程》，决定总公司设在香港和澳门，这样和各埠联络起来，更加方便。

保皇会一成立，康有为就以总会为中心，把弟子门人徐勤、梁启超、欧榘甲、梁朝杰等，派往美洲和澳洲，进行宣传鼓动和组织工作，把保皇救国的思想在五洲四海传播。

保皇会有多种多样的活动，如祝寿庆礼，哀祭英烈，声讨慈禧顽固派，吁请光绪帝复位等。他们通过这些形式，表达了忠君爱国的思想。

保皇会成立半个月后，适逢光绪帝三十岁生日。因此，为光绪帝寿诞举行庆典成了保皇会的第一次重大活动。1899年8月4日，美洲华侨在维多利亚等六七个埠地集会，他们燃炮升旗，举行盛典。康有为亲自到维多利亚中华会馆，率领众华侨行礼跪拜，"龙牌在上，龙旗在顶，乡人无商工贵贱老幼，长袍短褐，咸拳跪起伏，九叩首，行汉官威仪"。他们在异国他乡遥祝圣上身体安康，圣寿万年。

从这以后，保皇会形成了一个惯例，就是每年都为光绪帝"遥祝"圣诞，直到光绪帝死去。

为了使忠君爱国思想深入人心，家喻户晓，从而激发广大华侨的爱国之心，康有为在保皇会成立不久，即应华侨们的要求，写出了《保皇会歌五章》、《爱国歌》和《爱国短歌行》等，在华侨和保皇会员中传唱。这几首歌的歌词通俗流畅，饱含激情，很有感召力。

《保皇会歌五章》又称《诵救圣主歌》歌词这样写道：

　　我皇上之仁圣兮，舍身变法以救民。维百日之新政兮，冠千古而耸万国人。

　　痛奸贼之篡废圣主兮，尽撤新政而守旧。日卖地而卖民兮，嗟吾四万万人其将为奴绝种而囚后。

　　哀瀛台之幽囚兮，渺海波之浩隔。痛衣带诏之求救兮，伊中外而求

索。望黄种忠爱之壮士兮，思舍身救民之恩泽。共洒血以救圣主兮，乃
可以新吾国。

　　皇上之不变法兮，可以不废。皇上之救民兮，遂丧宝位。皇上之舍
身为我民兮，胡不陨涕。

　　皇上之不复位兮，中国必亡。皇上之复位兮，大地莫强。同志洒血
而愤起兮，誓光复夫我皇。


歌词悲壮豪迈，抒发了一片思君忧国之情。

《爱国歌》歌颂了祖国的青山绿水，矿产森林，灿烂文化，和中华人民的勤
劳勇敢，乐善好施，聪明才智。但由于词曲较长，不便于记忆和传诵，因此，康
有为将《爱国歌》加以提炼概括，遂成《爱国短歌行》。歌词这样写道：

　　神州万里风泱泱，昆仑东南海为疆。岳岭回环江河长，中开天府万
宝藏。地兼三带寒暑藏，以花为国丝为裳。百品杂陈饮馔良，地大物博
冠万方。

　　我祖黄帝传百世，一姓四五垓兄弟。族谱历史五千载，大地文明无
我逮。全国语文同一致，武功一统垂文治。四裔入贡怀威惠，用我文化
服我制。五洲独尊主人位，今为万国况竞争时。惟我广土众民霸国资，
遍鉴万国无侣之。我人齐心发愤可突飞，速成学艺与汽机。民兵千万选
健儿，大造铁舰游天池，舞破大地黄龙旗。


康有为再次歌颂了祖国的地大物博、悠久历史和灿烂的文明。他热爱祖国的
山川土地和中华民族的优良传统，这充分表达了一个流亡者对祖国的眷恋之情。
他是一个爱国主义者，为了祖国的强盛，民族的繁荣，他呕心沥血，费尽心机。
但是，他的爱国情怀在行动上仅仅只停留在"救圣主"之上。他认为只有救出圣
主，才能拯救中国。这是把中国的安危系于光绪帝一身，不能不说这是十分狭隘
的爱国主义。

虽然康有为的爱国救国有其局限性，但是，他的忠君救国思想还是赢得广大
华侨的响应，所以，他受到了广大华侨的普遍支持。如新加坡华侨丘菽园，无论
在舆论上还是经济上都给康有为以大力支持。丘氏创办的《天南新报》这样称赞
康有为："康有为抱忠君爱国之心，具济世匡时之略，为光绪君所大用"。丘氏还
资助康有为十余万元的活动经费。康有为能得到广大华侨的支持的原因主要有两
点：一、康有为曾经领导了维新变法运动，这是反对帝国主义侵略，要把落后保
守的旧中国改变为国强民富的新中国的运动，符合国内人民和海外华侨的意愿和

利益。华侨虽身居国外但也渴望祖国的振兴和繁荣。只有祖国强盛，他们才有民族自信心和自豪感。所以，他们对康有为和保皇会的活动大力支持，他们这样认为："如我圣主崛起而行新政，康先生佐之，诚救之急急，莫急于此者也。"二、康有为宣传保商保国，关心侨胞，更是直接体现了侨胞的利益。早在百日维新期间，康有为就曾呈上《条陈商务折》，要求光绪帝重视商业。流亡海外后，他在演说中也多次提到保商问题。保皇会原拟定名为保商会，后虽定名保皇会，但一直坚持保商原则。保皇会还利用大宗捐款，直接创办实业，他们开设银行，发行股票，投资交通，经办工商，发展经济。康有为及保皇会发展经济的措施和手段都给予主要从事工商业的华侨以有力的支持。所以广大华侨支持他们的政治活动也就成了理所当然的事了。

保皇会是第一个统一的海外华侨组织。它对促进海外华侨的团结，增强华侨的凝聚力，发挥海外华侨的爱国之心，都起到了巨大的作用，具有进步的历史意义。

保皇会组织发展较快，1900 年，保皇会组织遍及五大洲二百多埠，会员有百余万之众，使保皇爱国的思想吹向了世界每一个角落，也把忠君救国的种子撒遍全球。

# 三、起兵勤王

保皇会前期的活动，确实在政治上起过很好的作用，这一点应该予以肯定。它的斗争锋芒直接指向以慈禧太后为首的清政府顽固派。在抵制慈禧太后企图废黜光绪帝的斗争中，就造成了很大的声势，最终使慈禧放弃了废旧立新的企图。戊戌政变后，荣禄大练武卫中军，拥兵自重，这为进一步镇压维新活动和废黜光绪帝提供了武力后盾。次年，荣禄向慈禧献计立"大阿哥"作为同治帝载淳的子嗣，以便取代光绪帝。

1900 年 1 月 24 日，慈禧太后召集王公大臣，决定立多罗端郡王载漪之子溥仪为"大阿哥"，预定于 1900 年 1 月 31 日让光绪帝正式让位，并改元"保庆"。此事谋划于光绪二十五年己亥，故史称"己亥建储"。康有为事前在香港的报纸上看到一条关于慈禧太后准备召见承恩公崇绮的消息，不禁大吃一惊。他敏锐地意识到这是一个大阴谋。崇绮是同治帝载淳皇后的父亲，自从立光绪帝二十多年来，慈禧一直未召见过他。如今突然特召，一定是为载漪立子嗣，准备废掉光绪帝。光绪帝是康有为组织的"保救大清皇帝公司"的灵魂，如果光绪帝被废，保皇会就失去了存在的根据。他当即火速电告各地保皇会，要他们纷纷致电北京，

反对立储帝，如果慈禧还不听，则起兵勤王，当时各埠群起响应，颇有声势。"连日四十六埠之电，百余万人之名，已入京师。那拉后每得一电，辄色变，荣禄手颤衣震，深恐民心之变也。遂于二十七日下伪谕为皇上祝三十万寿，于是废弑之事不成焉。"

这显然是夸大了保皇会的作用，因为此事亦未获得各国公使的支持，他们拒绝入贺。一些地方大吏如两江总督刘坤一，也假借"君臣之分已定，中外之口难防"加以反对。上海电报局总办经元善又领衔发动沪上名流叶瀚、张通典、章炳麟、丁惠康、唐才常、经享颐等一千二百三十一人联名通电反对，他们在电文中说这是名为立嗣，实则废主，这说明"勤王"也是当时上海资产阶级和社会各界的普遍要求。正是在国内外一片反对声中，才使清廷"建储"阴谋未能得逞，从而保证了光绪皇帝的地位。

自成立保皇会后，康有为由维新转向了保皇，维新派也就变成了保皇派。他们对被幽禁的光绪帝念念不忘，试图利用一切机会，使光绪帝复位。利用唐才常"自立军"发动庚子勤王，就是他们在义和团运动的混乱时机举行的一次果敢行动。

唐才常（1867—1900年），字黻丞，文字佛尘，号洴澼子，湖南浏阳人。早年曾人长沙校经书院、岳麓书院及武昌两湖书院学习，喜欢今文经学，好读"托古改制"之说。戊戌维新期间，与谭嗣同等在浏阳创办算学馆、开湖南维新风气之先，又在长沙编辑《湘学报》，参加创办时务学堂和南学会等，宣传资产阶级民主民权思想，被时人誉为"浏阳二杰"。"百日维新"高潮中，应谭嗣同电邀，唐才常欲赴北京参与新政，行至汉口，政变猝起，于是折回湖南，前往上海，流亡日本。这年冬天，唐才常与康有为会晤，并拜在康有为门下，他发愤"树大节，倡大难，行大改革"，康有为闻知很高兴。经过这次会晤，他们共同拟定了在两广和长江流域起兵勤王的计划。不久，他奉命回国，一开始奔走于两广和长江中下游流域，四处联络"南方党人"，到勤王活动正式展开，他专门负责沿江一带的事务。

1899年秋天，唐才常取道香港、南洋再转赴日本，在兴中会员毕永年的介绍下，在横滨会见孙中山。当时，孙中山正组织兴中会成员酝酿发动惠州起义。唐才常当即与毕永年一起极力主张孙、康两党应联合行动，共举大事。此次会见，唐才常与孙中山共同商讨湘、鄂及长江起兵计划，甚为周详。接着，唐才常便与梁启超、秦力山、吴禄贞、林圭等在东京集会，具体商讨起义办法。最后决定，利用会党发动起义，先夺取武汉三镇为根据地，让林圭回国联络发动会党，组织义军，康有为、梁启超负责募集饷糈，由唐才常负总责。另外还有二十余名留日学生准备回国给予协助，他们大都是兴中会员。

同年秋天，唐才常、林圭分别回国。当林圭等归国时，梁启超、沈翔云等在红叶馆设宴送行，孙中山、陈少白、周平山、宫崎滔天皆在座。林圭在临行前，亲自拜访过孙中山，向他请教。孙介绍他为汉口俄国商行买办、兴中会员容星桥。与此同时，孙中山还派毕永年偕日本人平山周赴湘、鄂各地视察哥老会实力。毕永年等到达汉口后，会同林圭，三人往返于湘、鄂之间，联络哥老会党。这些事件表明，长江流域的自立军起义是革命派与保皇派联合发动的。

1899年冬天，唐才常在上海组织正气会，后改称自立会，以"务合海内仁人志士，共讲爱国忠君之实，以济时艰"为宗旨。以自立会为核心，联合会党成立自立军。为和会党拉近关系，唐才常按会党的组织习惯，开设"富有山堂"，推康有为、梁启超做正、副"龙头"，散发富有票，作为加入自立会的凭证。自立会建立起来后，其势力范围是以两湖为中心，辐射豫、鲁、粤、桂、苏、皖、浙、闽等省，会党群众多达百余万人，并在武汉清军中的下层士兵中间开展活动。自立军很快也发展壮大起来，共建有七个军，二万余人，推唐才常为总统兼总台。

1900年7月26日，唐才常邀集各省在上海驻足的社会名流，以"保国保种"为由，在上海张园召开"国会"，到会的有容闳、严复、章太炎、毕永年等共八十多人。举容闳为会长，严复为副会长，唐才常为总干事。但是，参加会议的成员成分较为复杂，除唐才常和几位密友外，很少有人知道自立会的机密，很多人不过是对国会民权新说感兴趣，乘兴来会。所以，会议的目的不明确，"国会"宣布的宗旨也自相矛盾，如其宗旨说：一、"保全中国自立之权，创造新自立国"；二、"决定不认满清政府有统治中国之权"；三、"清光绪皇帝复辟"。很显然，否认清朝政府，就不应保存清国和光绪皇帝，可见，他们的宗旨自相矛盾，态度模糊不清，这正反映了唐才常的思想深受革命和保皇两派的共同影响。

当时，北方正在发生义和团起义，北京局势混乱，唐才常等认为这是举行起义的大好时机。于是，在"国会"召开之后，唐才常等即到了汉口，计划把自立军分成五路，密定于8月9日，在汉口、汉阳及安徽、江西、湖南同时举兵起事。

但是，由于康有为、梁启超给自立军的军饷迟迟未到，自立军粮食、军械等发生困难，所以起义被迫延期。因长江戒备森严，负责在大通县起兵的自立军前军秦力山未能接到延期通知，故仍按期行动，以"讨贼勤王"名义占领了大通县城，终因孤立无援，两日后失败。

大通起义失败后，唐才常又定于8月23日发难。但是，由于事泄，未及举事，张之洞即于22日凌晨，派人把设在汉口的自立军领导机关包围，并封锁轮船码头等，唐才常、林圭等二十余人被捕，当日深夜英勇就义。自立军起义就此

失败。

由于唐才常与革命派和保皇派都有联系，致使自立会的宗旨模棱两可，如既主张变旧中国为新中国又力主谋皇帝复辟。因而也使自立军的情况扑朔迷离。从而导致清廷认为康有为是自立军起义的总指挥，唐才常是康逆死党，张之洞借题发挥，说康有为所创保皇会，不过是借名作乱。但这也从中反映了康有为在自立军起义中的作用和影响。

1900年，康有为多次策划武装勤王。除了利用唐才常自立军起义勤王外，他还在两广地区组织力量，试图武力勤王。

1900年初，康有为指派其弟子徐勤、欧榘甲、张学璟、梁炳光等相继归国，以澳门《知新报》馆作为活动中心，联络党人，在两广地区积极地展开活动。

组织勤王军是两广勤王活动的基本内容。为此，康有为等改变了维新变法时期目光向上的作法，在广大下层群众中广泛争取各种力量。具体对象以会党为主，如散勇游民、防军员弁也是他们招集的对象。为招揽会党，欧梁甲和张学璟曾加入三合会，同会党中人来往密切，收效很大，把两广会党领袖纷纷汇集到勤王旗下。康有为当时往来信函中提到的区新、傅赞开、康四、林玉、陈翼亭、陈紫瀛、李立亭等，都是会党人物。区新、傅赞开与康有为是同乡，号称拥有徒众三千，被官府视为"广东著匪"。而李立亭抚有广西玉林所属各县会党，曾于1898年发动陆川起义，影从者多达十余万，震惊全国。

康有为、梁启超除联络会党外，还从海外华侨中募人充军。1900年春夏间，梁启超先后从檀香山派回数人奔赴广东、广西，为勤王活动作军事参谋。康有为弟子梁启田还在加拿大开"兵会"，邀人参军，很多回国的，后来都成为两广勤王军骨干。

康有为等在组织勤王军的同时，还就战略问题同梁启超等人进行了讨论，讨论焦点集中在广东、广西哪个地方先发兵为宜。在此问题上他们内部产生了分歧，各持己见。康有为坚持首先在广西发难，理由是广西敌人兵力薄弱，有取胜的把握，而广东一方面有李鸿章坐守，同时外国利益也大，不但敌人兵力强大，而且一旦起事，还有可能招致列强干涉。所以，极力主张在广西起兵，至于起兵后的方略，他主张立即挥师北上，"以全力取桂，袭湘攻鄂，而直捣京师"。具体设想是，起兵之始，由陈翼亭所部精兵数千，自镇南关突袭桂林，一旦成功，各路人马立即高举勤王旗号，收复广西全省。占领广西后，即命区新、李立亭等数路进攻湖南，并联络黄忠浩等清军将领，里应外合袭击长沙。然后向北挺进，会合唐才常属军，一举攻破武昌，控制长江流域。然后，入河南，进直隶，直逼京师，造成"京师大乱，破之必矣"，"圣主可救，而中国必可保"。

梁启超等对康有为的主张持不同意见。梁启超力主先占广东，并建议拥据广州为"开府"之地。其理由有二：其一，用兵应先有根据地作为依托，若孤军深入，很容易被张之洞辖下劲敌所破，而勤王军士兵多为广东籍，能夺广东作根本，则士气愈盛，进取愈勇。其二，起事后如果仓促进兵受阻，势必迁延时日，招致国外干涉。所以，他认为："最要之著，莫如先开府"，办理外交、内政，用事实取信各国，使他们相信维新派确实有能统治国民的力量，从而同情和支持勤王运动。至于攻取广东的途径，梁启超设计了两套方案，上策是先以龙州起事调动驻粤清军，然后由广东勤王军乘虚而入，夺取省城；下策是放出风声，说将要攻入湖南惠、湖、嘉地区，先由小股部队发动起义，同时以龙州之众，再迫使清军分兵赴援，待入桂清军行至平乐、阳朔间，即派出大军夹击歼灭，然后顺珠江而下，与西江、肇庆一带勤王军会合，进据广州。

双方战略分歧持续数月，不能统一。康有为命主持两广勤王的徐勤诸人"以全力、全饷、全才注西"，"以全饷购械，成西事"。但徐勤等消极对待师命。同年6月上旬，康有为又催促徐勤尽快起事，但仍未见动静。

7月8日，清政府把李鸿章调回北方任直隶总督兼北洋大臣。随着时局的变化，康有为的勤王战略也有所变动，赞成首先在广东举事。但他仍犹豫不决，他认为"或全力取东，或全力取西，此间不能遥断"。他甚至还设想在两广同时起兵，事前分兵，乃兵家大忌，说明他的军事才能稍逊。

就在康有为为取东或取西举棋不定时，传来了唐才常自立军失败的消息。因自立军起义引起了清廷的警觉，于是在各处加强了兵力，这使康有为在两广起兵的计划无法实行，此事只好无果而终。

两广勤王虽然半路流产，但它体现了康有为、梁启超此时思想上的激进，他们对慈禧一伙控制的清朝政权进行了无情鞭挞，并决心将其推翻。这些都是对国家和人民有益的行动。他们以勤王为名，走上了依靠下层群众武装起事的道路，这也标志着他们对救国途径有了某些新的认识。

# 四、游历四海

康有为自戊戌政变后流亡海外，一直到1913年归国，其间在海外流亡长达十六年。漫长的流亡生活，为他认识世界提供了机遇，因此，他先后漫游几十个国家，遍览了世界各地山水名胜，了解了各地风土人情，对世界有了更深入的了解。回国后，他为了纪念周游世界的经历，请好友著名画家和篆刻家吴昌硕刻了一枚一寸见方的印章，上刻"维新百日，出亡十六年，三周大地，游遍四洲，经三十一国，行六十万里"。这是他在戊戌政变后周游世界的非凡经历，使他终生

受益，难以忘怀。

这里的"游遍四洲"指的是亚、欧、美、非，而现在美洲包括南美洲和北美洲，因此，实际上他是走遍了世界五大洲。他当时所到之地有不少是英国的殖民地，特别在亚洲。按照今天的国家区划，他到过的亚洲国家和地区有：香港、日本、新加坡、马来西亚、印度、锡金、缅甸、印度尼西亚、越南、土耳其、泰国、斯里兰卡、阿拉伯、也门民主人民共和国、巴勒斯坦等十五个国家和地区。他遍访了亚洲的名山大川，收获颇多。

康有为在欧洲游历的国家有：英国、法国、德国、意大利、瑞士、奥地利、匈牙利、梵蒂冈、挪威、瑞典、比利时、荷兰、西班牙、葡萄牙、罗马尼亚、保加利亚、希腊、塞尔维亚、满的加罗（摩纳哥）、直布罗陀等二十多个国家。

在非洲，康有为游历了埃及、摩洛哥两国。

在美洲，康有为游历了北美的加拿大、美国、墨西哥三国和南美的巴西。

在十六年中，康有为共游历的国家和地区多达四十二个，还绕地球三周。他曾四次横渡太平洋，九次跨大西洋，八次过印度洋，还曾光临北冰洋，世界的名山秀水几乎都留下了这位改革者的足迹。他观览世界奇观，瞻仰灵山佛迹，凭吊耶教圣地。他既有赏景时的欢愉，又有触景生情的忧思。他虽周游世界，但其心永系祖国。

康有为先后三次作环球之行，无论是行程还是到过的国家，在国内都是无人可比的。正因为如此，他在《欧洲十一国游记序》中才自豪地说："若我之游踪者，殆未有焉。"

康有为在长达十六年的周游中，既观赏了名山大川又遍访了世界历史名胜古迹，同时还一路寻访了历史伟人留下的足迹。他遍游各国，感慨颇多。他在感叹中常常对中国文化与世界各国文化进行比较，既有欣慰，又有遗憾和伤怀。无论走到哪儿，这位改革家都不忘爱国忧国之情。

康有为三踏日本国土，赏樱花，沐温泉，观瀑布，与日本友人诗礼互答。在印度，他游览沙之汗帝故宫陵，赞叹"地球巨工未有过此"。他至古舍卫城遍访昔日佛迹，骑马登喜马拉雅山南麓，行走于"世界屋脊"，远眺祖国的群山。在锡兰（今斯里兰卡），四访乾地佛迹，登风景绝佳的那厘利，睹千年古塔。往巴勒斯坦，瞻拜耶教圣地耶路撒冷，仰观耶稣诞生地及升天石等。

综观康有为的十六年环球交游，大体上可分为三个阶段：

第一阶段，1898年9月—1904年6月。康有为除在加拿大和英国作短暂逗留外，基本上都是在亚洲活动。他除了游览名胜古迹外，大部分时间从事著述。其间写成的书籍有：《中庸注》、《春秋笔消大义微言考》、《论语注》、《大学注》、《孟子微》、《官制议》等。

第二阶段：1904 年 6 月—1909 年春，康有为多次游历欧美各国。他十次过比利时，十一次进德国，七游法国，八游英国，四游加拿大、瑞士等国。其间，康有为本着寻找救国药方之心，考察了欧美国家的政治、经济和文化。他先后撰写了《物质救国论》、《法国大革命记》、《金主币救国论》等，并撰写了大量的各国游记。

第三阶段，1909 年 9 月—1913 年秋。经过十几年的漫游，康有为已感大地无可游者，并有"大地辙环吾倦矣"之感，因此，他不再远游，先客居新加坡，再至须磨，时刻欲归祖国。1913 年秋，康有为母丧，他奔丧回国，结束了他十六年的流亡生涯，也结束了他周游世界的旅行。

严洲的灵山圣地无不留下康有为的足迹。

欧洲是康有为游历的重要地区，所到国家占他游历各国总和的一半。在意大利，他观赏了古罗马的雄伟的古建筑，如科鲁斯古斗兽场，号称"宇内第一"的圣彼得大教堂，奥古士多宫、罗慕路宫等宫殿。他还欣赏了意大利的绘画艺术，他极力称赞拉斐尔的绘画，认为"凡数千百幅，生气远出，神妙逼真"，并把拉斐尔与我国明代画家文征明作比较，认为他们虽是同时代画家，但拉斐尔为油画，"加以精深华妙"，文征明为意笔，"以清微淡远胜"。此外，他还对罗马博物院、元老院旧址、恺撒和屋大维等古罗马英雄的遗迹，那不勒斯地下古城遗址等进行了参观。

在法国巴黎，康有为参观了著名的埃菲尔铁塔和卢浮宫博物院。他对埃菲尔铁塔大为称赞，称其冠绝宇内，并写诗赞美："摩天九百尺，云构巍岳岳，呼吸通帝座，碧霞仰斑驳……我手携地球，向天天惊愕。"康有为称卢浮宫为"天下第一博物院"。此外，他还参观了巴黎的歓规味博物院和乾那花利博物院，他看到那儿有中国内府国器珍宝列满数架，尤以玉玺为多。如太上皇帝归政玉玺、乾隆御笔白玉方玺、保合太和碧玉玺、听平观察碧玉玺。他触景生情，不禁慨叹，1860 年英法联军侵占圆明园后的大肆抢劫，致使无数国宝至今流落国外。他痛感国家落后，受人欺辱，不禁发出"玉玺迁流国是非"的叹息。

在德国，康有为到柏林参观了王宫及历代先王遗藏殿，参观了著名的克鲁伯炮厂，并到莱茵河访古战垒。他还欣赏了红色瀑布。观光之余，他还拜谒了铁血宰相俾斯麦的雕像，参观了俾斯麦的母校汉那治大学。对俾斯麦雷厉风行的行政风格和丰功伟业，他极为赞赏，称他"谁识当年读书者，如今霸业冠千年"。

在英国他参观了千年诸侯旧邸，克伦威尔的故宫，英国皇家园林等，此外西班牙的王宫、古庙，梵蒂冈教皇宫，比利时的滑铁卢古战场，荷兰的图书馆、动物园等等，都曾留下了康有为的足迹。在荷兰，他特别到彼得大帝易服学艺的造船厂遗址参观，并购买其遗址像、遗像照片共几十张，以赠友人。

在美洲，康有为在美国参观了美国华盛顿议院、铁厂、兵工厂、博物院、百兽园。拜谒美国第一位总统华盛顿故居及陵墓，瞻仰华盛顿纪念塔，凭吊伟人，并赋诗称赞他"不作帝王真盛德，万年民主记三坟"。

在墨西哥，康有为参观了该国第一银矿，武备大学及工厂。更值得一提的是，他受到了墨西哥总统迪亚斯的礼遇。1907 年 6 月 29 日迪亚斯在总统夏宫接见了康有为，表示要大力帮助康有为，并欢迎中国人到墨西哥投资。像迪亚斯这种真诚友好待我之民族的风度，在当时是绝无仅有的。

在非洲，康有为游历了埃及和摩洛哥，他参观了世界八大奇迹之一的埃及金字塔，以及狮身人面像，还到过开罗博物院、亚士浑故京，埃及古老神奇的文化让康有为感到惊奇，使他认识到了古埃及人民的勤劳和智慧。

康有为游览世界各地，但他并非是一个单纯的观光游客，他有特殊的使命。他想通过周游世界，为中国寻找治贫救弱的药方，来完成他未尽的救国伟业。

康有为能够周游世界，这得益于数百万海外华侨的慷慨援助。他海外旅行的经费，就是来自于华侨的捐赠。保皇会在海外募集几百万美元，曾一次就赠送给他十万美元，助他游历各国，考察政治。康有为不负众华侨所望，风尘仆仆，不辞辛劳，要仿效神农遍尝百草，提炼神药的故事，到世界各国，考察其政治、经济、军事、历史、地理、文化等，采撷世界各国的文明硕果，"考其性质色味，别其良楛，察其宜否，制以为方，采以为药"。并以此"方药"来使中国摆脱贫弱的境地。

康有为把考察的重点，放在了经济比较发达，政治制度较为先进的欧美国家。因此，他反复多次进出德、法、英、比、美等国，经过反复对比，他弃其糟粕，取其精华，找到了三条拯救中国的道路：

第一，理财救国。

康有为在流亡各国时撰写了《理财救国论》，他的基本精神是："中国危敝，百政不举，其本尤患于乏财，然生财有道，在善理之。"

他在欧洲旅游时，看到荷兰、比利时、丹麦等小国，面积仅相当于中国的一二府或一大县，但年收入却超过二万万或数千万，财力充足，他认为其财富并非天降地出，而是因为这些国家善于理财。因此，他认为中国致命的要害不是没有财源，而是不会理财。因为，那些为政者多以财政困难为借口，而拒兴物质，故而百事不举。

那么如何理财呢？康有为一针见血地指出，理财之道在于善用银行。他在书中这样写道："所谓理财之道者，妙以银行以为枢，通流至虚之纸币公债以为用，搜藏至实之金银以为备，铸行划一之金币以为符而已。"他把银行的功能特点比作为点金之术，具有"无而能为有，虚而能为盈，约而能为泰"的神奇功能，可以迅速使国家富强，人民文明安乐。

因此，他进一步指出，中国应像欧美国家一样，建立统一的国家银行。"以国家银行为理财之母，纸币听其发行，公债付其销售，以操全国金融之高下多寡而调剂，一切统焉，国家之国库托焉，收支者付银行。其有不足，亦惟银行是资。"这样，就可以保持国家财政独立，不致动辄向外国银行求助，从而有效地维护国家主权的独立。

第二，物质救国，走发展工业的道路。

康有为认为，物质力量的盛衰最终决定一个国家的强弱。这里的"物质"，是指西方近代随着工业革命而兴起的工艺枪炮、机器，以及先进的科学技术等社会物质生产力。为使中国能走上欧、美等国家发展物质生产的道路，康有为在漫游世界期间，写下了《物质救国论》，详细阐述了他的物质救国的理论。

康有为首先指出了中国贫弱的根源。他认为："夫势者，力也；力者，物质之为多。故方今竞新之世，有物质学者生，无物质学者死"，凡是有发展进步的国家，都是由于物质力量的强大。物质就是一种力量，一种在竞争中起决定作用的实力。中国的贫弱不在于别的，而在于不兴物质，"在不知讲物质之学而已"。为此，他为中国开出了一剂"兴物质"，"专从事于物质足矣"的良药。

接着，康有为指出了"兴物质"的方法和途径。

他认为，中国应该先学习工艺、汽电、炮舰与兵器，应派出人员到欧美各国游学，如去苏格兰学机器，到美国学电学、汽机，往德国学习职工，以及到意大利学习艺术等。除了派人游学欧美外，还应在国内开物质学，广泛培养物质学人才。他具体提出了八项开物质学的办法："一曰实业学校；二曰小学增机器制木二科；三曰博物院；四曰型图馆；五曰制造厂；六曰分业职工学校；七曰赛会（劝工场附）；八曰交举而并行，互摩而致精，乃可为也。"在这八项中，最重要的是兴科学，科学为发明创造之本。他指出"科学实为救国之第一事，宁百事不办，此必不可缺者也"。只有科学兴，才能推动物质兴，由此中国才能实现物质发达，国强民富的目标。

第三，政治上实行君主立宪制度。

康有为周游各国后，他在戊戌变法前的兴民权、设议院的政治思想又向前发展了一步。他对英国等国家的君主立宪政体，特别推重，虚君以位，人民获权，君民可以共参国政。他认为立宪的要义在开国会。"国会者，君与国民共议一国之政法也"，并认为中国四万万人中合乎议员资格的人才不计其数。此外，他还解释了"虚君"之意。他指出："人主尊为神圣，不受责任，而政府代之。"这些都说明了他的政治制度思想向前迈进了一步。特别是在保皇会后期，当时清政府预备立宪，他的这种思想表现得更为强烈。因此，他写了这样一首诗，勉励其次

女同壁："民权乃公理，宪法实良图。此是因时药，真为救国谟。"

　　康有为为救中国设计的几条方案，表达了资产阶级要求发展经济和参与政治的强烈愿望。虽然这些方案在当时的条件下无法实现，但它具有深远的意义，代表了中国社会进步的方面。尤其是康有为的物质救国和理财救国理论中的一些合理因素，对中国资本主义的发展有重大的指导意义。

# 第十章　大同思想

## 一、理论渊源

康有为对中国近代历史、中国文化和世界文化思想宝库最重要的贡献是领导了戊戌维新运动和撰写了《大同书》，贯通中西的《大同书》构思较早，但正式成书较晚。康有为自称早在 1884 年就开始"演大同之义"，1885 年就"手定大同之制，名曰《人类公理》"，开始了一个设计未来社会的"大同学"系统工程。

康有为的大同思想，是在特定的时代背景下产生的，可以说是时代的产物。

第一，它是在帝国主义加紧侵略，中华民族面临日益严重的危机形势下逐渐形成的。帝国主义的野蛮侵略，使康有为感到："山河寸尺堪伤痛，鳞介冠裳孰少多！"山河破碎不堪，人民流离失所，列强虎视眈眈，外患日迫，他义愤填膺，并对帝国主义侵略中国，中国人民倍受蹂躏的事实，发出了"难道这是'人类公理'吗"的疑问。

第二，它是在对清政府的腐败政治感到痛恨的情况下形成的。外患日深，中华民族面临生死存亡，但清王朝不思振作，反而"酣嬉偷情，苟安旦夕"，导致"官不择才而上且鬻官，学不教士下患无学"，水利失修，水旱灾害连连，而官吏则依然"游宴从容"，小民则"荡折愁苦"。这样的社会现实，使康有为深感失望和忧郁，他要改变这一切。因而，他"日日以救世为心，刻刻以救世为事"，要创造一个国富民乐，人人平等，天下大同的世界。

第三，它是中国资本主义发展的产物，适应了时代发展要求。十九世纪七十年代后，中国民族资本主义产生并艰难地向前发展着。一些以资本主义生产方式从事经营活动的地主、官僚和富商，转化为早期的资产阶级。在遭受帝国主义经济势力的压迫和封建势力的排挤下，他们有反封建的要求。但是，他们又与帝国主义和封建主义在经济上有千丝万缕的联系，没有彻底反帝反封建的勇气。所以，康有为作为这一阶级的代表，一方面他要求改变封建制度，另一方面又不敢彻底摧毁它。看到西方资本主义比封建主义优越，他主张学习西方，但在思想上

又依附于封建主义，只敢以"托古改制"的方式提出。因此，在戊戌政变以前，他冥思苦想，从西方以及中国古代的学说中吸收他所需要的养分，融合在自己的思想中，建立起一个大同学说的思想体系，作为以他为代表的资产阶级维新派的思想武器。

康有为大同思想产生的理论渊源极其复杂，博采古今中外，成一家之说。对此史学家范文澜作了比较全面的概括："混合公羊家三世说、礼运篇小康大同说、佛教慈悲平等说、卢骚天赋人权说、耶稣教博爱平等自由说，还耳拿一些欧洲社会主义学说，幻想出一个'大同之世'。"由此可见，康有为广泛吸纳古今中外的思想成分，来建立起自己的学说体系。康有为在《自编年谱》中说，大同思想是"合经子之奥言，探儒佛之微旨，参中西之新理，穷天下之赜变，搜合诸教，披析大地，剖析今古，穷察后来，自生物之源，人群之合，诸天之界，众星之世，生生色色之故，大小长短之度，有定无定之理，形魂现示之变，安身立命，六通四辟，浩然自得"。

康有为的大同思想，孕育较早，始于 1884 年，他就"悟大小齐同之理"。1885 年，他模仿几何学体例写成《人类公理》一书，这是他较早发挥大同学说的专著。该书实际上是《大同书》的最初草本，可惜的是草本也散失了，没有留存于世。他认为"人类平等"是"几何公理"，所以他要以此拟出一个"平等公同"的社会图景。

经过数年的选择积累，到戊戌变法前，康有为的大同思想终于形成了。其标志是"大同三世"说的创立。1897 年，上海大同译书局出版康有为的《春秋董氏学》，书中说："三世为孔子非常大义，托之《春秋》以明之。所传闻世为据乱，所闻世托升平，所见世托太平。乱世者，文教未明也；升平者，渐有文教，小康也；太平者，大同之世，远近大小如一，文教全备也。"

二十世纪初，康有为经过周游世界之后，其大同思想进一步趋于成熟完善，从而形成了完整的思想体系。

康有为为什么把反映大同思想的早期著作名之为《人类公理》呢？这是因为他看到了当时社会充满了是非颠倒、尔虞我诈等无理无公现象，他想要改变这一切。他把理想中的大同社会，看成是"人理至公"的社会，《人类公理》即由此得名。

在《人类公理》中，康有为描绘了如何创建大同社会："以三世推将来，而务以仁为主，故奉天合地，以合国合种合教一统地球。又推一统之后，人类语言文字饮食衣服宫室之变制，男女平等之法，人民通同公之法，务致诸生于极乐世界。"设立"地球万音院"以统一全球语言；"创地球公议院，合公士以谈合国之公理，养公兵以去不会之国，以为合地球之计"，以此来一统地球。

也正是他在万木草堂讲学期间，康有为的大同学说逐步走向成熟和完善。他经常和弟子们反复研究和讨论，集思广益，博采众长。梁启超在《三十自述》中这样记述说："先生时方著《公理通》、《大同学》等书，每与通甫（陈千秋）商榷，辨析入微，余辄侍末席，有听受无问难，盖知其美而不能通其故也。"当时梁启超与陈千秋还读过此时的《大同书》，并"读则大乐"，但康有为虽然著成此书，却秘密收藏不拿出来给人看。

此时，康有为的《大同书》还是处于草稿阶段，其内容包括了成稿后《大同书》的部分内容。1901 年梁启超写《康有为传》，在《康南海之哲学》第七章中，对此作了介绍。书中说："大同学说者，其理想甚密，其条段甚繁，以此区区小篇，势不能尽其义蕴，今惟提其大纲。"他简单列举了大纲的四个部分：《原理》、《世界的理想》、《法界的理想》、《理想与现在之调和及其进步之次第》，内中各自的内容又一一列出。从梁启超所列大纲可以看出，《大同书》此时已颇具规模。

戊戌政变后，康有为流亡海外。在最初的三年里，他游历了日本、加拿大、英国、新加坡、印度等国。他亲眼目睹了西方资本主义的物质文明以及与之并存的社会危机。他感到有必要对《大同书》草稿作进一步修改。因而，在他旅居印度期间，即 1902 年上半年，他完成了《大同书》的修订，《大同书》至此宣告完成。

完成了《大同书》的撰写，康有为如释重负。他自认他设计的"大同之世"，不仅是挽救中国危亡的方案，也是拯救全地球之众走出灾难走向极乐世界的指南。因此，他感慨万千，心潮澎湃，不禁赋诗《大同书成题词》三首，抒其心志：

> 千界皆烦恼，吾来偶现身。
> 狱囚哀浊世，饥溺为斯人！
> 诸圣皆良药，苍天太不神。
> 万年无进化，大地合沉沦。

> 人道只求乐，天心惟有仁。
> 先除诸苦法，渐见太平春。
> 一一生花界，人人现佛身。
> 大同犹有道，吾欲渡生民。

> 廿年抱宏愿，卅卷告成书。

众病如其己，吾言亦可除。

人天缘已矣，轮劫转空虚。

悬记千秋事，医王亦有初。

康有为写成《大同书》后，决定暂时不公布于世，因为他觉得"既而思大同之治非今日所能骤及，骤行之恐适以酿乱，故秘其稿不肯以示人"。梁启超也曾多次要求康有为将此书付印，但"先生以今方为国竞之世，未许也"。

康有为著述《大同书》，前后经历了二十个春秋，"廿年抱宏愿，卅卷告成书"是其真实的写照。他写此书的目的，是要救国救民，"吾为天游，想象诸极乐之世界，想象诸极苦之世界，乐者吾乐之，苦者吾救之，吾为诸天之物，吾宁能舍世界天界绝类逃伦而独乐哉"。这是一种崇高的思想境界，是一种可贵的人道主义精神，正是有了这种博大宽广的胸怀，他才写出了博大精深的《大同书》。

# 二、"大同"经济

康有为在《大同书》中描绘的未来大同世界，基本上是社会主义或共产主义的社会，而不是资本主义社会。他在书中提出的"大同之世"的主要原则和主要内容是社会主义性质的。这从下面的分析可以看出：

第一，《大同书》中提出了废除私有财产，实行财产公有的要求。他在《去产界公生业》中提出："今欲致大同，必去人之私产而后可；凡农工商之业，必归之公。"并且进一步具体规划，指出农业要实行"公农"，全天下的田地都归公有，个人无权占有或买卖土地。大同世界的公政府设立有部，总管天下田地，设主农局于各地专司农业，凡是在农局的农业学校学习农学的人，只要完成学业，考试及格，就可得到农局授给的一定数量的田地从事耕作，并且，随着农业机械的进步，耕田的数量还可以增加。

工业要实行"公工"。他指出，大同之世的工业，全部归公有。各行各业的制造厂、铁道、轮船等都归公有，不许私人占有。大同世界的公政府设立工部，总管天下工业。

未来的大同世界在分配形式上实行工资制，按照每个人的资历、才能、劳动成果和对社会的贡献，发给级别不同的工资，"自农夫、渔牧、矿工，各视其材之高下，阅历之浅深，以为工价之厚薄，略分十级。其优者则拨迁农曹各司，但其长贰则必以学士、工师出身为之，可递迁为公政府各洲分政府农部官。其农夫、渔人、牧夫、矿工、林工至下级者，其俸令足为其衣食之资，自此等而上之可也"。从中可看出，即使是领取最低工资的人，也要保证其达到丰衣足食的程度。对那些请假不工作的人，按日扣其工资，对那些请假太多以及不肯做工的懒虫，则开除公职，"懒惰"被大同社会视为最重要的禁忌。

在这个大同社会中，人人都参加劳动，全靠工资维持生活，因而没有什么贫富差别。对知识、人才特别尊重，实行奖智奖仁制度，给予那些著作新书、有发明创造的"智人"、"仁人"以巨额的奖金和崇高的荣誉。由此可见，康有为描绘的大同社会在生产和分配原则方面也是社会主义性质的，而非属于资本主义性质的。

第二，《大同书》中肯定工人具有崇高的地位。康有为认为，未来的大同世界是建立在高度发达的生产力基础上的，农业有农场，工业有工厂，从学校毕业的成年人都去那儿做工，"举国凡士、农、商、邮政、电线、铁路，无非工而已，生产的工具全部采用机器。随着新机器的不断发明，劳动效率越来越高，劳动时间也就越来越短，每人每日工作三四小时或一二时就足够了，其余时间都用于读书和游乐，简直是快活如神仙"。

他接着又论证了工人崇高的社会地位。他说道："夫野营全世界之事，如以一家之父子兄弟，无有官也。"大同世界"无刑罚，但有耻辱，人民无罪无刑"，表现欠佳的仅仅只受社会舆论谴责。总之，"大同之事，天下为公，无有阶级，一切平等"。甚至可以说，康有为描绘的大同世界甚至超过了社会主义社会，是一个更高级阶段的人类社会。

第三，《大同书》中描绘了一个具有高度物质文明和精神文明的社会。在康有为设计的大同社会里，由于废除了私有制，建立了以财产公有制为基础的社会经济，生产力高度发达，生产过程全部实行机械化、自动化和电气化，机器日新，电化更奇，铁道横织于地面，气球飞舞于天空，轮船行若穿梭，各种新理论、新机器、新技术日新月异，层出不穷，其进化之速，一日千里。工人、农民、商业工作者，一切活动都使用机器，工作时既不会弄脏了手足，也不必顶风冒雨，不过等于逸士之灌花，英雄之种菜，隐者之渔钓，豪杰之狩猎而已，劳动在这里成了人们的一大乐事。

甚至连服务性行业也机械化、自动化了，他天才地设想出了一种专门服侍人们日常起居的机器鸟和机器兽："大同之世无奴仆，一切皆以机器代之，以机器为鸟兽之形而传递饮食之器。私室各有电话，传之公厨，即可飞递。或于食桌下为机，自厨输运至于桌中，穿窿忽上；安于桌面，则机复合；抚桌之机，即能开合运送去来。"生产力的高度发达，使文化科学技术的进步有了雄厚的物质基础。而文化科学技术的发达，反过来又促进了生产力的发展。

康有为对教育特别重视，认为只有大力发展学校教育，才能为大同世界进步

提供巨大推动力，他认为"太平世以开人智为主，最重学校。自慈幼院之教至小学、中学、大学，人人皆自幼而学，人人皆学至二十岁，人人皆无家累，人人皆无恶习，图书器物既备，语言文字同一，日力既省，养生又备，道德一而教化同，其学人之进化过今不止千万倍矣"。他还以发展的眼光指出，到那时学校的教学内容，要时常更新，要时时公议改良，"若其公理乎，由德教、智教、体教之外，以实用教为最重，故大学科专行之"。

而且，在这个社会中，每一个行业都设专科学校，每一个人都学有专长，人人都受到良好的专业训练，人人都有很高的文化修养，风度翩翩，道德高尚，视人如己，"当太平之世，人性既善，才明过人，惟相与鼓舞踊跃于仁智之事；新法日出，公施日多，仁心日厚，知识日莹，全世界人共至于仁寿极乐善慧无边之境而已，非乱世之人所能测已"。康有为设想的未来的"大同之世"，确实是美妙无穷而令人神往的。

康有为所描绘的大同社会的公有制，具有社会主义的性质。生产和分配都是由各级公政府按照全体人们的需要而统一计划和安排的，"无重复之余货，无腐败之殄天物"。这有它的合理因素。然而，康有为不能找到一条实现公有制的正确道路，仅以"去产界"、"去家界"等办法是不能实现公有制的，因此，他的公有制理论，只能是空想。

# 三、"大同"政治

在《大同书》中，康有为用去"九界"的途径来实现他的大同社会。他所谓的去"九界"中的第一界是"国界"，即"去国界合大地"，使地球合为大同，这样即可消除各国并立时期的强弱相拼的情景。所以，他认为，若求大同的公益，必先自破国界，去国义始。

大同社会，世界合而为一，全球设三级行政组织：最高级是公政府，次一级是各度分政府，最基层是地方自治局。

由于康有为意识到建立公政府是一个长期而艰苦的过程，一下子就把世界各国统一到大同社会中是不可能的，因此，中间应该有过渡阶段。在过渡阶段，康有为仿效美国、瑞士设计了联邦政体，然后，再把各国联邦统一起来，即可建立起大同社会。为实现向大同社会过渡，创立公政府，康有为编制了《公政府大纲》十三条，作为施政纲领：

第一，岁减各国之兵，每减必令各国同等，减之又减，以至于无。

　　第二，各国之兵既渐废尽，公兵亦可渐汰，及于无国，然后罢兵。

　　第三，废除帝王君主等世袭爵号。

　　第四，永远删除"国"这一文字，可以"州"或"界"取而代之。

　　第五，分大地为十州：欧罗巴州、东亚州、北亚州、中亚州、西亚州、南美州、北美州、中美州、澳州、阿非利加州。

　　第六，每州皆去国名，可分为数十界。

　　第七，分大地南北为百度，东西亦为百度。

　　第八，全世界纪元皆以大同纪年，不得以教主及君主私自纪年。

　　第九，统一全地球度量衡，不得有异制异名。

　　第十，全世界数目皆以十进位。

　　第十一，全地球语言文字都应当相同，不得有异言异文。

　　第十二，凡定历，皆以地为法。

　　第十三，大同之世，全地球纪元从西历一九〇一年起始。


　　康有为设计的全世界大同公政府的体制和功能是：公政府由公民选举产生，公政府的首脑是总统，任期一年，不能连任。总统没有实权，只是接受度政府的报告和处理会计、品节、奖励方面的事务。公政府下设有二十个部，即民总、民部、牧部、渔部、矿部、工部、商部、金部、辟部、水部、铁路部、邮部、电线部、船部、飞空部、卫生部、文学部、奖智部、讲道部、极乐部。

　　这些部的分工非常明确，例如，民部掌管各度的人本院、育婴院、慈幼院、养老院、恤贫院、考终院和消防院等方面的事务；辟部负责开辟荒地深山，修筑道路，建造新城市等方面的事务；奖智部掌管奖励创造发明和颁发专利证书等方面的事务；讲道部负责宣传崇高的道德原则，奖励慈善事业，以及献身宗教事业者等方面的事务；极乐部学管旨在促进人们的快乐和艺术的进步等方面的事务。

　　部内设曹，曹内有曹长、分司长、主和伯的助理、群执事官、储纳、记事、联络、工役等，他们分别从事具体日常业务工作。各部部长和各曹曹主，均在该部和曹中业务方面选举专业最精、能力最强、道德最高的人担任，并且选票要超过半数，才能被任为总长或曹长。

　　大同公政府的最高立法机关为上议院，上议院除讨论决定全地球法律职规大政外，还主管大裁判，以及政治教育、文化艺术和宣传方面的原理原则。下议院是群众公议机关，不设议员，但有书记，一切关于法律、规则、财政的事项，可用电话传到各度，合全地各度之人进行公议。公报院则负责查考，并向社会报导全世界和各度新近发生的事情。

　　在康有为设计的各个度政府里，下议院是最重要的民意机关。各度的全体公

民都是下议院的议员，有事大家公议，电话一通，全度内每个人都可发表自己的意见。上议院由大家推选度内的元老、学问渊博和道德高尚的人担任，任期一年。

度政府内设有一十四个曹：即民曹、农曹、矿曹、工曹、商曹、金曹、辟曹、水曹、通曹、医曹、道曹、智曹、乐曹。其中，掌管与人民生活攸关的生产事业的有民曹以下到农牧、渔、矿、工、商、金、水、辟、通、医十曹，题、智二曹都是掌管开民智之事，道曹则掌正德之事，乐曹则掌进化极乐之事。

十四个曹的曹长都是上议院的议员担任，每任一年。这样可以使更多的人才在曹的岗位上施展才能。度政府的各曹内也设有主、伯、亚、旅、府、史、胥、徒等各司不同的职务，它们同样由选举产生。此外，各度政府还设有公报馆，专门负责本度政府和公政府及其他度政府之间交流的事务，公报馆成员除在本度内公举外，还有一名由公政府派遣。

康有为设计的最基层政府机构叫地方自治局。它设在水陆交通要道，从而将若干农场和工厂联合起来，其附属机关有：农局、矿局、牧局、渔局、工厂、商局、金行、都水局、辟山局、道路局、游微局、卫生局、讲道局、评事局和议院。议院几个月召开一次会议，专门讨论本自治局立法等事。

地方自治局的所有工作人员如曹和主、伯、亚、旅、府、史、胥、徒等均由居民公举功绩卓著和品德高尚的人担任，任期很短，仅几个月。水局掌管水利事业，辟山局掌管开山辟谷，由卫生局掌管饮食、居室、疾病，评事局则负责解决争议问题。那时没有刑罚和监狱，对表现特别不好的人，只是削其名誉，顶多不过让他到恤贫院做苦工而已。

地方农场和工厂也一律实行自治。他指出"其地方政治，即农场主主之，而商店长、邮、电、飞船局长、铁路站长佐之，不必设乡官焉；其为工厂地者，则为今之市镇，则工厂主主之，其地之商店、邮电局、铁路、飞船并设，则各局长佐之"。这样无论是村庄还是市镇，就都形成了一片片充满自治精神的欣欣向荣的景象。

在村庄和市镇里，鲜花盛开，道路平坦广阔，电车四达，有设备先进的人本院、育婴院、慈幼院、小学院、中学院、大学院、医疾院、养老院、恤贫院、考终院等十院，还有博物馆、图书馆、音乐馆、美术馆、公游园、植物园、动物园、讲道馆、测候台、公报馆等，人们的日常生活，井井有条，丰富多彩。

大同社会里，没有帝王，没有世爵贵族，没有军队，无刑措，无监狱。对那些有错误之人，只讲行文明的惩罚。所以，大同社会是具有高度的物质文明和高度的精神文明的社会。

# 四、"大同"社会

康有为在《大同书》中描写的未来大同世界，是一个消灭了阶级、废除国家、按绝对独立自主的个人意愿结合而成的共同体。他认为，现实社会的家庭是造成人类受苦受难的一大根源，要实现理想的大同世界，必须彻底消灭禁锢人们头脑的封闭的家庭模式，要实行男女一律平等，从而形成一种新型的人际关系和男女关系。

康有为考证了家庭的起源，认为中国的族制至锭、至文、至备、至久且大，设祠庙以合族尊祖，这在世界上没有哪一个国家可与之相比。"故欧美人以所游为家，而中国人久游异国，莫不思归于其乡，诚以其祠墓宗族之法有足系人思者，不如各国人之所至无亲，故随地卜居，无合群之道，无相收之理也。"他认为正是由于欧美人重国家轻宗族，才使他们的文明和国力超过了中国。他看到欧美人动辄捐钱千百万，用以建学校、医院、恤贫、养老院等，泽被一国，而中国有富仁之士则捐祖堂、义田、义庄以恤贫兴学，最后也只荫其宗族而他族不得泽被，于国人更没有关系了。这种流弊造成四万万人手足不能相助，是造成中国贫弱的原因之一。他高屋建瓴地指出："就收族之道，则西不如中，就博遍之广，则中不如西。是二道者果孰愈乎？夫行仁者，小不如大，狭不如广；以是决之，则中国长于自殖其种，自亲其亲，然于行仁狭矣，不如欧美之广大矣。仁道既因族制而狭，至于家制则亦然。"

康有为对家庭的起源和发展史作了深入的考察，并把当今中国和世界各国家庭的状况进行对比，指出了家庭妨碍人类进入"大同之世"的十四条公害：

一、风俗不齐，教化不一，家自为俗，则传种多恶而人性不能善。

二、养生不一，疾病者多，则传种多弱而人体不健。

三、生人养人不能皆得良地，则气质褊狭而不得同进于广大高明。

四、自生至长不能有学校二十年齐同之教学，则人格不齐，人格不具。

五、人之终身非日日有良医诊视一次，则身体怀疾。

六、人人自生至长不皆驱之于学校，则为无化半教之民。盖人者杂质，须加镕铸冶煅，自始生而镕铸冶煅则易，长后而镕铸冶煅则难。故无家而全归学校以育人，太平之世也；有学有家以育人者，升平之世也；全由其家以育人者，据乱之世也。

七、入学而不舍家全入，则有杂化而不齐同。盖人自为教，家自为学，则杂隘已甚，未有能广大高明纯全者也。

八、因有家之故，必私其妻子而不能天下为公。

九、因有家之故，养累既多，心术必私，见哀必狭，奸诈、盗伪、贪污之事必生。

十、有私狭、奸诈、资伪、贪污之性相扇相传，人种必恶而性无由善。

十一、人各私其家，则不能多得公费以多养医生，以求人之健康，而疾病者多，人种不善。

十二、人各私其家，则无从以私产归公产，无从公养全世界之人而多贫穷困若之人。

十三、人各私其家，则不能多抽公费而办公益，以举行育婴、慈幼、养老、恤贫诸事。

十四、人各私其家，则不能多得公费而治道路、桥梁、山川、宫室，以求人生居处之乐。

在列举了家庭对社会进步的种种障碍后，他得出结论说："故家者，据乱世人道相扶必需之具，而太平世最阻碍相隔之大害也。"康有为把社会的一切罪恶都一股脑儿地归之于家庭，而对剥削阶级的存在这一根源却视而不见，所以他罗列了一些现象，而未能抓住事物的本质。不过，他从家庭阻碍社会进步的角度去探索家庭的消亡趋势，仍然是不失其远见卓识的，表现出其思想具有惊人的超前性。

为了走上人人平等的社会坦途，康有为指出，必须"去家界为天民"。他说："夫欲人性皆善，人格俗齐，人体得养，人格皆具，人体皆健，人质皆和平广大，风俗道化皆美，所谓太平也。然欲致其道，舍去家无由。故家者，据乱世、升平世之要，而玉平世最妨害之物也。以有家而欲至太平，是泛绝流断港而欲至于通津也。不宁唯是，欲至太平而有家，是犹负土而浚川，添薪以救火也，愈行而愈阻矣。故欲至太平独立性善之美，惟有去国而已，去家而已。"

康有为在《大同书》中提出了以个人为社会构成单位和基础来代替以家族为基础和单位，这实际上是以资产阶级理论来取代封建主义的思想。他所讲的去家界，实质就是实行男女平等、婚姻自主，彻底打破封建家族宗法关系和纲常伦理的束缚，实现资产阶级的人权、自由、平等、独立和个性解放。梁启超对此这样评论说："《大同书》的重要关键，在毁灭家族。有为谓佛法出家，求脱苦也，不如使其无家可出；谓私有财产为争乱之源，无家族则谁复乐有私产；若夫国家，则又随家而消灭者也。有为悬此鹄为人类造化之极轨。"

为此，在揭露了封建家族的黑暗，指出宗法家族阻碍了社会生产力发展之后，康有为主张废除家庭，这样才能割断封建伦理纲常对人们的束缚。他大胆地设计了一个空想方案，规定大同世界的成年男女，自由婚姻，定期同居，妇女怀孕后，即被送入公府之"人本院"，所生子女一律由公立的"育婴院"、"慈幼院"抚养。每个儿童年龄达到六岁入"小学院"学习，十一岁入"中学院"，十六岁入"大学院"，经过四年大学教育，至二十岁毕业。经过"公养公教"，每一个青年人在受到高度的文化教育和专门的专业训练后，根据其专长，为社会提供服务。到了晚年或因病残，则都可进入社会举办的"医疾院"、"养老院"、"恤贫院"、"养病院"，受到"公恤"。体弱病残者在这里受到精心的治疗，老年人也可安度晚年，以达到孔夫子所描绘的"老有所终，壮有所用，幼有所长，鳏寡孤独废疾者皆有所养"的幸福欢乐的大同之世。人死之后，被送入"化人院"火化，化作肥沃的肥料。

要实现人人平等的社会结构，康有为认为关键的问题是实行男女平等。男女平等从根本上体现了天赋人权，是大同世界的出发点。他说道："故全世界人欲去家界之累乎，在明男女平等各有独立之权始矣，此天予人之权也；全世界人欲去私产之害乎，在明男女平等各自独立始矣，此天予人之权也；全世界人欲去国之争乎，在明男女平等各自独立始矣，此天予人之权也；全世界人欲去种界之争乎，在明男女平等各自独立始矣，此天予人之权也；全世界人欲致大同之世、太平之境乎，在明男女平等各自独立始矣，此天予人之权也。"然而，康有为所处的时代，男女不平等是当时社会家庭最突出的特点。

所以，在《大同书》中，康有为对妇女备受压迫剥削的悲惨境遇，进行了淋漓尽致的揭露和言词激烈的抨击。这一点康有为与欧洲空想社会主义者傅立叶一样，认为妇女在社会上承受着最深的苦难。他愤愤不平地指出，天下不公平之事莫过于男人压迫女人。男女同为人之形体，同为人之聪明；且人人皆有至亲至爱之人，而男人却忍心害她们，对女子抑制、愚闭、囚系，使她们不能自立，不得任公事，不得为仕宦，不得为国民，不得预议会，甚至不得事学问，不得发言论，不得达名字，不得通交接，不得预享宴，不得出游观，不得出室门，为囚，为刑，为奴，为玩具，把她们摈在人外矣。"甚且斲束其腰，蒙盖其面，刖削其足，彫刻其身，遍屈无辜，遍刑无罪，斯尤无道之至甚者矣"。他对中国数千年之礼教造成媚守寡妇遍地的惨状特别痛恨，认为所谓"从一而终"、"烈女不事二夫"、"饿死事小，失节事大"等义理是灭绝人性的，既不合人道也不公平。

他以资产阶级天赋人权为思想武器，抨击了认为妇女在生理上、才智上不如男子的荒谬说法："人者天所生也，有是身体即有其权利，侵权者谓之侵天权，让权者谓之失天职。男与女虽异形，其为天民而共受天权一也；人之男身，既知天与人权所在而求与闻国政，亦何抑女子攘其权哉，女子亦何得听男子独擅其权而不任其天职哉！"康有为通过列举大量古今中外的历史事实，证明男女之间，除了性别上的差别外，没有高低贵贱，聪明与愚笨之别，故应受公平对待。"故以公理言之，女子当与男子一切同之，以实效徵之，女子当与男子一切同之。此为天理之至公，人道之至平，通宇宙而莫易，质鬼神而无疑，亿万世以待圣人而不惑，亿万劫以待众议而能偏。男子虽有至辨之才，至私之心，不能申张之、抑扬之者也。"

既然男子与女子除性别之外，一切皆同，所以压抑妇女不仅妨碍国家的富强，而且对人类后代也遗害无穷，所以应该解禁变法，升同男子，乃合公理而益人种。康有为虽然不主张当时宣传大同学说，但对解放妇女，实行男女平等积极提倡。他说："近者自由之义，实为太平之基，然施之中国今日，未为尽宜；然以救女子乎，实为今日第一要药。"为了真正达到男女平等，康有为经过深思熟虑，设计了十一条方案：

一、设立女学，章程皆与男子学校同。

二、选举、应考、为官、为师，但问才能，不分男女。女子也可当选大总统。

三、女子可充议员，负荷国务，与男子无别。

四、妻子与丈夫在法律上一律平等。

五、禁止从夫姓风俗，还女子本人姓名。

六、婚姻自由，父母尊亲不得包办。

七、禁止二十岁以前的早婚现象。

八、女子成年后有出入、交接、游观、宴会的自由。

九、禁止缠足、细腰、穿耳鼻唇以挂首饰，以及用长布揜面、蔽身，加锁于眉中，印堂等危害妇女健康的风俗。

十、女子既与男子各自独立，在一切场合应平起平坐，不分畛域。

十一、女子与男子衣服装饰当同。

显然，这是康有为在周游世界各地的过程中，看到妇女所遭受的苦难后提出的拯救妇女的改革措施。虽然康有为并未发现男女不平等的真正历史根源和社会根源，但康有为仍坚定地相信，只要达到以上要求，男女"既无形色之分，自无体制之异，如是而后女子之为师，为长，为吏，为君，执职任事，乃不异视"。男女平权，男女齐等，同事学问，同充师长，同得名誉，同操事权，男女绝对平等的大同之世就到来了。人类对世界的认识是由浅入深，由低级向高级不断发展的。康有为明确提出男女平等，向人们发出了妇女有独立人格的呼声，毫不畏惧地向几千年的封建礼教提出挑战。

妇女解放的问题是近代民主运动的一项重要内容。早在青年时期，康有为就看到了妇女遭受的巨大苦难，立志要把占中国人口一半的广大妇女拯救出苦海。他在《大同书》中更用了很大的篇幅大声疾呼，欲为"无量数女子呼弥天之冤"，欲为"女子拯沉溺之苦"，而高唱男女平等之说，就是在《大同书》的结尾还这样写道："始于男女平等，终于众生平等，必至是而吾爱愿始毕。"这是康有为的博爱哲学和民主主义精神的充分体现，也是大同理论的精髓。

康有为进一步指出，实现婚姻自由是男女平等最重要的标志。婚姻自由是真正符合人道的男女关系。为此在《大同书》中，他主张取消夫妇关系的称谓。他说："男女婚姻，皆由本人自择，情志相合，乃立合约，名曰交好之约，不得有夫妇旧名。"康有为推导说，既然男女双方都平等独立，应听任男女订立交好之约，这好比两国订立平等和约，不分轻重高下。如果彼此稍有高下，一方即为半主，一方即不附庸，也就谈不上男女平等了。"既违天赋人权平等独立之义，将渐趋于尊男抑女之风，政府当严禁之，但当如两友之交而已。"

康有为还认为，见异思迁，历久生厌，唯新是图，唯美是好，是人之常情。因此，他主张男女订立合约应当有期限，不得为终身之约。他认为应当摒弃"以女从夫"的旧观念，斥责不人道的一夫多妻制。他指出："其亚洲旧俗，一男得兼数女，而女子被制于男，故虽极苦而勉强守之；然于人道自由、人权天赋之义，已逆背不乐矣。"更何况到了"太平之世"，男女平等，互不依附，所生子女都由公家抚养，不得为一私人之后代，而为世界之天民。因此，如果男女两人永好，固可终身，若有新交，则听其更新；旧欢重续，亦可寻盟；一切自由，乃顺人性而合天理。这种惊人的设想，道出了人人畏于世俗不敢声言的心里话，它出现在一个世纪以前的封建伦理纲常统治的时代，它所蕴含的裂变和进步，早已冲破了封建传统观念的重重壁垒，而且似乎是超越资产阶级思想范畴的婚姻观。康有为主张男女婚姻自由是在高度物质文明和精神文明的"大同之世"的基础上建立的，提倡订约交好，按期离合，但对非约淫乱却坚决反对，所以这是一种高度文明的婚姻。也许这是一种超负荷的探索，康有为却认为它更符合人类婚姻制度发展的趋势。

为了达到人人平等的理想社会，康有为还提出"去级界平民族"的主张。他认为，"人类之苦不平等者，莫若无端立级哉！"他所说的级界有三大类：一曰贱族，二曰奴隶，三曰妇女。这种不平的等级不仅违反公理，而且对人类的发展十分有害。例如印度过去全国有四种等级：婆罗门、刹帝利、吠舍、首陀罗，结果造成了国家一败涂地而不可挽救的局面。欧洲中世纪也有僧侣、贵族、平民、奴隶等级，不同级别之间等级森严，造成了欧洲千年黑暗，社会发展极其缓慢。因此，他对废除等级制度的法国大革命颇为赞赏，说道"法大革命，实为去此阶级，故各国效之而收大效"。世界各国都已废除了奴隶制，然而环视神州大地，康有为不禁痛心疾首："方今中国奴制未除，以同为黄帝之子孙，不幸贫而见鬻，遂抑及世世子孙不得比于人列，伤哉！同类自相践踏，何其愚也！"因此，他强烈要求在中国废除等级制和奴隶制，解放所有的奴婢，以及蛋户、乐户、丐户、倡优、皂隶等品流，让他们一律还为平民。

康有为还认为，民族的界线与差别可以通过同化去消除，但不同颜色的各色人种最难同化。全世界有白种人、黄种人、棕种人、黑种人，他们肤色不同，神气迥异。然而欲合人类于平等大同，必须从人类的形状、体格相同开始，假若形状、体格各不相同，则礼节、事业、爱情当然也就不能相同。为此，康有为提出了"去种界同人类"的主张，他设想通过四条渠道来"改良人种"。其一，"迁地之法"。大同公政府把在赤道附近居住的有色人种，迁往温带或寒带地区与黄色、白色人种杂居，同时改善气候条件和生活环境。其二，"杂婚之法"。大同公政府对不同肤色人种通婚予以奖励，凡勇于通婚者，以"改良人种"的仁人徽章相授，以资鼓励。其三，"改食之法"。大同公政府提倡各种肤色人种统一饮食结构与饮食习惯，借以逐渐改变人种形色。其四，"沙汰之法"。对于个别性情太恶、状貌太丑或有严重疾病者，由医生服以绝育药以绝其种。这样，经过千年以后，人类服食既美，教化既同，形貌亦改，色泽姣好。"故经大同后，行化千年，全地人种，颜色同一，状貌同一，长短同一，灵明同一，是为人种大同。合同而化，其在千年乎！当是时也，全世界人皆美好，由今观之，望若神仙矣。"

# 五、版本与手稿

《大同书》是康有为的主要代表作之一，也是研究中国近代思想史的不可或缺的文献。该书的手稿，除梁启超等少数门人弟子看到过以外，有机会目睹其庐山真面目的人很少。直到1913年，这部巨著的甲部和乙部才第一次在《不忍》杂志上发表。

上海长兴书局于1919年将甲、乙两部合印成单行本，书名定为《大同书》。在此单行本序中康有为说道："此书有甲乙丙丁戊己庚辛壬癸十部，今先印甲乙两部，盖已印《不忍》，敢而印之，余则尚有待也。"可是全书一直待到康有为去世后八年，才由他的弟子钱定安交中华书局出版发行。

在序中，钱定安这样回忆道："是书凡十卷，前二卷早已印行，余均草稿。

在甲戌，由武进蒋竹庄先生之介，获交舒君新城于中华书局谋梓以行世，盖距先生之卒已七易寒暑矣。定安抚坠绪之茫茫，独怆然而涕下，爰为校订其全书。既竣，并为钩元提要，弁言简端，以告世之读是书者。"钱在序中虽说"校订其全书"，但实际上，他并未进行过认真的整理，原稿中错误衍脱的字句仍然存在，又加上出版者的粗疏，反而增加了不少错讹。

1956 年，《大同书》由古籍出版社重印，在出版者说明中有这样的话："这次重印，除上述各本外，又从著者家族那里借到一种抄本。我们参照各本和上下文义，对于最显著的错误进行了一些订正。但因原稿中引用的资料都没有注明出处，有些更因文字晦涩，无法了解，只得仍照原书排印，不能一一修改。"在各种不同版本中，古籍出版社重印的《大同书》，是其问世以来最好的版本，但也未以原稿为依据，仍然是以家藏的抄本为主，与已刊本互校后印出的。

康有为的《大同书》早已流传国外，但至今为止，一个完全的外文译本也没有。最早向西方世界介绍《大同书》的是德国基督教同善会的传教士卫礼贤，他原名威廉·里夏德，他对孔孟学说非常喜爱，故特取"礼贤下士"前两个字作为自己的中国名字，并以"希圣"作字。康有为晚年在青岛寓居时，曾与在此传教办学的卫礼贤结为朋友，并将《大同书》中的几册赠给他。卫礼贤在他的长篇纪实性著作《中国之魂》一书中，对康有为的学术成就和历史地位作了较详细的论述。他仔细研读了《大同书》，并向西方读者作了简单的介绍，他认为大同社会的核心是消灭家庭。卫礼贤这部书最初是用德文写成的，取名《中国精神》，1928 年英译本名《中国之魂》，曾在西方流行过一段时间。卫礼贤还译过多种中国经典，在欧美广为流传。他有四子，幺子卫德明曾任教于北京大学。编过《德华大字典》，后赴美国西雅图华盛顿大学教中国文史之学。北京大学教授周一良曾在《中外文化交流史》的前言中有过这样一段有趣的话："尤其有趣而无独有偶的，是明末的耶稣会士意大利的利玛窦，和清末民初的基督教牧师德国的卫礼贤。他们教抱着用自己的宗教来感化异端的目的而来，最后倾倒于中国数千年传统的思想文化，没能有效地传播天主教与基督教，反而变成了中国文化的积极宣传者。他们的著作在西方所起的作用和影响，绝不在马可波罗传播的东方地理知识之下。"

《大同书》在世界各国的流传按时间顺序罗列如下：

1.〔德〕卫礼贤：《中国精神》，1926 年柏林德文版；《中国之魂》，1938 年纽约英文版。

2.〔美〕汤普森：《大同书：康有为一个世界的哲学》，1958 年伦敦英文版。

3.〔前苏〕齐赫文斯基：《中国变法维新运动和康有为》，1959 年莫斯科俄文版。

4.〔德〕赫期特·库贝:《康有为〈大同书〉》,1974 年科伦德文版。

5.〔日〕坂出祥伸:《中国古典名著〈大同书〉》,1983 年东京日文版。

康有为《大同书》的原稿到底在何处呢?其实早在 1961 年,康有为的四子康同凝,孙女康保庄、康保娥已把《大同书》的手稿和大批康氏未刊稿和书信捐赠给上海博物馆收藏,并供学者研究。可惜长期尘封于此,无人问津。

直到近年,随各种学科研究的蓬勃兴起,康有为的研究也日益引起学术界的重视。上海市文物保管委员会在整理康氏家属捐赠的文稿中,发现了康氏后人献出的珍贵的康有为亲笔《大同书》稿本四册。朱仲岳同志特意在《复旦学报》上著文,对手稿发现的经过和评价其与"今本"的异同作了详尽的介绍,为研究康有为《大同书》提供了崭新的信息,而手稿的发现也将为整理出版这部名著的完本提供了最原始的文字根据。海内外学者都翘首以盼,希望根据康氏手稿整理的《大同书》早日出版发行,这确实是学术界一桩盛事。

江苏古籍出版社不负众望,于 1985 年精印出版了这部《康有为〈大同书〉手稿》,它为研究康有为的思想演变过程和解开此书成书之谜提供了可靠的资料,它也是迄今已发现的《大同书》稿本中最原始的稿本。

该社为了满足书法艺术鉴赏者、文物鉴赏家的需要,尽最大努力保留康氏手迹的原貌,选用高级宣纸珂罗版影印,以达到原装原貌。该书装帧典雅豪华,全册锦缎外匣,丝绒衬里,古朴端庄,既保持中华民族传统装帧特色,同时又吸收了现代装帧的先进技术,是一部完整的文化艺术珍品。该书于 1985 年底在香港参加书展,被香港舆论界誉为"精品中的精品"。

在上海博物馆发现的这四册康氏《大同书》手稿,用毛笔在长 29 厘米、宽 35 厘米,约四开元素纸上,草书而成,对折两面书,右侧用纸钉粗装成册,原装原貌。值得注意的是,在"今本"第一章《有国之害》与第二章《欲去国必自弭兵破国界始》之间插有一纸,内容似为封面小注"大同纪第一篇当补入"之文,后小注圈去,而本文却未删,抄录如下:

全地纪元当用大同,授时作历必有所起,此万国所不能易者也。而大地之生茫茫百千万岁,畴能定其所起哉,故皆托于所尊以为起点。太古无历也,则无所起。乱世尚勇,则君主为尊而可托;升平世尚教,则教主为尊而可托,此大地之通例也。春秋至汉初诸侯在其国内各自纪元,此如今之安南、暹罗自行纪元耳。汉武后,大削诸侯之纪元,遂至于今,惟帝者乃得纪元焉。盖孔子立大义曰:"大一统。"故《春秋》释元之义曰:"惟王者然后能改元。"汉后尊尚《春秋》,盖行孔子之制也。然孔子所称之王,必天下归往乃谓之王,又曰通天地人三才之谓王。然则此王者非寻常强力霸国之霸者，乃为教主之圣人也。如佛、回、耶教之以教主纪年，而耶教纪元今尤大行焉。夫古今纪元之托始，本随意可截定，古历皆托始黄帝而授时历，则自其作时截断为始，况于纪元乎，但求去纷纭之乱脑，求统一之易记而已，故以酋长、君侯纪元不如以帝者。然帝者古今尚多，不如以教主之尤寡简而易行也，故孔子之云惟王者乃可纪元，善矣。然教主尚多，孔、佛、耶、回诸大教，固……

现藏上海市文管会《大同书》手稿确为稀世之宝，可惜并非全帙，只有该书的戊、己、乙、庚、辛五部，其余部分不知藏于何处，后听说天津图书馆也藏有《大同书》稿本，即派人前去查看，令人万万没有想到的是，这部分手稿无论纸张质地，开本大小，都和上述稿本完全一致，字迹也是那么潦草。上述稿本所缺少的甲、丙、丁、壬、癸各部竟然都能在这儿找到，连所缺己部《总论》部分、辛部一至五章也全部配齐。至此，康有为这部一直"秘不示人"的稿本终于得以完整地留传于世，这确为学术界一件幸事。

天津图书馆藏稿本《大同书》"第一"、"第二"、"第七'、"第八"四卷，后改原装，拓宽重装成册页式共三册，外以蓝布函套作封面，稿本封面题"南海先生大同书稿"，三册分别书"第一"、"第二"、"第三"。下铃三印，上印已被人挖除，下印为"遥逍斋主"。

上海博物馆和天津图书馆藏康氏《大同书》手稿，综合起来有以下特点：一、全稿分为八卷。可见，《大同书》最初称卷而不分部，不是八卷而是十部。二、全稿不分部、章，仅标卷篇，偶尔标有小题。三、内容上和"今本"相比，差异较大，有些段落也没有手稿，也有内容手稿有而"今本"无。四、稿本字迹潦草，中间圈改较多。五、手稿中多处引文下空，如己部中引《大戴礼记·保傅篇》仅记篇名，可能是定稿时让人抄补。综上所述，可知新发现的稿本决不是定稿付印之本，乃属原始草书之本，我们从中可以看到康有为《大同书》的原始构想。

值得一提的是，天津图书馆藏本第一、第二册卷首有日本人犬养毅和柏原文太郎二跋，这对考订《大同书》成书年代提供了重要线索，兹录如下：

犬养毅在跋中这样说道：

南海先生侨寓东京距今殆四十年也。先生出示《大同书》稿本廿余篇，是时起稿以后已经廿余年，深藏箧底。先生晚年仅刊第一篇，无几弃世。此著先生一生心血之所注，虽敷衍《礼运》一篇，实为先儒未发之学。予尤服研钻之精，造诣之深矣。犬养毅。

在这份简短的跋语中犬养毅说，康有为在东京向他出示过《大同书》二十余篇；1919 年，康有为在《电请犬养木堂转达日本内阁撤兵交还青岛》中，也曾提到"昔在汤河，同浴温泉，曾以《大同书》就正于执事，执事以为自有东亚数千年以来，未曾有此书也"。比较犬养毅重读《大同书》写的跋和康有为给他的电文，可以确证康有为在日本流亡时，确曾把《大同书》原稿给犬养毅看过。

柏原文太郎在跋说：

> 南海先生在万木草堂也，唱大同之说，导书生，养人材。及入北京，论变法，陈自强，将以定国是。遽遭政变，来奔我国，亦盛大同学校，创报纸。既而之美之欧。鼎革之后，鞠力复辟，无一非欲实其说焉。而时不可，抱志空死，悲哉！虽然，天下后世必有奉其说而起者。今睹此稿，感怀久之。柏原文太郎敬白。

关于《大同书》成书的年代问题，从五十年代起史学界就一直有争议，但至今未有定论。归纳起来主要有三种观点：第一种观点认为："大演大同之义"的《人类公理》就是《大同书》的初稿；第二种观点认为：《大同书》应该是康有为在 1901 年到 1902 年避居印度时撰述的，此后又屡加删补，定稿更迟；第三种观点认为：1884 年到 1885 年《大同书》初稿刚定时称《人类公理》，1901 年到 1902 年康氏在流亡印度时，遂在原来《大同书》草稿基础上加以充实和修改，著为成书，最后定稿。朱仲岳同志见此二跋，结合大量文献记载，提出了另一种独到的见解。

犬养毅跋语的第一句就说："南海先生侨寓东京距今殆四十年也。"

康有为在戊戌政变后流亡海外，曾三次到过日本。第一次是在 1898 年 10 月 24 日，住东京早稻田，至 1899 年 4 月 3 日离开，前后共呆了五个月。第二次为 1899 年 10 月，那是去香港看望生病的母亲，故在神户只作短暂的停留。第三次是从 1911 年 6 月起住在须磨，一住是两年零六个月。犬养毅跋未属年代，但我们知道他在任内阁总理大臣时，在 1932 年日本少壮派军人发动的"五·一五事变"中被杀。可知他说的："先生侨寓东京距今殆四十年"，是康有为第一次来日本客居东京时期。

犬养毅接着又讲道："先生出示《大同书》稿本廿余篇，是时起稿以后已经廿余年，深藏箧底。"此处提到的廿余篇稿本不知作何篇幅，重要的是实录了此时《大同书》手稿即已草就这个事实。由此可知，康有为开始撰写《大同书》应早于 1901 年至 1902 年居印度大吉岭之前，在 1898 年 10 月到达日本之前，即已完成"廿余篇"。紧接着又说:"是时起稿以后已经廿余年",应该是指康有为第一次到日本之前的"廿余年"。又据《康南海自编年谱》:"乃手定大同之制,名曰《人类公理》。"《大同书成题词》:"吾二十七,当光绪甲申 1884 年,法兵震羊城,吾避兵居西樵山北银塘乡之七桧园澹如楼,感国难,哀民生,著《大同书》。"还有"今本"《大同书》乙部《去国界合大地》中小注云:"吾作此在光绪十年(1884 年),不二十年而俄立宪矣。"还有很多材料可以考证,在此就不一一列举了。

可见,《大同书》"起稿"之日,应是指康有为自称作《人类公理》之日,即 1884 年,时年康有为虚龄二十七岁。这样,到犬养毅第一次看到《大同书》手稿时,距"起稿"之日,确实已过去廿余年了。

在跋语中,犬养毅非常遗憾说:"先生晚年仅刊第一篇,无几弃世。"如上文所述,《大同书》在康有为生前仅刊甲、乙两部,全稿来得及付印,"无几弃世"。不知在什么情况下,犬养毅又得见此稿本,佩服其"研钻之精,造诣之深",如见故人,挥笔题记一篇。柏原文太郎"睹此稿,感怀久之",亦附记一篇。可以断定,犬养毅、柏原文太郎题记的时间应在康有为去世后的 1927 年至犬养毅死难的 1932 年之间。

朱仲岳同志最后得出这样的结论:"《大同书》成书及流传经过大致是,1898 年 9 月 12 日康有为去日本时(据日本外务省文书记载,康有为到达日本的时间是 10 月 24 日夜一作者),已有稿本'廿余篇'。在东京时曾向日本友人'出示'此稿,此后康有为携此稿周游列国,'辛丑、壬寅间,避地印度,乃著为成书'。"朱仲岳同志根据最新发现的《大同书》手稿及相关资料,提出了上述关于《大同书》成书年代的新见解,史料详实,具有很强的科学性和说服力,固而是研究《大同书》成书年代和康有为大同思想的新成果。

# 第十一章　与革命派论战

## 一、抵制革命

1900 年，是中国政局动荡、形势突变的一年。在北方，义和团运动蓬勃发展，八国联军疯狂侵略；在南方，既有唐才常自立军的长江起事，又有两广地区孙中山、康有为两派的谋变和勤王。但孙、康两派绝非是相互配合协作，而是各自行事甚至是相互排斥。

以孙中山为首的革命派，始终坚持革命立场，以推翻清王朝的统治为目标，因此，只要是反清的武装力量，他们都进行联络和给予支持。唐才常自立军起义就曾得到孙中山和兴中会的支持，甚至有一些兴中会的会员还参与其中。同时，孙中山还把兴中会与湘、鄂、粤的哥老会和三合会联合起来，共同在香港成立兴汉会，并谋划由郑士良在惠州领导起义。1900 年 10 月 3 日，惠州起义开始，10 月 28 日，史坚如起来响应，谋炸两广总督德寿。由于准备不足，两处起义都以失败告终。

庚子年间的自立军起义和革命派的惠州起义都失败了，同样，康有为在海外策划的两广勤王也未能摆脱失败的命运。但是，康有为却把失败的原因归罪于革命派，认为是革命派牵累了他们。从康有为致新加坡华侨丘菽园的信中，可以清楚地看出这一点。

他说道：

> 史坚如及区兆甲（惠事），皆孙党也，而冒仆弟子，致诸报展转登之，望贵报辨明，否则同门之见疾于人，而致祸益剧矣。史率攻吾党四十余人，可恶甚，致今防戒极严，查搜益密，攻击更甚。罗□□今竟被拿，必死矣，此子勇猛无前，惜哉痛哉！于是翼（即陈翼亭）大为其乡人所攻，致共寄顿之械多致发露，轮不能行，械不能运，皆惠事及焚抚署一事所牵致，然此祸恐日益剧烈，与江无异，故惠与抚署一事，皆彼

党欲图塞责，且以牵累吾党，遂致吾党大为其累。今粤中党祸，大索麦舍（麦即麦仲华），亲家已没，余皆束缚，不能举事，恐此与江事无异。

除此之外，康有为对孙中山等人还颇有微词，进行攻击。他把孙中山看作是"中国蟊贼"，并在报上发表声明，表明二者立场迥异，他这样说道："今孙自扰粤而造谣影射，不知保皇与扑满相反，望吾乡人切勿听信谣言，安居乐业。"对孙中山及革命派明显地表现出敌意。

实际上，康有为在两广起义勤王的失败，与革命派惠州起义豪无干系。因为随着长江流域自立军起义的失败，两广勤王不久也随之失败。他们失败后的一个多月，才发生惠州起义和史坚如炸抚团之事。两件事相隔很长时间，而且勤王失败在前，革命派起事在后，因此，康有为没有理由指责革命派牵累他们。

这时期，康有为的保皇派和孙中山的革命派双方都在海外发展势力。但康有为对孙中山等时刻存有戒备心理，甚至对友人做出了不友好和不信任之举。1900年夏，日本友人宫崎滔天前往新加坡帮助孙中山开展活动，正巧碰上康有为避难于此。宫崎滔天与康有为是老相识，就想拜会康有为，劝说他抛弃保皇立场，走革命道路。康有为不仅不见他，反而向日本政府指控宫崎滔天欲行刺于他，为此，宫崎滔天等被警察逮捕。后经过孙中山等人设法营救，才获释放。宫崎滔天是康有为的朋友，当年康有为从香港流亡日本时，就多亏宫崎滔天陪同。所以，康有为这样对待朋友，确实不应该。也许他这样做的目的是为了打击革命派，因为宫崎滔天和孙中山关系密切，他去新加坡活动正是受孙中山之托。所以，他遭到拘捕对孙中山也是一个打击。

康有为等保皇派在海外四处活动，极力夺取革命派的阵地。在檀香山，梁启超受其师命，组织保皇会，由于他以"名为保皇，实为革命"为口号，这对当地广大华商有很大吸引力，因此保皇会发展很快，一些兴中会的成员也被拉了过去，使兴中会在檀香山的组织几乎瓦解。

康有为等保皇派在国内也与革命派争夺势力。当孙中山等筹划惠州起义时，他们担心，如果起义成功，广东就会落在革命党手里。为此，康有为等亦紧锣密鼓，预谋夺取。梁启超在致康有为的信中说："中山日日布置，我今不速图，广东一落其手，吾辈更向何处发轫乎？此实不可不计及，不能徒以中山毫无势力之一空言可以自欺也。"可以说正是因为获悉革命派预谋在广东起义，康有为等才决定在两广起兵勤王。因此，两广勤王一方面是"保皇救主"，另一方面是借机与革命派争夺势力范围。由此可见，这时期康有为对待革命派是采取防范和戒备的态度，看不起革命派的势力，也时刻不忘和革命派争夺阵地，仍企图用他那已被事实证明走不通的思想来拯救中国。

# 二、内部分化

中国近代社会在急速而曲折的道路上发展，各个阶级的思想家、政治家在历史召唤下，迅速登上政治舞台，执行着阶级代言人的使命。打着各种烙印的社会思潮，风起云涌，在中国近代纷繁复杂的大千世界里，幻发出令人眼花缭乱的眩晕。在急速前进的历史潮流中，"瞬息之间出现了许多英雄，但是马上又因为出现了更勇敢更强悍的对手而销声匿迹"，"在瞬息间一些原则为另一些原则所代替，一些思想勇士为另一些思想勇士所歼灭"。

戊戌政变以后，许多追随康有为而从事维新运动的青年纷纷流亡日本，世界动荡的风云，学术思想的开阔，尤其是青年人保守思想最少，容易接受新事物、新思想的特质，使他们的思想和言论发生了很大的变化。梁启超写道："自居东以来，广搜日本书而读之。若行山阴道上，应接不暇。脑质为之改易，思想言论，与前者如出两人。"再加上严师康有为这时离开日本去加拿大了，这些思想活跃的青年学子行动更加自由，从而有机会接触到了更多的资产阶级革命理论，并直接受到革命派的影响。尤其是在梁启超领导下的一部分青年变得更加激进，他们经常来往于革命和维新之间。由于有了这种和谐的气氛，两派中的有识之士往来日趋密切。1899 年 7 月，梁启超、韩文举、李敬通、欧榘甲、梁启田、罗润楠、张学璟、梁炳光、陈国镛、麦仲华、谭锡镛、黄为之等康门弟子十二人，在日本江之岛金龟楼结义，有支持革命脱离康有为思想轨道的倾向。1899 年夏秋间，梁启超及同门梁子刚、韩文举、欧榘甲、罗伯雅、张智若等与孙中山往来日密，每星期都有二三天时间相约聚谈，都主张革命排满论调，言辞非常激烈。而且他们还密谋孙、康两派合并组党，拟推孙中山为会长，梁启超为副会长。梁启超问孙中山："如此则将置康先生于何地？"孙中山说："弟子为会长，为之师者，其地位岂不更尊？"梁启超为孙中山博大无私的胸怀所折服。

革命新潮对梁启超这群追求进步的青年有不可抗拒的吸引力。他们以"吾爱吾师，吾更爱真理"为信条。1899 年夏秋间，由梁启超起草了一份《上南海先生书》，文中委婉地表达了他们的政治意见，说道："国事败坏至此，非庶政公开，改造共和政体，不能挽救危局。今上贤明，举国共悉，将来革命成功之日，倘民心爱戴，亦可举为总统。吾师春秋已高，大可息影林泉，息娱晚景。启超等自当继往开来，以报师恩"等语。共有十三名康门弟子在这份长数千字的《上南海先生书》上签了名，他们是：梁启梁、韩文举、欧榘甲、罗普、罗润楠、张学璟、李敬通、陈国镛、梁炳光、谭锡镛、黄为之、唐才常、林圭。令康有为想不到的是，他一向称之为"好女婿"的罗普也名列其中，可见，真理的力量战胜了私人感情。还有记载说，"是岁秋，启超至香港尝访陈少白，殷殷谈两党合并事，并推陈及徐勤起草联合章程"。由此可见，只有团结战斗才能超过了各自为战的愚陋。

梁启超等人的《上南海先生书》发出后，各地康门弟子为之哗然，甚至有人指责在劝退书上签名者为大逆不道的"逆徒"，并称他们为"十三太保"。康有为收到劝退书后，尤为光火，立即派叶觉迈携款赴日，勒令梁启超立即离开日本，到檀香山办理保皇会事务，又让欧榘甲赴美国旧金山，担任《文兴报》主笔。康有为的弟子一向对他是唯命是从的，这样，保皇会后院刚刚冒出的革命火苗轻易地被一条指令扑灭了，从此以后两派合作希望就更加渺茫了。

1900 年 8 月，唐才常在长江流域领导自立军起义失败后，遭到清政府的大肆屠杀，很多人被株连而死。当时梁启超曾秘密回上海，住在虹口丰阳馆，设法进行策应和营救，但亦无法挽回局势。康有为电令梁启超到香港与之见面。梁启超奉命到了香港，到保皇会的秘密会所亚宾律道一号去见康有为（那时亚宾律道三号的房子还没有买下来）。那是一幢两层楼的洋房。康有为和梁启超讨论了汉口起义失败的事后，又谈到君主立宪的问题，后来康有为又责问江之岛结义的事，批评梁启超领导十余人倾向革命，是忘恩负义，应当记住百日维新之时，守旧党要杀我们的头，湖南举人曾廉上书，弹劾我们反清，大逆不道，应处以极刑。如果没有光绪帝全力护持，我们早被杀死，哪有今日？当初你口口声声颂扬皇帝恩德，现在却要革他的命，康有为越说越生气，就顺手拿起一个夹着报纸的报夹子，向梁氏掷过去，口中大叫："你忘了，你的命是光绪皇帝给你的！"虽然他无意真打，一击不中，梁启超却大吃一惊，慌忙跪下，俯首认罪。但梁启超是个有理智有主见的人，始终不以康氏报答私恩之说为然。显然，梁启超当时选择的政治路线是正确的，但康有为认为他不仅忘了光绪帝的知遇之恩，还忘了他的救命之恩。在戊戌政变的前夕，若非得到光绪帝的预告事先出走，结果一定会像谭嗣同等六君子一样被杀，为了表示不忘光绪帝救命之恩，康有为从此别号更生。

从此以后，只要保皇会内部一出现任何革命的苗头，康有为就一定会亲自出马，大力指责，进行扼杀。徐勤、欧榘甲曾在《文兴报》发表了一些反清革命的文章。如欧榘甲撰写的《论广东宜速筹自立之法》一篇稿子，在报上连续二十七期登完，"满贼"、"清贼"之言充斥其中，他认为清政府既然不能保护中国国土，那么广东就应脱离清廷以求独立。其原则是，首先宣布不承认清政府为中国的合法政府，各省先行以求独立，然后建立一个美国式的联邦总政府。这篇闪烁着新思想的文章不久由新民丛报社编辑成册，出版发行并把书名定为《新广东》，又名《广东人之广东》，署名太平洋客。檀香山《新中国报》、横滨《新民丛报》都有类似言论，与此同时就连康门弟子中年龄较大的韩文举也在报上开辟《扪虱谈虎》专栏，写了《人肉楼》等文章宣传反清革命。1902 年 5 月，梁启超在致康有为的信中，再次力倡"民族革命"，对清政府大加攻击，礼赞革命，大有摆脱康有为保皇主义的限制之势，他写道："同门之人皆趋于此。夫树园、君勉，岂肯背师之人哉？然皆若此，实则受先生救国救民之教，浸之已久，而迫于今日时势，实不得不然也。"

康有为看到门生们放言"民族革命"、"汤武革命"等激进文章，更加担心和愤怒。1902 年 6 月 3 日康有为在给欧榘甲的信中说："近得孟远（按：梁启超）书决言革命，头痛大作，又虐发作，复得汝书，头痛不可言。汝等迫吾死而已。欲立绝汝等又不忍，不绝汝又不可，汝等迫吾死而已。"又说："我改易则吾叛上，吾为背义之人。皇上若生，吾誓不言他。汝改易，则为叛我。汝等背义之人。"他在另一封给梁启超的信中对梁也是大加责怪："自汝言革命后，人心大变大散，几不可合。"从这些信中可以看出，康有为对这种革命倾向是多么的伤脑筋，而又恨之入骨。

通过书札、公开信等形式，康有为以专制的家长作风和威胁的口吻，宣称保皇会的保皇宗旨无论如何也不能变，谁言"革命扑满"就是"反叛"，就是要他的老命，他就要与谁断绝师生关系，骂他们是"背义之人"。康有为利用这种蛮横专制的手法，把他的门生控制在保皇的大旗下。同时，他公开发表声明："其各报有异论者，皆非仆之意。即使出自仆之门人之说，若为保皇立宪以达民权自由之旨与仆同者也，吾徒也；若为革命攻满之说，则与保皇之旨相反，与仆不同者，非吾徒也。即使出自仆门，或已有盛名，亲同患难者，既为异论，即与仆反，诸君切勿以为仆之意也，勿听之也。"康有为就这样以其师长的身份，来扼制和防范保皇派内部的革命倾向，终于使梁启超"颇悔已往种种措失当"，不再公开发表激进的反清革命主张，但欧榘甲等却一往无前，最终走上革命的道路，气得康有为骂他为"革匪"和"逆贼"。

# 三、坚持立宪

1902 年春天，康有为在印度大吉岭频频接到梁启超的书信，信中大谈革命反清，又读到了欧榘甲写的"汤武革命"文章，高唱"汤武革命"。他越想越放心不下，认为这是因为梁启超、欧榘甲等人离群索居已久，对时势认识不清，立场不坚定，不听其言，从而发生了这些掉笔摇舌、极发自立之事，和谬倡新说以毒天下的事。他还认为这些弟子，只知读欧美之新书，而不能详察亚洲的情势，认为他们"但闻革命自立之事，则艳慕之，而不审己国之情实，乃遂妄言轻举，以酿滔天之大祸，以亡国绝种"。盛怒之下，康有为特发表《与同学诸子梁启超等论印度亡国由于各省自立书》，严辞训教那些主张各省脱离清政府实行独立的门人。

此时，他还接到南北美洲华侨中的保皇会员的信件，他们在信中表达了对清政府迫害华侨保皇会员的不满，指出他们从保皇会成立以来，一直忠心耿耿地保皇，可是清政府却把保皇会视为"逆党"、"匪会"，对会员家属大加迫害，"以竭忠为逆，以保皇为匪"，既然清政府这样腐败，我们"不如以铁血行之，效华盛顿革命自立，或可以保国民"。康有为对此信感到极大的恐慌，说："览书惶骇，何乃至此！"于是他又立即写了《答南北美洲诸华商论中国只可行立宪不可行革命书》，再次把他的君主立宪、反对排满革命的政治主张加以系统阐述，以稳定保皇会军心。

康有为这两封信发表在清政府勾结八国联军、镇压了义和团运动之后，当时推翻清政府已成为不可抗拒的历史潮流。在这两封信中，康有为固执地坚持其一贯的保皇立场，大谈君主立宪论调，反对排满革命，虽然一再标榜这是自己披肝沥胆至诚爱国，但客观上却起着挽救清政府的作用，完全违背了中国人民的愿望，充分展示了康有为后期的政治主张。

这两封信以公开信的形式发表，中心思想只有一个：中国只可立宪，不可革命。君主立宪可以使中国摆脱危亡，走向强盛，革命排满则一定招致亡国灭种。他在《与同学诸子梁启超等论印度亡国由于各省自立书》一文中，以印度沦为英国殖民地为论据，名义上是专门对梁启超、欧榘甲等二人讲的，实际上是借此教训所有不愿保皇、倾向革命的康门弟子，同时向海外的中国人重申他一贯坚持的"只许立宪不可革命"的政治主张。

康有为眼看着梁启超、欧榘甲等人鼓吹民权、倡言革命，担心学生们受新思潮的影响而倒向革命阵营，便赶紧进行拦阻，他说："顷少年新学者之说，粗读日本之翻译书，稍知欧洲之掌故，谬引欧史，谓自古无有不分立者，彼未知欧洲之政，自希、罗之后，封建内争，中世黑暗，实至近二百年而始开，何足比吾国二千年一统久安之盛治也。"康有为这时把他当年征引西方政治历史探索救国救民真理时，被顽固派斥为"病狂"的教训忘记得一干二争，反而以"高老太爷"的身份压制进步思想，严厉地教训学生们："吾居印度久，粗考其近代史，乃得其所以致亡之由，即诸子所日慕之望之之自立也。"

他把印度和中国的地理环境、历史演变、人种政教风化等方面进行机械的类比，全面得出了这样的结论：中国各省如果摆脱清政府而宣布自立，则必像印度一样走向亡国，责骂这是一种"亡国奴种之言"，必不能博银钱一角、糖果一枚，

只会贻笑天下。康有为这种颠倒因果的理论，对帝国主义侵略印度，使印度沦为殖民地的现象视而不见，甚至连后来中国境内的军阀混战局面，也是梁启超、欧榘甲等人谬说所致，他气愤地说："自吾愚妄无知之门人梁启梁、欧榘甲等妄倡十八省分立之说，至今各省分争若此，此则梁启超之功也。欧榘甲作《新广东》一书，流毒至今，今《新广东》如其愿矣，而新广东分为七政府，生民糜烂，则欧榘甲之功也。"康有为这里所指的广东"七政府"，指的是1917年时莫荣新领导的政府，李耀汉领导的政府，龙济光领导的政府，孙中山领导的政府，方声涛领导的政府，海军政府和联邦会议政府。很明显，康有为并没有把革命政权与军阀政权区分清楚，而一概斥之为分裂政府。

康有为这种把学生的论旨推向极端而置之于死地的武断极为不公，表明了他无视中国军阀混战起因的基本事实。因为，任何阴晦的社会现象都是一定社会群体利益和力量斗争的表现。中国各地的大小军阀，本身就是一批中国社会的封建余孽；同时，在他们的背后大都有支持他们的帝国主义国家作为靠山，他们之间的割据混战，实际上是帝国主义在中国争权夺利的一种表现。作为老师的康有为，却把后来军阀混战的罪过统统归咎于门生梁启超、欧榘甲等人确实是毫无道理的。康有为唯恐大清的一统江山、二百六十年统治分崩离析，所以才危言耸听，胡乱责怪一通。他训教学生们道："故今日惟攻废立首贼，拳匪罪魁之荣禄，请复辟、求民权、定宪法而已。舍是而发妄想，皆恐中国寿命之不长，而促其灭亡之命也。"

但是最能全面系统地反映康有为这个时期的政治思想的作品应是那封《答南北美洲诸华商论中国只可行立宪不可行革命书》。在这封公开信中，康有为援引今古，洋洋万言。中心内容无非三点：

其一，以历史之鉴论证中国只可行立宪，不可行革命。

他认为，今欧、美各国之所以国强民富，人民之所以享有民主，究其原因，"不过行立宪法、定君民之权而止，为治法之极则矣"。欧洲十六国，除法国行革命外，其余之国，"无非定宪法者，无有行革命者"。但是，法国由于提倡革命，导致八十年大乱，流血数百万，而所言革命民权之人，旋即借以自为君主而行其压制，如拿破仑者，凡两世矣。虽然法国亦定有宪法，与其他各国宪法相比，"以法国为最不善，国既民主，亦不能强，能革其君，而不能革其世爵之官，其官之贪酷压民甚至，民之乐利，反不能如欧洲各国"。况且，法国之民仅为中国的十分之一，革命尚乱八十年。中国有四万万众，各省各府，各怀私心，各私乡土，若革命起，自必"互相攻击，各自统领，各相并吞，各相屠城，血流成河，死人如麻，秦、隋、唐、元之末季，必复见于今日。加以枪炮之烈，非如古者刀予也，是使四万万同胞，死其半也"。以史为鉴，中国只能仿立宪国家实行君主立宪，定君民之权，而绝不能行革命。

其二，以孔子"三世"说，为其行立宪寻找理论根据。

他说，孔子作《春秋》，有据乱、升平、太平三世之说。"据乱则内其国，君主专制世也；升平则立宪法，定君民之权之世也；太平则民主，平等大同之世也。"他指出"凡君主专制、立宪、民主三法，必当一一循序行之，若紊其序，则必大乱，法国其已然者矣"。而现在中国正是由小康到大同，由君主到民主的过渡阶段，即孔子所讲的升平之世，"既当过渡之时，只得行过渡之事，虽有仁人志士欲速之心而徒生祸乱，必无成功，则亦可不必矣"。而欧洲十余国之志士才人，经过动荡变更达百年，最后都以君主立宪而稳定下来。所以，中国目前的道路也在立宪法，实行君主立宪。否则，"一旦乃欲超跃而直入民主之世界，如台高三丈，不假梯级而欲登之；河广十寻，不假舟筏而欲跳渡之，其必不成而堕溺，乃必然也"。

其三，抨击慈禧太后、荣禄等为卖国贼，论证光绪帝复辟之可能。

康有为在谈到清政府时，把慈禧太后、荣禄一伙与光绪帝严格加以区别。他指出，不应该不分青红皂白，一概攻击清政府，如今割让台湾、旅大、胶州，推翻新政，赔款加税，虐待百姓者，是太后、荣禄一伙，而不是皇上。皇上为救民而推行变法，不幸被废，但世人反戈攻之，曰革命，曰扑满，这是恩将仇报，所以他说："仆实不欲闻革命扑满之言。"他又乐观地说："今皇上虽尚无权，然数年以来，经历万劫，履险如夷，至今无恙……今则复能郊庙朝觐，比之向者，已有进矣。"因此，他预测皇上将有复辟之日。接着，他分析了光绪帝复辟的可能性：第一，太后、荣禄皆六十余岁，而皇上才三十余岁，相较显然，一旦有变，皇上可复辟；第二，荣禄曾通拳匪围困外国各使馆，是罪魁，实情败露，各国必诘之，弃之；第三，各国咸知皇上圣明，日久必请太后让权，光绪帝复权；第四，各国咸认皇上敬皇上，太后、荣禄等不敢再行废弑，皇上可从容而待复辟。他最后总结道：举国臣民，外及友邦，莫不归心皇上。因此，皇上"一旦归政，天子当阳，焕然维新，以上定立宪之良法，下与民权之自由，在反掌耳"！为此，他要求诸君"仍誓保皇，发愤敌忾，以冀皇上之复辟"。

康有为最后得出结论："欧洲须由立宪君主，乃可渐致立宪民主；中国则由君主专制，必须历立宪君主，乃可至革命民主也。"显然，康有为的政治立场是，坚持君主立宪，否定排满革命。实质上是反对用革命手段推翻清王朝的统治，极力为即将灭亡的清王朝寻找庇护伞，他确实是一个顽固不化的保皇派的首领。

# 四、遭受抨击

早期康有为倡导维新变法对青年章太炎产生过极大的影响。

章太炎（1869－1936年），原名绛，后改炳麟，字枚叔，号太炎，浙江余杭县人。少年时期，在浙江省大儒俞曲园的门下求学，曾一度应县试，后因一场大病，被迫放弃科举考试，于是潜心研究国学。在研读《东华录》《明季稗史》诸书时，他看到清政府残酷虐待汉人，气愤至极，从此下决心不入清政府为官。后来，他广泛阅读大量西籍译本，感到只有行新法才能救国。

1900年，唐才常在长江流域发动自立军起义时，先在上海召开国会，章太炎也应邀参加。因会章中这样一句话"务合海内仁人志士共讲忠君救国之实"，章太炎对此大不以为然，认为这不合时宜，劝唐才常不要被康党所用。但是，唐才常此时一心想利用康有为保皇会的捐款，以举大事，故没有听从章的建议。于是，章太炎对唐说："诚欲光复汉绩，不宜首鼠两端，自失名义。果欲勤王，则余与诸君异趣也。"他"愤然剪除辫发，以示决绝"。

从此以后，章太炎毅然斩断了与维新思想的联系，走上了革命的道路，并对康有为等保皇思想进行了批判。

康有为撰写的《答南北美洲诸华商论中国只可行立宪不可行革命书》和《与同学诸子梁启超等论印度亡国由于各省自立书》这两篇文章，被一些忠于他的弟子编印成《南海先生最近政见书》，大量印发，在国内外产生很大影响，从而使海内外关心祖国命运的人们的思想产生了极大的混乱，一时间成为阻碍资产阶级革命发展的最大思想障碍。这时，如果不辨明革命与保皇的是非，中国就失去前进的方向；不批驳康有为的种种谬论，就不能把人们从保皇的思想束缚中解脱出来；不打破人们盲目崇拜清朝皇帝的封建观念，就不能使少数人的革命认识转化为多数人的革命行动。所以，当时革命民主派的迫切任务就是批驳康有为歪曲革命的谬论，以正视听。

民主斗士章太炎当时住在上海爱国学社，读了康有为的《答南北美洲诸华商论中国只可行立宪不可行革命书》后，他拍案而起，认为这是一篇无视现实、颠倒黑白的胡言乱语，它如果出自一般贱儒元恶之口倒也罢了，但是出自自称"圣人"、"教主"的保皇党魁康有为之口，就很容易使许多人上当受骗。他奋笔疾书，一口气写成了《驳康有为论革命书》，此文是一篇排山倒海、气势磅礴的抨击康有为的战斗檄文。文章采用公开信的形式，针对康有为答复美洲诸华商的公开信，逐点予以反驳。这篇文章，笔锋犀利，观点鲜明，旁征博引，论说有力，简直把康有为驳得体无完肤，震动了当时的思想界。下面简单介绍其内容：

第一，揭露了清朝统治者压迫汉族的种种罪恶，批驳了满汉平等说。

章太炎在一开篇就单刀直入地抓住康有为关于满汉已经平等的谬论，进行猛烈地批驳。他对清朝封建专制主义满怀怒火，站在鲜明的民主主义立场上，历数清朝自入关以来，铁蹄踏遍中原，屠戮人民无数，横征暴敛，数若恒沙，又屡兴文官狱，务在摧折舆论，使汉人噤若寒蝉，直至前些年发动戊戌政变，捕杀革命志士，迫害汉人的累累罪行，真是罄南山之竹也写不完，扬东海之波也洗不清。你康有为也身受其害，逃亡海外，有国有家却归不得，却在这儿闭着眼睛说清政府为大地万国所未有。在清朝政府里，高官勋爵，满人世袭，军机首领，必在宗藩，就是镇压了太平天国，为挽救清朝立了汗马功劳的"中兴名臣"的曾国藩，也不过以一般的侯爵，而事事得谄媚皇帝和监官，才得以保住脑袋。即使有些汉族官僚做了较大的官，也不过是仰承风旨，为其利用而已。满洲贵族明明是主人，汉族官吏明明是奴才，怎么能昧着良心说满汉已经平等了呢？如果说满汉二族的统治者有共同之处，那就是只有"尊事孔子，奉行儒术，崇饰观听"之事，其目的无非是为了愚弄人民，以巩固其统治。而强迫汉人辫发胡服，犹若魑魅，行之二百六十年，你康有为怎么可以喋喋不休地说满汉平等，甚至满人归化汉人呢？

第二，通过阐述立宪制度通行法则，进而揭露清朝所谓"立宪"的实质。

章太炎介绍世界立宪制的通例，指出所谓立宪制，分上下两院，下院通过的议案，上院可以否决。从中国来说，虽然下院能有汉人参加作为陪衬，但上院的议员都是皇族、亲王、贝子、贵族、高僧，仍然是满洲贵族说了算，民权问题根本解决不了，更谈不上满汉平等。更何况，满洲的发祥之地，仍被沙俄侵略军占领着，"失地当诛"。丢失了国土，是应该杀头的，不要说光绪皇帝早已丧失了实行立宪的资格，就是作为一个"满洲君主"也没有资格。不料你康有为"戴此失地之天囚，以为汉族之元首，是何异取罪人于图圄而奉之为大君也"。更何况，以一人之诏旨立宪，宪其所宪，与世界通行的所谓立宪毫无共同之处，实际上还是皇帝独裁专制一统天下的翻版。

第三，指出不仅革命流血，立宪亦必以流血取之。

康有为指出，革命之惨，血流成河，死人如麻，而其事卒不可就。章太炎对此发出质问："然则立宪可不以兵刃得之邪？"他援引外国历史说，英、奥、德、意诸国经多次民变，始得自由议政之权；而民变并非凭其口舌之争，而是以长戟劲弩飞丸等武力，经过流血斗争始得议政之权。以近邻日本而言，其立宪之制所成，有攘夷覆幕之师在前，推翻幕府，始成立宪。因此，他得出结论说："故知流血成河，死人如麻，为立宪所无可幸免者。"他还对康有为在变法期间请求立

宪之举进行嘲讽，"岂有立宪而可上书奏请者？立宪可请，则革命亦可请乎？"即使皇上真的能立宪，但"以一人之诏旨立宪，宪其所宪，非大地万国所谓宪也"。因此，他认为即使立宪亦必经过流血才能得到，否则，就是假立宪。

第四，驳斥了康有为关于公理未明，旧俗俱在，不可革命之说，指出革命是明公理、除旧俗的良药。

康有为认为，当今中国，公理未明，旧俗俱在，革命以后，必将日寻干戈，偷生不暇，造成社会的极大混乱。对此，章太炎反问道："夫公理未明，旧俗俱在之民，不可革命，而独可立宪，此又何也？岂有立宪之世，一人独圣于上，而天下皆生番野蛮者哉？"章太炎指出，人心之智慧，自竞争而后发生，"今日之民智，不必恃它事以开之，而但恃革命以开之"。他以李自成起义为例来说明这个道理。他说，李自成迫于饥寒揭竿而起，当时并无革命观念，尚不如今日的广西党起义。但随着起义声势的扩大，革命观念逐渐产生，有了革命观念以后，剿兵、救民、赈饥济困之事业也就兴起了。因此，他得出这样的结论："然则公理之未明，即以革命明之。革命非天雄大黄之猛剂，而实补泻兼备之良药矣。"

第五，指出不必害怕外国干涉，驳斥了革命必然招致外国干涉的恫吓。

章太炎认为，康有为动辄以革命会招致外来干涉吓唬革命者，这是很不道德的行为。他指出，在今天的世界，无论哪个国家进行革命，必然要与外国发生交涉，也一定会发生外国干涉的情况。这是革命党人早就预料到的，"且运械之事，势不可无；而乞师之举，不必果有"。我们利用自己国家的有利地形，可以尽量避免引起外国干涉，"今者西方数省，外稍负海而内有险阻之形势，可以利用外人，而不为外人所干涉者，亦未尝无其地也"。他还进一步分析说，那些外国侵略者也是势利小人，他们见你革命尚未成功，无不千方百计掠夺你的领土主权，等到革命稍有成功，他们就无不承认你是友好国家，又何必多虑呢？他责问康有为，今天我国人民光复旧物的思想刚刚萌芽，你却"力主立宪，以推革命之萌芽"，"终日屈心忍志，以处奴隶之地"，你为什么"以逆料未中之言，沮其方新之气"？难道你愿意汉族人民永远做奴隶，中国像现在这样从此衰败下去吗？

章太炎根据资产阶级的民主革命理论，大量引用中外古今的历史，以高屋建瓴之势，痛快淋漓地批驳了康有为的种种谬论，证明了反清革命完全合乎进化公理，澄清了人们思想的混乱，从而推动了革命形势的发展。但必须指出，章的文章也有过激之言论，未免有失偏颇。章太炎过分强调满汉矛盾，从而引出了若干违背历史的结论。这主要表现在把清朝统治者与满族人民混为一谈，而主张"仇其全部"。此外，对光绪帝的评论也带有浓厚的感情色彩。客观地说，作为一个衰世的皇帝并不是光绪的个人过错，他毕竟是满洲皇族中比较能接受新思想的青年皇帝，面对慈禧太后的淫威，他曾发出过"不甘作亡国之君"的抗争。当然，光绪帝也并不是什么威震中外的开国大帝或中兴名主，但也不失为一个颇想有所作为的勇于向西方学习的青年皇帝，只可惜生不逢时罢了。对康有为二十年的政治活动，用"富贵利禄"四个大字来概括也与史实不符。清政府虽然也封过康有为不算小的官职，如工部主事、总理衙门章京上行走。康有为以维新大业为重，并不在意这些功名利禄，常不到任，这在当时也是惊世骇俗之举，因此，这样评价对康有为来说确实有失公允。

康有为主张君主立宪，除了基于他对光绪帝个人抱有封建士大夫的知遇之情，救命之恩外，更重要的是把它作为一种政治理想提出来的，他认为"若立宪，君主既已无权，亦与民主等耳；他日君衔亦必徐徐尽废而归于大同耳"。正因为他相信在中国可以先通过实行君主立宪的办法实现民主，以后逐步废除君主而归于大同，因此他把维新变法运动作为在中国实现大同的初阶和先导。特别是在周游世界各国之后，他亲眼看到日本和欧洲十六国君主立宪的盛世，更加坚定了他在中国推行君主立宪的信念。然而，他不明白中国人民对君主制深恶痛绝的心理，也不了解当时帝国主义国家对中国的企图，更不理解把君主立宪移植到中国来是不符合中国的历史和现实国情的，此时的康有为可悲地落在时代的后面，更为不幸的是，他在改造中国的道路上走错了方向。成功与失败，前进与后退，奔泻与回流，康有为一生走着极其曲折的道路。康有为作为先进中国人的光彩已黯然失色，遭到更进步的思想勇士章太炎的批判也是情理之中的事了。

# 五、激烈论战

康有为自从在海外建立保皇会后，便在广大华侨中广收会员，积极发展"不数年间，迅百七十余埠，遍于五洲，会众以数十万计"。与此同时，孙中山领导的兴中会，却由于受保皇会的破坏和瓦解，几近瘫痪，困顿不堪。兴中会的各处分会，几乎有一多半被康有为、梁启超其党徒攘夺，变成保皇派的支派。保皇派的疯狂挑战，使孙中山几年来为革命积累的心血濒于丧失殆尽的境地。孙中山要继续革命，必须要有组织、有力量，因此，他决心从政治上、思想上、组织上对保皇派予以反击，把海外的广大华侨重新引向革命的道路。

1903 年秋，孙中山抵达檀香山，准备重整兴中会的队伍。当时，保皇会在该地主办《新中国报》，肆意诋毁革命，在当地造成很坏的影响。孙中山认为该报对革命来说，是一大毒瘤，"非将此毒铲除，断不能做事"，因此，他决心"尽力扫除此毒，以一民心"。

同年底，孙中山在《檀香山新报》上连续发表《敬告同乡书》和《驳保皇

报》两篇文章，对保皇派的反动言论予以批驳。在《敬告同乡书》一文中，孙中山划清了革命与保皇的界限，从而使广大华侨明白革命与保皇不可并举。他说："革命、保皇二事，决分两途，如黑白之不能混淆，如东西之不能易位。革命者，志在倒满兴汉，保皇者，志在扶满而臣清，事理相反，背道而驰，互相冲突，互相水火"，因此，一定要"划清界限，不使混淆。吾人革命，不说保皇，彼辈保皇，何必偏称革命?"。这样，他一针见血地揭露了保皇派的"名为革命，实则保皇"的谎言。《驳保皇报》一文中，孙中山对《新中国报》中的保皇言论逐条进行了驳斥，揭露保皇派保大清实质是"非爱国，真害国"，指出只有推翻清政府，才是挽救中华民族的唯一途径。

由于孙中山的揭露和批判，公理愈辩愈明，保皇党从此一蹶不振，革命党则蒸蒸日上，许多误信谎言投到保皇派的兴中会会员和华侨群众，纷纷登报脱党，转而深信革命真理。不久，孙中山又在檀香山恢复了革命组织，但把组织名称改易为"中华革命军"，加入者有千余人，革命派的势力就此得以增强，檀香山又成了革命派在海外活动的一个重要据点。

檀香山的斗争胜利后，孙中山又于1904年夏抵达美洲。但没想到的是，在美国旧金山登陆时受阻，美国海关人员认为孙中山是中国乱党，把他扣留在船上听候讯问。原来，这是保皇会人员从中捣的鬼。当孙中山准备赴美时，被檀香山保皇党人陈仪侃探知，陈仪侃即预先通知旧金山保皇党人设法阻止孙中山入境，以报复孙中山对保皇党的揭露，旧金山保皇党人遂想出一招歹毒之计，利用清廷打击孙中山。他们即向大清国驻旧金山领事何祐报告，何祐关照美国海关，称中国乱党孙某将于某日抵美，请禁止其入境，以全美清两国邦交等。因而，孙中山一下船，即被美海关人员阻止登陆。后通过基督教友、旧金山《中西日报》总理伍盘照和美国华侨组织致公堂总堂大佬黄三德、英文书记唐琼昌的设法营救，方才脱险，得以入境旧金山。

此事充分说明，保皇党与革命党之间斗争之激烈，也表明了保皇党人敌视和害怕革命的立场，保皇会此时已成为中国革命的绊脚石。

孙中山此次抵美后，在致公堂总堂大佬黄三德的热心帮助下，遍游美洲各地，沿途四处宣传革命。很快，他把由保皇党人掌握的致公堂机关报《大同日报》重新夺回，聘请革命党人刘成禺任该报主编。刘成禺曾在《湖北学生界》任编辑，鼓吹革命。刘成禺主笔《大同日报》后，该报成为革命派宣传革命思想的有力阵地。"革命横议，鼓荡全美，华侨受其感化者日众。"孙中山还帮助致公堂进行组织整顿。原来，康有为当初命梁启田、徐勤等人到美国设立支会，梁等人看到洪门势力大，可供利用，于是都加入致公堂，从中进行联络，洪门中人受其欺骗，多加入保皇会，因此，致公堂内保皇思想较重。不过总堂大佬黄三德、英文书记唐琼昌热心革命，并对孙中山的学行十分钦佩，因此，他们邀请孙中山帮助整顿致公堂。

孙中山亲自为致公堂订立新章程要义八十条，在其前言中，他痛斥了保皇会。他说道："中国见灭于满清二百六十余年，而莫能恢复者，初非满人能灭之，能有之也，因有汉奸为虎作伥，残同胞而媚异种。"与保皇会保皇忠君的宗旨针锋相对，孙中山在章程中把致公堂宗旨确定为"驱逐鞑虏，恢复中华，创立民国，平均地权。"通过致公堂的组织，孙中山逐渐把美洲华侨引向革命的道路；后来，在辛亥革命爆发前夕，旧金山致公堂与同盟会联合设立筹饷局，援助革命党人起义，这都归功于孙中山当年在此播撒下革命的种子。因此可以说，革命派与保皇派在美洲的斗争，以革命派取得胜利而告终。

革命派与保皇派不仅在美洲进行斗争，同时，他们的斗争还延伸到南洋、香港、缅甸等地。经过斗争，革命思想终于渐入人心，革命阵地逐渐扩大，为资产阶级革命派的大联合打下了基础。

关于"保皇"与"革命"的论战，从 1905 年开始，一直持续到 1907 年，历时三年之久。论战的阵地，除《民报》和《新民丛报》在东京对垒外，在新加坡，有革命派的《中兴日报》与保皇派的《南洋总汇报》之间的论战，孙中山亲自参加了这里的论战；在香港，有革命派的《中国日报》和保皇派的《商报》、《岭海报》（广州）之间的论战；在檀香山，有革命派的《民生日报》与保皇派的《文兴报》的论战；在仰光，有革命派的《光华报》与保皇派的《商务报》的论战。据有关资料统计，革命派与保皇派在海外的二三十种报刊，差不多都参加了这次论战。这场论战规模之大，时间之长，斗争之激烈，在中国近代历史上绝无仅有。

双方论战的内容，基本上是围绕《民报》第三号号外刊发的《〈民报〉与〈新民丛报〉辩驳之纲领》中所列的十二条纲领展开的，主要集中在三个问题上：

第一，要不要推翻清王朝。

一方面，为了使人们相信推翻清专制王朝的必要性，革命派以大量的事实揭露了清朝政府所实行的民族歧视和民族压迫政策。他们说，二百六十多年来的政治是不平等的贵族政治，清政府对汉族的压迫可以称得上是无所不至的。"虐我则仇"，既然"满洲之对于汉民也，无一而非虐，则汉民之对于满洲也，亦无一而非仇"。

革命派对清政府的媚外卖国政策更是大加揭露和抨击，指出清政府与洋人签订的所有条约"无一非损己以益人者"，"大者为领土权、独立权之侵蚀，小则为铁路、矿产、航道等权利之授予，使吾国民触处伤心，穷于无告"，要想拯救中华民族，必须坚决推翻"蔑弃我国家权利之异族专制政府"。他们高呼"满洲去，

则中国强"，一时间，"革命排满"的声浪风起云涌。

另一方面，保皇派对清朝统治下民族歧视和民族压迫的现象一概否认，并进而否认有推翻清王朝的必要。康有为竭力称颂清朝统治者的丰功伟绩，称康熙年间的"薄税"不仅为中国"数千年所无，亦为地球万国古今所未有"。梁启超声称在清朝统治下，"举国人民，其在法律上本已平等，无别享特权者"。既然这样，他们认为推翻清政府毫无道理，只需对它进行监督改良就足够了。他们对清政府宣布的"预备立宪"，拍手欢迎，以为清政府宣布"预备立宪"，可以克服任何种族或阶级的偏见。因此，他们声称反清革命与爱国不相容，甚至危言耸听地鼓吹若要革命，就会陷入"杀人流血"的内乱，就会引起瓜分，就会招致"亡国灭种"等等。

第二，是行君主立宪还是创民主共和政体。

革命派痛斥了保皇派的种种谬论。他们指出"民权"的兴起，是20世纪不可抗拒的时代潮流，中国人民在斗争实践中必将学会行使自己应该享有的民主权利，革命派还理直气壮地指出，中华民族的聪明才智并不比其他民族差，通过革命由君主专制变为民主共和，是当今世界"进化之公理"。

革命派对梁启超的"民智未开"之说大加批驳。他们指出，保皇派希望通过清王朝实行"开明专制"来开启民智，这只能是"求鱼于樵，求木于渔"。革命派认为，开民智的唯一办法就是实行"四民革命"，以革命开之。可见，所谓"民智"等问题，说到底就是要不要革命，要不要建立共和制的问题。

保皇派则认为中国绝不能实行共和政体，只能行君主立宪。他们诬蔑中国人"民智未开"，既缺乏政治习惯，又不识团体公益，甚至没有享受民主权利，当共和国民的资格。

第三，要不要实行民生主义。

一方面，革命派大力宣传社会革命的必要性，《民报》发表了一系列关于"民生主义"的文章，阐述"土地国有"、"单税法"、"均贫富"等问题的重要性。

在革命派眼里，土地问题是社会问题的总根源，认为要解决社会问题，必须首先解决土地问题，主张按"定价收买"的方法，实行"土地国有"，废除土地私有制，禁止土地买卖，每个人向国家租种土地，并向国家交纳地租，然后由国家把地租收入用于经营各项事业，认为这样做可以使地主强权在中国绝迹。即可保证"劳动者有田可耕"，又可保证社会财富能聚于国家，为国民所共用，中国就不会陷于欧美那样的财政困境了。

另一方面，保皇派反对"土地国有"论。他们认为私有制度为"现社会一切文明之源泉"，如果去掉"所有权"观念，必将使人类的"勤勉赴功之习"消失殆尽，对国民经济发展大为不利。实行单税制既不能解决土地国有问题，更不可能解决整个社会的其他所有权问题。因此，梁启超说，实行土地国有制，"一方面对于富者未尝能节其私豪之专横，一方面对于贫者反使之蒙丘山之损害"。这表明他们对作为封建剥削的总根子的封建土地制度丝毫不想变革。

综上所述，革命派的"社会革命"论是想同时解决政治问题与社会问题，即"举政治革命、社会革命毕其功于一役"。表现了关心与同情下层劳动人民的生活状况，在一定程度上冲击了封建土地所有制。

应该承认，革命派在论战中的言论存在着局限和缺点，例如把清朝统治称为"异族统治"，认为明朝覆灭，中国就已亡国。这实际上把满族排斥于中华民族之外，导致一些人对国内民族关系的认识发生混乱。梁启超批驳他们有偏狭的民族主义观念，是有一定道理的。

尽管革命派存在着这样或那样的缺点和局限，但从总体来说，他们要求民族民主革命的政治主张，是符合历史潮流的，并且越来越受到广大人民群众的理解和欢迎。而保皇派千方百计地为清政府作粉饰和辩护，最终为大多数人民所唾弃，其市场越来越小，1907 年 8 月，《新民丛报》宣布停刊。这表明，在这次历时三年的论战中，保皇派遭到了失败，革命派取得了胜利。

# 第十二章　丁巳复辟

## 一、创办《不忍》

　　1911 年爆发的辛亥革命，是中国近代史上具有划时代意义的伟大事件。它推翻了清王朝二百六十八年的封建统治，从此结束了中国两千多年的封建帝制。中华民国的建立，使民主共和观念深入人心，有力地促进了中华民族的觉醒。

　　当辛亥革命爆发时，康有为正在日本。一方面，他对激荡的革命潮流，感到惴惴不安。这从他 1911 年 10 月 26 日给徐勤的密函可以看出，他对清政府不能扑灭革命烈火深表遗憾。信中说道："武汉军初变，不能长驱北陷，以为政府海陆立凑，不日可扑，岂知政府疑新军无一敢调，又乏军械（并非兵饷）。故古余日不能出师，汽车又不能载炮，遂令各地响应，全国沸变。"又说："日传消息，皆是沦陷响应，若是则可不期月而国亡。"这是他为清政府的命运担忧。然而，另一方面，康有为也并非等闲之辈，他不愿看到革命党人夺取政权，为了使中国的前途按照自己设计的轨道运行，他也乘机加紧活动。于是他告诉徐勤，要趁机改革清政府，即把资政院改为国会，合并十八省的资议员为议员，实行君主立宪。他还说，已派很多"皆拼命而行"的人回国到北京活动。为此，他要求徐勤要多筹款项，以五六万元为佳，尽快寄来，作为运动经费。否则，丧失这次机会，以后即使有千万，也无能为力了。最后，他强调说这次革命政府的计划，关系到中国的命运，成败在此一举。

　　从这封密函可以看出海外立宪派敌视辛亥革命的态度，同时，也可发现康有为在这关键历史时刻的活动。辛亥革命后一个月，康有为即让梁启超带上拟好的《改资政院为议院诏》回国活动，以促成君主立宪政体的实现。他们初步商议先利用北方军吴禄贞、张绍曾等发动滦州起义，推翻以奕劻为总理大臣的皇族内阁，然后组成由康、梁等立宪派掌权的新内阁举载涛为总理，并以国会名义号令天下，这样就使革命党人出师无名，屈服受抚，清王朝就可逃脱灭亡的命运。这个如意算盘除立足于以君主立宪压制民主共和的一贯主张外，还包含有抢在袁世凯前谋取清廷实权之意。康有为、梁启超没有忘记戊戌之恨，对袁世凯仍有所防范。这从康有为致徐勤的密函中可略窥一二，康有为指出，我们应尽快行动，否则袁世凯必然专权，到那时就没有我们回旋的余地了。然而，当梁启超回国到达奉天时，袁世凯已大权在握，他不辜负中外反动势力的期望，大耍两面手段，利用各种手段，竭力扑灭革命。滦州起义被镇压了，吴禄贞遭暗杀，张绍曾也被解除兵权。这使康、梁的如意算盘落空了，梁启超只好又悄然回到日本，再谋它途。

1912 年 2 月 12 日，清帝宣布退位，清王朝统治的历史正式结束了。由于康有为领导的帝国宪政会是以君主立宪为宗旨的，所以，康有为只好又变更其组织的名称。2 月 19 日，康有为致书各埠帝国宪政会，把党名易为"国民党"，用五色旗，表明其满汉不分的始志。他鼓励其党徒说："吾党前途，负荷至大，开拓益宏，在鄙人等用是兢兢，望同志等益加勉勉"，"中国图强，后事至大，努力奋厉，同奏新勋"。但是，在革命派的影响下，无论是帝国宪政会，还是国民党，都是应者寥寥，会员所剩无几。因此，已经没有多大的影响力了。其党魁康有为参与时政的方式也只是连篇累牍地发表政见了。

1912 年 3 月 10 日，袁世凯在北京就任临时大总统，北洋军阀的黑暗统治开始了。康有为虽然侨居日本须磨，但非常关心国内政治形势。他看到袁世凯上台以来，人民生活困苦，国土沦丧，政治腐败，内战不断，心中产生了一种不能忍受的强烈情绪。他说："凡与吾交亲之大地中国，乐者吾乐之，忧者吾忧之，吾不能禁绝吾乐忧，而躬际中国之危难，于是不忍之心旁薄而相袭，触处而怒发，不能自恝焉。"因此，他从爱国主义和人道主义出发，创办了一份杂志命名为《不忍》，该杂志为月刊，由上海广智书局出版发行，前后共出版了十期。从 1913 年 2 月到 11 月刊出了第一期至第八期，1918 年 1 月，续出第九、十期合刊。先后有陈逊宜、麦鼎华、康思贯、潘其璇参加编辑工作。前八期多为康有为在辛亥革命发生到创刊本年度的政论，也有少量过去的专著，如《孔子改制专》、《礼运注》等。九、十两期则以协助张勋复辟时的作品较多，如《共和平议》等。可以说，《不忍》杂志反映了康有为在辛亥革命以后的思想特征。从第六期开始，封面上印有"康南海先生撰"六个字，设有图画、政论、教说、瀛谈、艺林等栏目，全部刊印康有为的作品，有新作，也有旧著。

1913 年，康有为在《不忍》杂志第七期上，发表了他在 1911 年 9、10 月间写成的《救亡论》一文，他在该文的按语中，说明该文的背景写作："辛亥八九月之间，举国行大革命，吾惴惴恐惧，惧中国之亡也，横览万国，竖穷千古，考事变，计得失，怵祸患作《救亡论》以告邦人，寄之上海。"可是当时革命潮流势如破竹，对于他的不合时代节拍的论调，人们因害怕而惟恐躲之不及，没有人

敢刊出此文；即使勉强刊印，也没人敢买，于是只好藏起来。

《救亡论》包括十个部分内容，现列举如下：一、革命已成有五难中国忧亡说；二、革命后中国民生惨状说；三、革命由动于感情而无通识说；四、谈革命多由于无通识；五、谈革命多由于鼓感情；六、新世界只争国为公而种族君民主皆为旧义不足计说；七、君与国不相关不足为轻重存亡论；八、共和政体不能行于中国论；九、立宪国之立君主实为奇妙之暗共和法说；十、虚君之共和国说。除此文外，康有为还撰写了《共和政体论》、《中华救国论》等文章。这些政论文章的主要思想可归纳为以下几个方面：

第一，革命会给中国带来兵燹之祸，导致外国势力趁机干涉，中国亡国。他认为，革命使人心折骨惊，给社会造成极大的混乱和灾难。他列举了所谓革命后中国民生惨状：（1）生计之败。革命造成工商业凋敝，人民失去生活来源，举国绝生，人民都失去生路，而"生计之害，已可亡国"。（2）盗贼之多。革命一旦兴起，资贼即以革命为名，联合成百上千的人，乡绅也因害怕而躲得远远的。另外随着无可安养的饥民日渐增多，很容易形成流寇，导致盗贼遍野，尤如汉之黄巾、唐之黄巢。这足以导致亡国。（3）杀戮流离之惨。他指出革命好比明末张献忠之乱，咸丰时洪秀全之变，造成尸横遍野。他说，印度一场革命有二千万人死亡，像我们这样人口众多的国家，如果全国起而革命，必定会有更多人死亡。不知再要经过多少年休养生息，才能复原，即使能复原，恐怕已经被外国人占有并繁衍出后代，不再是中国的老百姓了。因此，他认为外国人会坐收渔人之利，乘机侵入，最终导致中国亡国。

第二，反复阐述中国不能实行民主共和政体。

他说，欧美共和之国，所以能以共和制立国，都是因为他们是地少人稀的小国。美国虽是大国但却能实行共和制，是因为它具备四个条件：其一，是开国诸贤，皆清教之徒，无争权位之志，只有救民一心；其二，属地十三州，已有议院自立，本无君主；其三，美国人本为英人，移英现成宪法于美，政党仅有二；其四，美立国时，人民仅三百万，仍是小国。而中南美洲之国，亦曾模仿美国行共和，但因国内条件不同，为争总统，各方兵戎相见，战乱不已，战胜者为总统。他告诫人们，因为中国国情不同于美国，所以不能盲目学习效仿美国的共和体制，"中国各省，兵力既分，雄豪各立，诈力各出"，"总统只一，谁肯下者"？谁能像美国那样，进行投票选举呢？投票既无，"必出兵争而已，死人如麻，则非安民之法；乱靡有定，则非定国之方。其究也，召瓜分而亡中国，皆为谬慕其共和政体之故，岂不大谬哉！故断言之，中国今日之时，万无立民主之理也"。

第三，以"虚君共和"替代"民主共和"。

他说，中国有四千年君主制的历史，要马上废除它，实行民主，必然会引起内乱，所以民主最终还是不能在中国实现。"与其他日寻干戈以争总统，无如仍迎一土木偶为神而敬奉之，以无用为大用，或可以弭乱焉。"他所说的"虚君"即是这个"土木偶"，"虚君"只有地位而无实权，"若夫国会提议案，国会改正法，君主皆不能参预，不能否决，惟有受命画诺而已，不类于一留声机乎？凡此政权，一切皆夺，不独万国立宪君主之所无，即共和总统之权，过之远甚，虽有君主，不过虚位虚名而已。实则共和矣，可名曰虚君共和国"。他认为，"虚君主和"较"民主共和"大有益处。他说："夫立宪之法，必以国会主之，以政党争之，若无虚君而立总统，则两党争总统时，其上无一极尊重之人以镇国人，则陷于无政府之祸，危恐孰甚。"若实行"虚君共和"，可避危恐之祸，因为，有君主在上，各政党则"不倾国以争选总统"，"皆以政党口舌笔墨争百揆（即总理大臣）"，这样，"中国之乱，庶可弭乎"。正因如此，他把这种"虚君共和"看作是"奇妙之政体"。

那么谁来做"虚君共和"的"君主"呢？他说："盖虚君之用，以门地不以人才，以迎立不以选举，以贵贵不以尊贤"，"惟须超绝四万万人之资格地位"，而"民族同服者"，只有"孔氏之世袭衍圣公也"。像发现新大陆似的说，孔子尝有尊号曰素王文宣帝，"素者，空也，素王素帝，真虚君也"。"孔氏为汉族之国粹荣华，尤汉族所宜尊奉矣"，"虚君"之位，"舍孔氏亦无他人矣"。所以，他竟然抬出孔子的后裔衍圣公，充当"土木偶"。

从《不忍》杂志所刊载的文章看，它反映了康有为晚年爱国忧民的人道主义精神。他对社会和政治的黑暗进行揭露，借以警示人们亡国之祸就在近前，其主观愿望是值得肯定的。但是，他的思想意识也并非是挽救中国的灵丹妙药，无论"虚君共和"还是"君主立宪"都只是资产阶级统治国家的两种政治形式。中国要得救，只有驱逐帝国主义，推倒封建军阀，除此别无选择。所以中国人民最后也没有选择资本主义的民主共和制，而是选择了真正能够救中国的社会主义制度。这就是历史的辩证法。

# 二、创立孔教会

康有为的孔教思想可以追溯到很久。早在青年时代，他就曾把孔教与佛教、耶教、喇嘛教等宗教进行过对比，认为只有孔教顺人之情，极为自然。后来，他为了使孔教发扬光大，撰写了一些重要论著，像《新学伪经考》、《春秋董氏学》和《孔子改制考》，希望通过孔教这一精神武器来团结广大士大夫阶层，乃至全国四万万同胞，共同发愤图强，救国救民。1897年，康有为开始在学会推行孔教义，在广西桂林建立的圣学会就是一次很好的尝试。康有为正式提出建立孔教会的设想，是在1898年的戊戌变法中。他在宣传维新思想的艰难历程中，曾巧妙地利用了孔夫子的声望。孔子在我国历史上是有深远影响的人物。但在中国历史上却有两个孔子：一个是姓孔名兵字仲尼的真实的孔子，他是两千五百多年前的一位伟大的教育家、思想家和政治家；另一个是中国历史塑造出来的孔子的形象，被历代封建统治者捧成"神"，封为"大成至圣文宣王"。中国历史塑造了这个形象，这个形象反过来又影响了中国的历史达几千年之久。

我们发现，在中国近代史上，还有一个新的孔子形象，他就是康有为为"托古改制"塑造的孔子。康有为在书中通过把孔夫子塑造为一位开放的、开拓进取的改革家，发起了一场激荡神州的资产阶级改良运动。

康有为及其弟子，在民国初年掀起了一场颇有声势的孔教运动。这场运动的倡导者和领袖当然是康有为。

作为反封建的资产阶级民主革命的辛亥革命，冲击了维护封建秩序的伦理道德和纲常礼教，孔圣人在人们心目中的地位大为下降。1912年夏，北京政府教育部下令停止了孔子丁祭。这本是件好事，可以借此扫除教育界的封建糟粕，但康有为却认为，这是破坏纲纪，毁灭礼教，必将导致国魂丧失。他要保国魂，治人心，正风俗。为达此目的，他发动门人在国内各地遍设孔教会，掀起了一场轰轰烈烈的孔教运动。

从1912年起，各种名目的孔教组织在国内纷纷成立，如孔教会、孔道会、孔社、宗圣会、尊崇孔道会、尊孔文社等。在如此众多的孔教组织中，孔教会的影响最大。孔教会的幕后策划人是康有为，当时由其门人陈焕章、麦孟华等出面组织建立起来的。它在1912年11月12日正式成立，总会开始设于上海，第二年迁到北京，后来又迁到曲阜。康有为是孔教的巨子，因此理所当然地被举为总会会长，陈焕章任总干事，姚文栋、姚丙然、麦孟华、李宝元等任干事员，由他们负责具体的会务工作。孔教会的会务分为"讲习"与"推行"两部，前者主要学习研究孔教经典，后者主要宣传孔教义和执行孔教仪礼。孔教会的宗旨是"昌明孔教，救济社会"。

为了取得合法地位，孔教会于1913年12月12日向大总统袁世凯、教育部、内务部寄出《孔教会公呈》，要求准于立案。12月23日，北洋政府教育部正式作出批示，称赞孔教会"力挽狂澜"，"殊堪嘉许"，照准立案。内务部也于1914年1月7日批复"准于立案。"

孔教会在北洋政府支持下，首先出版了《孔教会杂志》月刊，总编辑由陈焕章担任，从1913年2月到1914年1月，共出版12期，主要栏目有图画、论说、讲演、学说、政术、专著、历史、传记、译件、丛录、文苑、时评、书评、孔教新闻、各教新闻、本会纪事等共十五个。它刊登孔子塑像、孔府、孔庙、孔林的照片，研究孔子历史，考证孔子弟子身世，对儒家经典的精义进行阐发，尊孔读经、祀孔配天、定孔教为国教的呼声四起。执笔作者大多是当时中外文化界的名人，如衍圣公孔令贻、王闿运、康有为、严复、廖平、宋伯鲁、王锡蕃、劳乃宣、李佳白、古德诺，形成了中西儒共演尊孔的场面。各省一些倾向尊孔的都督也不甘寂寞，纷纷通电要求定孔教为国教。

就是在这样的背景下，孔教会在各省各县纷纷成立支会。全国一些重要城市，如上海、北京、天津、济南、青岛、南京、南昌、西安、贵阳、桂林、成都、武昌、兰州、长沙、福州、齐齐哈尔、香港、澳门，都成立了孔教支会，就连纽约、东京、南洋也设有支会。全国的一些县份，如上海附近的南汇、川沙、奉贤、太仓等都有支会成立，甚至有些乡镇也出现了孔教分会。如陈焕章的家乡广东高要县砚洲分会、上海古镇南翔分会、江苏名镇黄桥分会等，据说其支会遍布世界各地，共有一百十三余处。康有为又被遥推为总会会长。

1913年9月24日至30日，即在孔子诞辰两千四百六十四周年时，孔教会在阙里召开第一次全国大会，各省孔教会代表聚集曲阜，孔子七十六代孙衍圣公孔令贻在会上发表演说。照仪式按丁祭仪式进行，他们在大成殿行跪拜礼，谒孔林，游尼山，热闹一时。会上宣布了《孔教会续定章程》，决定将暂设于上海的总会迁往北京，总会事务所设在西单牌楼太仆寺街衍圣公府内，依据在上海制定的简章，领导全国各地孔教会的活动。该会迁到北京后首先恢复了丁癸，据说阙里孔庙每岁有四次大祭，于四季仲月上丁举行，所以叫"丁祭"。1914年3月2日，孔教会总会在北京文庙举行仲春丁祭，共有二千余人参加了拜祭活动，来宾中，著名的有古德诺、贺长雄、美国公使施恩芮、蒙古王公塔旺布理甲拉、朝人李承熙、全秉薰等，参加拜祭的人均穿长袍马褂、玄冠深衣，现场一派复古气氛。

研究中国几千年的文化遗产，探讨儒家学派的思想精粹，本无可厚非。但是，孔教会在全国范围内掀起的这股尊孔崇圣之风，绝不是单纯的文化学术研究，而是假借尊孔保粹之名，反对用革命的办法扫除封建文化的糟粕。当时，北洋政府教育部曾写信给在日本须磨的康有为，请他写一首国歌歌词，他不但婉言拒绝，而且借机对民主共和进行大肆抨击，其中有这样一段文字：

> 鄙人远处绝国，闻无闻知，遂听风声。闻自共和以来，百神废祀，乃至上帝不报本，孔子停丁祭，天坛鞠为茂草，文庙付之榛荆。钟虡簴顿，统歌息绝，神祖圣伏，礼坏乐崩，曹社鬼谋，秦廷天醉。呜呼，中国数千年以来，未闻有兹大变也。顷乃闻部令行饬各直省州县，令将孔

庙学田充公，以充小学校经费，有斯异政，举国惶骇，既已废孔，小学童子未知所教，候其长成，未知犹得为中国人否也？抑将为洪水猛兽也！呜呼，哀哉！何居我闻此政也，抑或误效法国之革命，举教产以充公乎？

康有为认为，教育部必须恪守数千年之旧章，不能变革祀典，现没有没收孔庙祭田的权利。陈焕章在这封信的后面写了一大段按语，说康有为在海外十六年，遍察各国政治，像这样了解世界形势的，在中国仅此一人。现在有人所言所行，名为"新到之洋货"，其实皆非真正洋货，他进一步说到"南海先生之所言，则真正洋货之本色也。教育部为创造假洋货以杀人之制造厂，其不欲闻先生之论必矣，愿我国人之不甘被杀才，深察其论而自图之"。康有为和陈焕章在当时就这样一唱一和，他们以反对民国初年的教育改革为突破口，进而反对中国当时进行的社会变革，和向西方学习先进的文化制度。

当孔教会发起时，因康有为是孔教巨子，寄给他一篇特函请其作序。不久，康有为寄来一篇《孔教会序》，此文短小精悍，但陈焕章认为太过简短，又函请其师再作一篇，康有为又寄来了《孔教会序二》。康有为在这两篇序言中，大肆讴歌孔子和孔教的圣德，他这样说道："中国数千年来奉为国教者，孔子也。大哉孔子之道，配天地，本神明，育万物，四通六辟，其道无乎不在，故在中古，改制立法，而为教主，其所为经传，立于学官，国民诵之，以为率由，朝廷奉之，以为宪法，省刑罚，薄税敛，废封建，罢世及，国人免奴而可仕官，贵贱同罪而法平等，集会言论出版皆自由，及好释、道之说者，皆听其信教自由。凡法国革命所争之大者，吾中国皆以孔子之经说先得之二千年矣。"在这两篇序言中，他反复讲述立国必立教的见解，抨击"孔子既不语神，则非教主"的愚谬浅薄，哀叹自共和以来礼崩乐坏，"小则去拜跪而行鞠躬，重则废经传而裁俎豆"。他强调说中国一切文明，皆与孔教相系相因，如果抛弃孔教，就等于抛弃中国一切文明成果，灭种灭族的惨祸必然随之而来。他向孔教会同志发出号召：以演孔为宗，以翼教为事，高举尊孔崇圣的大旗。

与此相呼应，康有为在他主办的《不忍》杂志上发表了一篇《以孔教为国教配天议》的文章，文中主张以孔子配上帝，以孔教为国教，由总统率百官在天坛明堂行礼，在地方乡邑则各立庙祀天以孔子配之。要求凡人庙而礼天圣者，必行跪拜礼以致其极荣尽敬。他对那些向孔夫子行鞠躬礼的人讽刺说："今之妄人。于祭谒孔圣亦行鞠躬礼者，其意徒媚师欧美，以为废跪拜耳，不知欧美人之废他种跪拜，乃专施其敬于天主。中国人不敬天，亦不敬教主，不知其留此膝以傲慢何为也？为欧美而不知其所由，则只有颠倒猖狂，可笑而已，否则留此膝以媚富贵人耶?"康有为此时不是师法欧美先进思想的革新人物,而是始终不忘旧情结,可见,他迷信孔教可以救国此时已到了何等地步。

康有为对袁世凯出卖光绪帝一直怀恨在心,认为袁是一个忘恩负义的乱臣贼子。但是,康有为这时的尊孔言论,恰恰适应了袁世凯推行专制主义的需要。1913年6月22日,袁世凯下令全国学校恢复祀礼,他在命令中这样说:"天生孔子为万世师表,既结皇煌帝谥之终,亦开选贤与能之始,所谓反之人心而安,放之四海而准者。"接着,袁世凯口气一转,凶相毕露,攻击辛亥革命后"诐邪充塞,法守荡然,以不服从为平等,以无忌惮为自由,民德如斯,国何以立? 本大总统维持人道,日夜兢兢,每于古今治乱之源,政学会道文故,反复研求,务得真理,以为国家强弱存亡所系,惟此礼义廉耻之防,欲遏横流,在循正规,总期宗仰时圣,道不虚行,以正人心,以立民极,于以祈国命于无疆,巩固共和于不敝"。从这个命令可以看出,袁世凯此时要利用孔子孔教假共和之名,实行封建专制。1914年2月,袁世凯通令全国,要求从中央到地方一律举行祀孔典礼。袁世凯亲自带头穿着古怪的祭服,举行了辛亥革命后第一次隆重的祀孔典礼,把孔子作为其复辟帝制的工具。

封建军阀利用尊孔进行复辟帝制的活动,理所当然地遭到全国人民的唾弃,不管是袁世凯的"洪宪"帝制还是张勋的复辟清室,都很快归于失败,只不过给后人留下一个笑料罢了。孔教会虽然连续两年在山东曲阜举行祭礼典礼,但社会舆论对他们批评越来越猛烈,与会者日渐减少。康有为见孔教会四面楚歌,不得不于1918年辞去孔教会会长一职,他为自己辞职辩解说:"鄙人以病躬不任,恐致陨越,去岁已腾书力辞,请诸公公举。诸公未行,经托总理孔少霈太史理会长,今兹诸公咸集,鄙人既未任会事,敬再申请,请诸公妙选硕望,以任会长,以振会事。"康有为神化孔子,想做近代"独尊儒术"的董仲舒,其结果当然是四处碰壁,这位孔教巨子想要振兴孔教的美梦终于破灭了。

# 三、拒绝袁世凯

1913年春天,袁世凯窃取了辛亥革命的胜利果实,当上了中华民国大总统,北洋军阀统治的黑暗时期从此开始。

袁世凯虽行武出身,但他有变化多端而狡猾奸诈的统治手段。他要延揽名人或文人为其装点门面,借以掩盖他的独裁专制。为此,他于1913年11月给中国驻东京大使馆打电报,请代为转交尚客居于日本神户须磨的康有为,请他回国入京,主持名教,为其专制统治披上大儒的外衣。其电文曰:

转须磨别庄康长素先生鉴：去国廿年，困心衡虑。大著发抒政见，足为薄俗针砭，钦仰无似。凡河汾弟子，京洛故人，均言先生不愿从政，而有意主持名教，举国想望风采，但祈还辕祖国，绝不敢强以所难。敬具莆轮，鹄候明教，何日税驾，渴盼德音。袁世凯。东。

康有为接到此电时，已身在香港。原来，康有为母亲于当年七月病逝于香港，当时他正在日本患痔病，不能及时赴港奔丧。至十月，他才从日本来到香港。他接到邀请电后，即复电袁世凯，拒绝入京。他在电文中这样说：接明公冬电，"隆文稠叠，辱以蒲轮。召还苏武，伤其去国之久，访于箕子，本无陈畴之才。斩然衰绖，不入公门，母死谓何？敢有他志……固然无心预闻政治，难补涓埃，更末由北首燕路，上承明问。伏望明公幸垂矜原。"康有为之所以拒绝袁世凯的邀请，主要有两个方面的原因：其一是耿于戊戌旧恨；其二是袁世凯窃国后，对外卖国求荣、对内推行专制统治，康不愿与这样的人为伍。袁世凯接到康电后，又给广东都督龙济光等发电转送康有为。

康有为对袁世凯的再次邀请断然拒绝，他再次复电说：明公"懃懃拳念，垂存故人，爷见明公搜岩访献，求治之盛心，鄙人何以当之……顷归省遗泽，触处崩痛，执杯圈而怵哭，抚几筵而隔心，物在人亡，形存神悴。加割痔未愈衰病侵赢"，所以不能北上。这样，康有为以营葬老母和自身有病为借口婉言回绝。

但是，袁世凯还不甘心，又第三次发出邀请电。康有为出于对清王朝的忠心和未来复辟的希望，又发出《复总统电三》，再次断然拒绝入京。不过，由于康有为对孔教极其崇敬，因此在复电中，要求袁世凯"亲拜文庙，拜谒孔圣"。这可以说是康有为对袁世凯再三邀请的一点回报吧。

那么，袁世凯为什么要坚持邀康入京呢？除了装点门面外，还因为康有为在辛亥革命后多次发表关于"虚君共和"或"君主立宪"的文章。康有为坚持立君主，这一点被袁看中，袁想借此把康有为的"虚君共和"或"君主立宪"当作民意，作为一种舆论准备。所以，他邀请康有为入京，实际上是想利用康有为为自己复辟。康有为幸亏没有中计，否则，又要多一个历史的污点了。

袁世凯是依赖中外反动势力起家的，他也势必以出卖民族利益来维护自己的反动统治。他窃取大总统的职位后，为了镇压孙中山为首的革命党人，便以办理"善后"为名，向英、法、德、俄、日五国银行财团大肆借款。在未经国会同意的情况下，竟派赵秉钧、陆征祥等与五国银行团代表非法签订借款合同。借款总额为二千五百万英磅，八四实交，年息五厘；以盐税、海关税等为抵押；四十七年偿清，本息六千七百多万英磅。合同还规定，五国银行团派员稽查盐务，并监督贷款的使用。

善后大借款交涉时间较长，在交涉之初便有消息传出，引起全国有识之士的愤慨。素有爱国之心的康有为，此时更是不能坐视卖国贼出卖国家主权。1913年2月，他在《不忍》杂志上发表《大借债驳议》一文，痛陈了大借债的危害，其一，使"国体扫地，威信皆坠，外人之视我国若何……彼诸商熟之尤甚，视我如诸番，如乞丐，如沐猴，其轻贱已甚矣"。其二，"借债为亡国之具"，"徒令国民永负此二万万五千万之重担，而盐政永失于人而已。他日不足，又从而以他税抵之，割肉补疮，未得于此，而先失于彼，诚不待外兵之瓜分，而已自亡也"。所以，康有为认为大借债是"甘饮鸩酒食毒脯也"，是不待外兵瓜分而自亡。他告诫袁世凯"立国当善理财，不可以借债度日也"。当时，借款合同还没有签订，所以，他向全国人民大声呼吁，要求人们奋起阻止借款合同的签订，他说道："四万万同胞，何聋瞆已甚，坐听政府卖五千年之中国、万里之土地于人乎？""中国之生命存否，在六国银行团之借债约成否也，全国民当速起而争之，否则为埃及而不可救也，愿我国民期速起。"

善后大借款使我国主权横遭破坏，借债的负担必然转嫁到人民头上，中国的前途命运确实令国人担忧。康有为更是这样，他连连发出《忧问》，忧国忧民之情溢于言表。他担心"中国五千年之命永绝"，"四万万同胞永远为奴，仰食于人"。并再度呼吁国人奋起抗争，"求所以免瓜分，求所以免监治，求所以免内争"，认为这样"中国犹有望也"。康有为的爱国忧国之情是真挚可贵的，如果当时国民人人如此，袁世凯的卖国行径也许会有所收敛，而不会肆无忌惮。袁世凯也正是看到了大多数国民的麻木，才敢恣意妄为。

1914年，第一次世界大战爆发。日本帝国主义向德国宣战。但是，它没有向欧洲出兵，却挺进到中国山东境内，企图借此机会抢占德国在山东的势力范围。日本在山东打败德军后，以解决中日间的"悬案"为名，向中国提出蛮横无理的要求，史称"二十一条"。这是灭亡中国的"二十一条"。日本政府以赞助袁世凯复辟帝制为诱饵，诱骗他接受"二十一条"。双方经过几个月的秘密谈判，袁世凯被迫于1915年春接受了"二十一条"。袁世凯被皇帝梦冲昏了头脑。

"二十一条"签订的消息传出后，激起全国人民的强烈愤慨。康有为闻知此消息，更是惊呆了。他"神惨惨忧，头岑怜痛"，深感"二十一条"将使中国永世沉沦、万劫不复，中国四万万同胞也将永世为奴。他感觉到这一切被自己不幸言中了。

对袁世凯的卖国罪行康有为当然不会沉默。他痛斥袁世凯及其走狗、帮凶卖国求荣，丧心病狂，恬不知耻。斥责他们"敢于鬻国事仇而无耻，敢为贰臣顺民而无耻；苟可得富贵谋衣食，一切弃置而不顾"，实为天下之公敌。因此，康有

为又大声疾呼，号召天下人起来共讨卖国贼。

袁世凯窃国后的一切倒行逆施的行为，其目的都是为攫取更大的权力、更高的地位。他不顾辛亥革命后的共和趋势，居然要冒天下之大不韪，要称孤道寡了。历史多次证明，无论谁开历史的倒车，都必将被历史的车轮碾得粉碎，袁世凯当然也不例外。

1915 年，袁世凯开始策划"洪宪帝制"的丑剧，12 月 12 日，他公然宣布承受帝位，改国号为"中华帝国"，以 1916 年为"洪宪元年"，并准备在元旦登基。消息传出，举国一片哗然。梁启超、蔡锷等首先在云南举起义旗，于 12 月 25 日发动了护国战争。

在倒袁护国战争中，康有为也积极参与策划。梁启超曾一度在袁世凯政府做官，但受到许多方面的谴责，有同窗劝告他"为国猛醒"。此时他也深感袁世凯在开历史的倒车。因此，他先后拒绝了袁世凯委任他的政治顾问，考察沿江司法教育等事宜，准备返粤省亲，另行选择政治方案。当年春梁启超南下时，在上海与康有为会晤。康有为反复动员梁启超反袁，康有为说："讨袁之壁垒已成，彼独夫非失败不可。"新仇旧恨，公义私情，都增强了梁启超的反袁决心。同年八月，梁启超回到北京，与冯国璋劝谏袁世凯放弃帝制，而袁世凯表面应允，暗中却加紧了复辟步伐。梁启超认为袁世凯反复无常，不可相信，就又回到上海与康有为等策划反袁计划。

康有为认为"倒袁必须举兵，不举兵即无以倒袁。举兵之任最佳莫如冯国璋，但冯为人持重；其次则蔡松坡，蔡僻居云南，令袁有鞭长莫及之势"。因此，他一面让梁启超设法帮助蔡锷出京，摆脱袁世凯的控制，回滇兴师讨袁，一面做率师镇南京的冯国璋的工作。

这时，袁世凯买通他的宪法顾问美国政客古德诺发表《共和与君主论》，指使他的法律顾问日本人有贺长雄发表《共和宪法持久策》。两者一唱一和，前者煽动说中国实行君主制较共和制更适合中国国情，后者则更露骨地鼓吹中国须由袁世凯做皇帝。接着筹安会又成立，并为袁复辟四处活动。为了驳斥和揭露袁世凯的阴谋，梁启超发表了《异哉所谓国体问题者》，此文洋洋万言，影响重大，它批判了一切违反共和的谬论。与此同时，梁启超与蔡锷秘密在天津会晤，设计好了反袁步骤。11 月 7 日，在梁启超的帮助下，蔡锷以养病为名秘密回滇。蔡锷回滇后很快宣布云南独立，成立护国军，出兵讨袁。

同时康有为也在紧锣密鼓地加紧活动。十二日，他派门人弟子潘若海赴南京，劝江苏都督冯国璋保持中立。藩若海既是康门弟子，又是冯国璋的幕僚，由他从中斡旋，终于使冯国璋与康有为之间在反袁问题上结成联盟，因此，在反袁战争中，冯国璋并没有为袁卖力。

此外，康有为又两次致书蔡锷，称赞其英勇大义，并建议他"先收复川蜀，以开发天产，设银行，尊孔教，安抚已定，然后出师。以三秦西驰而争楚汉，以朝气方偿之义旅，对时日曷丧之独夫，其必胜无俟言也"。蔡锷在回滇途中，康有为还曾打电报给在香港的徐勤，要徐勤接船保护。不久，他又动员徐勤回广东举兵讨袁。为了解决讨袁经费问题，康有为毁家集资，把他在香港的亚宾律宅抵押了二万金，交给徐勤，用于组织讨袁队伍，讨伐袁党广东都督龙济光。

徐勤在广州附近各县乡组织讨袁军，号称数万人，自任粤中讨袁总司令，并策动非龙济光嫡系部队起义，一时间龙济光部统领谢文彪、颜启汉都追随其后。徐勤率十九舰攻粤，"其势甚猛，龙济光至言和"。由于袁世凯死党、粤桂赣三省禁烟督办蔡乃煌，以重金收买谢之彪、颜启汉刺杀徐勤。此时龙济光也只是表面言和，暗中另有图谋。因此，1916春天的广州海珠善后会议上，龙济光发动兵变，肇庆护国军两广都司令部参谋，康门弟子汤觉顿遇难，徐勤在血泊中逃走。后梁启超冒险赴广州，向龙济光晓以大义，广州局面才得以稳定下来。

1916年3月15日，陆荣廷、梁启超等宣布广西独立，反对帝制赞成共和。康有为也发电报给袁世凯，斥责他充当帝国主义的走狗，出卖中国主权，并表示只要能够"救国而富强之"，就是共和政体也不失为"救国良方"。这封电报洋洋五千言，电文中康有为义正词严地指责袁世凯统治中国四年以来，弄得天怒人怨，众叛亲离，就像王莽之忧不能食，李林甫之夜必移床，必定没有好下场。最后，他给袁世凯指出三条出路：其一，明哲保身，当机立断，早让权位，遁迹海外，啸歌伦敦，温游欧美，此为上策；二、大布明令，保守前誓，维护共和，立除帝制，削去年号，尽解暴敛，罢兵息民，辞去总统，此为中策；三、若仍逆天下之民心，强行冒险，受位改元，众怒难犯，死路一条，那么"王莽之渐台，董卓之郿坞，为公末路"，这是下策。可以想象，袁世凯接到这封又是挖苦，又是嘲骂的电报，一定会气得四肢发抖、七窍生烟！这篇电文当时曾多次在《中华新报》、《时报》上刊登，在舆论界引起很大反响，从思想和舆论上积极配合了当时的护国战争。

在全国人民的一片声讨和武力讨伐中，袁世凯帝制难为，被迫于1916年3月22日取消帝制，但仍赖在大总统职位上苟延残喘。袁世凯一心图谋能够东山再起，向美国波士顿商人借款两千万元。康有为闻讯后，即致书美国总领事萨门司，让他劝告波士顿商人不要借款给袁世凯，一则借款会增加中国人民的流血，二则袁世凯即将退位遁走，中国人民不承认此项借款，使波士顿商人白白蒙受损失。这项借款终因中国人民的反对未能成功。同时，康有为还致电江、徐、鲁、浙、赣、鄂、湘七督军，要求他们保持中立，不要再助纣为虐。所有这一切都为反袁护国战争的胜利立下了汗马功劳。正是在全国人民的讨伐声中，袁世凯于

1916年6月6日在羞病交加中死去。

虽然康有为与梁启超二人都直接参加了倒袁斗争，但二人的目的却完全不同。康有为的倒袁，是为了达到虚君立宪，复辟清室帝制的目的，因此，他咒骂袁世凯"篡僭"；而梁启超倒袁，则完全为了保全共和政体。正因如此，反袁护国战争结束后，康有为与梁启超在政治上分道扬镳，并在丁巳复辟中，师徒两人又在政治舞台上公然对立。

# 四、复辟闹剧

康有为的思想体系从性质上讲虽然属于新兴资产阶级，然而，他毕竟受过正统的封建主义文化教育，为人处世又特别注重个人感情。一生虽历尽沧桑，却总不能忘记对清室的情谊。他在对待亡清的问题上采取了错误的行动，开历史的倒车，受到了全国人民的唾弃。要说清这段错综复杂的历史，我们必须回溯到清末民初那个大动荡的历史年代。

康有为在倒袁护国后，曾撰《为国家筹安定者》一文大肆鼓吹复辟论调，受到梁启超的批驳，梁启超不顾师生之情，严词抨击其师说："吾既惊其颜之厚，而转不测其居心何等也。"但是，康有为并未放弃复辟的企图。1917年初，他在给各埠本党同志的公函中说："我国之大乱垂始，不能归罪于某人某人也，乃误行共和致之……故仆数年经营复辟之事。"但康有为是一介书生，手里又无兵权，环顾国内，只有盘踞在徐州一带的武将长江巡阅使张勋对清室最为忠诚。因为张勋在辛亥革命后，"不肯断发易服"，"恋恋故主，实出真诚"。在1913年的春天，张勋曾与前清遗老旧贵刘廷琛等密谋在济南起兵，后因事泄而止。因此，康有为把复辟的希望寄托在张勋身上。在袁世凯去世后，康有为就曾致书张勋说："今袁氏殂逝，正中国存亡之秋而清室绝续之关也。总统共和之制既五年三乱，后此乱尚无穷。携旧君即以安中国，将军其有意乎？将军坐拥重兵，镇扼鲁徐，举足为天下轻重，传曰'求诸候莫如勤王'，唯公图之。"由此可见，康有为对张勋寄以复辟的厚望。

康、张二人被当时复辟势力并称为"文圣"和"武圣"。因为，康有为文笔绝伦，可以为复辟提供理论依据；而张勋则是惟一留有长辫的高级武将，有军队地盘，这成为他们复辟的坚强后盾。文武搭配，使复辟活动进行得有板有眼，而当时的政治形势，也为他们提供了复辟活动的契机。

袁世凯死后，大总统由副总统黎元洪继任，段祺瑞任国务总理。但黎元洪和段祺瑞之间存在着非常尖锐的矛盾，这在对德参战问题上终于爆发，此事史称

"府院之争"。黎元洪下令免去段祺瑞总理职务，段祺瑞随即赴天津，指使各省军阀纷纷宣布脱离中央，并在天津设独立各省总参谋部，威胁以武力倒黎。黎元洪请各方调解，但除张勋外，无人愿意承担此任，于是，黎元洪邀请张勋入京。段祺瑞也想借张勋之力打倒黎元洪和解散国会，因而也同意由张勋出面调停。

1917 年 5 月，拥护段祺瑞的十三省区都军团在徐州集会，为使黎元洪退位，他们纷纷表示愿意支持张勋复辟。他们还一起商定了行动步骤：一、解散国会；二、逼黎退位；三、复辟。张勋为使各督军践约，让各督军都在一块黄绫上签了名。康有为曾在张勋司令部住了大半年，当时也签了名。

张勋在取得各方支持后，准备北上复辟。出发之前，他问计于康有为，咨询进京的行动部署和复辟要旨。康有为为他献出六策：一、实行虚君共和，把国名改为中华帝国，大清国号不可再用；二、实行责任内阁制，权力归内阁，以避免争总统而起战争；三、国务总理由徐世昌担任，各省军政长官维持原旧；四、把徐州三万兵分散使用，一万入京，一万守徐州，一万分布于济南德州间，控津浦路，再调一师兵力北上掌握京榆路；五、段祺瑞居心叵测，要严加防范，应挟入京师就近监视，不可留之在外；六、遗老大多知识陈旧，目光短浅，用他们应认真审慎。张勋这时候自以为成竹在胸，于 1917 年 6 月 7 日，以调解"府院之争"的名义，亲自带"辫子军"十营四五千人离开徐州，乘车北上。

张勋到天津后，和段祺瑞进行了会晤。其后，他迫使黎元洪在 6 月 12 日解散了国会。6 月 14 日，张勋进入北京。

张勋进京后，抓紧添置新军，时谒清室，和遗老们秘密协商。康有为也已迫不及待，于 6 月 19 日致函张勋，并为之献策："从来非常之事，同盟既定，发于旦夕，令人措手不及，不得不服。如久则变生，则支离蔓衍不可收拾矣。故五日之书请直抵丰台，立办大事，请勿驻军以避此也。今已误矣，无可如何，观各督之情态，甚不一致，其受外界之惑而不能同心致明，望公虚心优礼，善为抚绥，勿刚愎自用以失人心。"张勋为在北京增强复辟势力，便很快致密电到上海，请康有为等人迅速赴京。康有为经过化装后于 6 月 26 日前往北京，第二天一到北京，很快住进了张勋南海沿的私邸。这两个复辟狂人纠集一起，导演了一出"丁巳复辟"的丑剧。

张勋是江西奉新人，曾筹资在北京宣武门外路东建了一所江西会馆，规模宏大，还建有大戏台。他这次进京，凡有宴会或唱堂会戏，都在这个会馆进行。1917 年 6 月 30 日晚上，张勋故弄玄虚，在会馆举行盛大的堂会戏，当人们听得入迷时，张勋乘人不备溜了出来，进入紫禁城，把溥仪请出养心殿，叩头称臣，三呼万岁。次日上午九时，张勋诚惶诚恐地请溥仪坐上皇帝宝座，奏请复位，宣布改这一天为宣统九年五月十三日，就此拉开复辟清朝帝制的丑剧。

之后，张勋和康有为用"御玺"盖上一道道的上谕，宣布恢复"大清帝国"，并大肆封官赏爵。张勋因复辟有功，被封为政务总长兼议政大臣，再加上直隶总督兼北洋大臣，徐世昌被封为弼德院院长，康有为也捞了个弼德院副院长，并赏给头品顶戴加恩在紫禁城内赏坐二品肩舆。这是位尊而无权的虚衔，实权尽入张勋等军阀手中。但康有为却扬扬自得地说道"逋臣廿载重归日，无限伤心烟树红"，俨然以迎清废帝复位的英雄自居，却不知道自己早已成了历史的罪人。

但是，康有为和张勋在讨论政府体制时，二人存在着严重的分歧。康有为一贯主张虚君共和制，实权由议会掌握，张勋则主张封建君主制，完全恢复清朝旧制。两人终究走不到一起，张勋又处处排挤康有为，只把他当作复辟政权的装饰品，康有为气得决定辞职南归。但是，这时反复辟之声四起，曾默认和促使张勋复辟的段祺瑞，看到驱逐黎元洪，解散国会的目的已经达到，便于 7 月 5 日举起"拥护共和"，反对复辟的旗帜，在天津组织"讨逆军"，并向北京发起进攻。北京的复辟势力顿时慌作一团。

7 月 12 日，段祺瑞的"讨逆军"攻入北京。张勋逃入东交民巷荷兰使馆，其辫子兵也纷纷剪掉辫子四处逃散。康有为跑得快，已于前几日就逃入美国公使馆的美森院。溥仪再次宣布退位，这样，仅仅上演了十二天的复辟闹剧，就此匆匆收场。北京政权又重新落入段祺瑞等军阀手中。

丁巳复辟，是一伙复辟狂人妄图开历史倒车所致，必引起普天下有正义感的人们的公愤。因此，全国上下一遍讨伐之声。梁启超也加入到了讨逆者的行列，并对其师行为大加抨击。7 月 3 日，梁启超发表反复辟的通电，把康有为斥为大言不惭之书生，完全采取与老师处于对立的政治立场。梁启超随段祺瑞于 7 月 5 日赴天津马厂李长泰第八师，"誓师"讨逆，并起草了讨伐复辟的通电。当时有人劝诫梁启超，对康有为应顾及一点师生之情。他表示："师弟自师弟，政治主张则不妨各异，吾不能与吾师同为国家罪人。"经过复辟之役，康有为与梁启超关系恶化，"师弟成仇，康氏至底梁为泉猿"。五年后的 1922 年，康有为原配张夫人在上海逝世，梁启超亲去吊丧，师生才和好如初。

康有为在美森院躲避长达五个月之久。复辟失败后，段祺瑞、冯国璋入主北京。冯国璋以代理大总统的名义发出通缉令，捉拿张勋、康有为、刘延琛等六人。康有为对他们的反复无常之举深感气愤。于是，他于 8 月 3 日发出通电，指责冯国璋实为复辟的主谋，并把其中经过大白于天下。康有为在通电中指责冯国璋说："吾自主持复辟者，开《国是报》于上海，公助吾五千元"，并说"民主政权，诚不适于中国，今非行虚君共和不可矣"，又"促吾速出山，谓吾及上海遗老出山，公即相从云"。他揭露了各省督军在徐州与张勋信誓旦旦策划复辟，如今个个都摇身一变，"反称讨逆"，此"不过妨功争权云耳"。他虽道出此中实情，但他的抗争是无济于事的。因为，世人所关注的往往是前台的表演者，而不大注意谁在幕后策划。

经过丁巳复辟，康有为的威信扫地，黯然地退出了历史的舞台。

# 五、使馆评画

康有为在全国人民一片声讨复辟的声浪中，仓皇逃入美国公使馆，一躲就是五个月。他住在使馆的美森院中的一个房间里，茕茕孑立，形影相吊，闭户端居，无所事事，乃写书作画，聊以自娱。有了较宽裕的时间，他便根据从上海家中邮来的藏画目，在长卷宣纸上书写出一部近 1.5 万字的《万木草堂藏画目》，共列出他所收藏的中国画三百八十八目。这部手稿曾于 1918 年由上海长兴书局出版过石印本。

康有为这部《万木草堂藏画目》名为画目，实际上评论文字却占了很大的篇幅，所以倒不如说是他的绘画理论著作。在绪言中，他开宗明义地说："中国近世之画衰败极矣，盖由画论之谬也。"他编写这本画目的目的是为了振兴中国明清以来衰败的画学，"请正其本，探其始，明其训"，书中论述了中国画学衰败的原因，并提出了振兴画学的主张。鉴于中国绘画到了明清时代，文人学士的作品"只写山川，或间写花竹，率皆简疏荒略，而以气韵自矜"，他认为这虽不是主流的"别派"，但也是可以存在的，"若专精体物，非匠人毕生专谐为之，必不能精。中国既摈画匠，此中国近世画所以衰败也"。这种主张在当时是有一定进步意义的。

《万木草堂藏画目》是按时代顺序排列的，每朝画目之前都有一段文字，用以论述该朝绘画之兴衰、特点及影响。每目之下，注明画的形式、质地，多数目下都加上品评，康有为对唐宋以来我国绘画及其演变的看法，在此得到很好表达。这也从一个侧面反映了康有为的美学思想。

康有为在《万木草堂藏画目》中，根据儒家经典关于绘画的论述，重新解释了绘画的特点及其功能，指出"画以象形类物"，并强调优秀绘画作品因为"象形之迫肖"，才能起到使人"见善足以劝，见恶足以戒"的作用。康有为认为绘画是以形象区别善恶的手段，故这种绘画观与那些说绘画就是模山范水，或只写"胸中丘壑"的观点有鲜明的区别。

康有为对绘画的社会功能非常重视，甚至认为画和文的作用同等重要，不分轻重。他认为文字语言是宣明事物道理的最有效办法；而绘画是保存形象最好的办法。进而阐明图画能弥补史书和诗词歌赋所不能直观反映事物形象的缺陷，从而充分肯定了绘画的作用并揭示了其特点。康有为还认为："今工商百器皆籍于画，画不改进，工商无可言。"这种观点虽然是颠倒因果，但他由此认识到振兴画学并不仅仅是绘画艺术本身的兴衰问题，而且与国家工商事业的命运也是息息相关的。由此也可看出，康有为推崇绘画，并不单纯是对艺术的欣赏爱好，而是与其经国救世的抱负相一致的。

康有为对他收藏的历代名画一一评赏，并对唐宋以致明清中国绘画艺术的兴衰变化，作了简明扼要的评论，其中不乏真知灼见，对中国绘画理论和绘画研究的内容做出了应有的贡献。

康有为撰写《万木草堂藏画目》，品评中国画的特点，系统叙述了唐宋以后每朝绘画的兴衰流变，同时又大胆地提出了几个新颖见解：

第一，肯定了宋代绘画艺术在世界绘画史上的地位。康有为在高度评价宋画后说："吾遍游欧、美各国，频观于其画院，考其十五纪前之画，皆为神画，无少变化。若印度、突厥、波斯之画，尤板滞无味，自桧以下矣。"因此他断言："敢谓宋人画为西十五纪前大地万国之最，后有知者，当能证明之。"宋人绘画的成就，向来被美术史家所公认，但康有为提出宋画是十五世纪前世界画坛上最高成就的见解，这就涉及到宋画在世界绘画史上的地位和影响问题，这是很值得研究者进一步探讨的问题。

第二，认为油画出自中国。康有为在谈论油画时又大胆地提出了一个新论断："油画出自吾中国"，后由马可·波罗将中国油画传到欧洲，并由拉斐尔等把它加以发扬光大。为什么这么说呢？康有为说，他藏有宋人易元吉的《寒梅雀兔图》、赵永年《雪犬》等，这些作品都是油画，且"奕奕如生"；而现存欧洲各国画院藏画，十五世纪前都没有油画。康有为由此认为中国油画先于欧洲，并得意地声称："此吾创论，后人当可证明之。"中国宋代到底有没有名家作品用油彩绘在绢上，目前尚无实物及记载可查。康有为的大胆立论，后人实在难以证明。

第三，肯定界画的作用，批评文人派画家对界画的摈弃。所谓界画，是指职业画师以工整见长的画。因为在古代，工匠画宫室楼阁，都用界尺作线，谓之术一样，都是在劳动中产生的。自有文明以来，中国历代劳动工匠就是绘画艺术的创造者，现存大量的陶器彩画、漆器彩画、锦画、壁画、石像、木刻、雕塑等艺术珍品，都是他们留下的稀世瑰宝。唐朝中期以后，在封建士大夫中出现了以王维为代表的文人画，这种画风在宋代的文人中开始盛行。文人画崇尚神似，勇于破旧创新，促使中国绘画向更高深的阶段发展，有助于形成中国画的艺术特色。但同时，一些文人画家自认为高雅，鄙视画匠，摒斥界画，这显然是一种偏见，也不利于中国绘画向多层次、多功能发展。康有为认为："中国既摈画匠，此中国近世画所以衰败也。"这一点不是没有道理的。他这种论点，也可以说是对辛亥革命以后，一部分资产阶级的知识分子不能正确对待祖国文化遗产，认为西洋文化一切皆好的片面思想的纠正。

　　第四，"以复古为更新"，振兴画学。康有为哀叹中国画学近世已衰败至极，不但比不上欧美、日本之画学，如仍守旧不变，甚至还有被淘汰灭绝的危险。他认为应当吸取西方画学之长，开创中国画学新局面，并提出希望："国人岂无英雄之士应运而兴，合中西而为画学新纪元者？其在今乎？"对于怎样改革画论振兴画学，他提出了"以复古为更新"的主张。"复古"主要是指师法宋画。这种复古主义的画学思想，是当时社会上出现的尊孔复古反动思潮在绘画领域的反映。而且康有为把画学划分为正宗、别派和正法的见解，是不利于绘画发展的，因而也与他"更新"画学的初衷相违背。

　　康有为的《万木草堂藏画目》中，有一点令人感到惊奇，那就是有不少难以想象的怪诞画题，如唐代郑虔的《雁宕图》、李思训的《芦雁》等，还有其他如唐画中杨庭光的《地狱变相图》、韦无忝《人物》册幅等，都从未在现代公私收藏中见到过。

　　康有为的《万木草堂藏画目》和他早年所作《广艺舟双楫》，是康氏论述中国绘画和书法艺术的姐妹篇。书中对于中国绘画史和书法史都提出了一些真知灼见，并提出了一些改革书画、振兴书画艺术的好的建议，从而使他在中国艺术史长河里占有一席之地。康有为在《广艺舟双楫》中强调书法要随时代变化而不断发展变化，在艺术思想之中表达变革理论，表现了一种要求变革进步的思潮；但是，在《万木草堂藏画目》中他提出师古主义，在思想倾向上仍然坚持走改良的老路，这就很难跟上时代潮流了。

　　1917年12月6日晚上，美国驻华公使施恩芮派兵用专车把康有为护送出京，他途经天津到青岛。这时的青岛，已被日本帝国主义强租。康有为在青岛期间，于1917年12月22日到会泉拜会了逊清第三代恭亲王溥伟，写了一首名为《丁巳冬至日游青岛并谒恭邸于会泉》的长诗，赞美青岛景色优美，"青山绿树，碧海蓝天，中国第一"，胜似海上仙山楼观。康有为这次在青岛作短暂游览，随后便去了大连，但青岛给他留下了美好的印象。不久，康有为又从大连经过山东返回上海。

　　丁巳复辟是康有为一生最后一次重大政治活动。随着复辟的失败，在举国上下一片斥责声中，康有为声名扫地，内心不禁感到凄凉绝望，表示从此不再涉足政治。

# 第十三章　晚年生活

## 一、家庭生活

辛亥革命以后建立了共和政体，并打破了一切封建的旧礼旧俗。但是，康有为这时却跳出来，宣称要"冒万死以保旧俗"。他要保的"旧俗"有五个，其中有一个便是纳妾。他认为不应当硬行禁止纳妾，如果这样做，就妨碍了他人的自由。实际上，康有为一生中纳过五次妾，六次做新郎，可谓是妻妾成群。因此，他要保纳妾旧俗也就不足为奇了。

康有为的元配夫人名叫张云珠，字妙华，是康有为外舅张玉樵的女儿。这桩婚事是由双方家长一手包办的。婚后夫妻倒也和睦，张氏先后生有四女一男，其中二女一男不幸夭折，最后只剩下康同薇和康同璧二女。

1897年，康有为已近不惑之年，元配夫人张云珠也已四十有三，尚无儿子。"不孝有三，无后为大"，这种观念对封建道德观念较重的康有为来说尤为深重。因此，他便决定纳妾，以便生个儿子传宗接代。这样，他便纳了第一个妾梁随觉。梁随觉，字婉络，号乐隐，广东博罗县人。她嫁给康有为时，只有十八岁。此女不仅貌美，还颇有才学。他们刚新婚不久，康有为便北上京师发动维新运动，领导变法。戊戌政变后，康有为流亡国外，梁夫人随行，而元配张夫人却被留在香港照顾婆母和女儿。梁夫人先后为康有为生下两儿两女，其中一儿中途夭折。

后来，康有为周游世界，经常在海外华侨中发表救国救民的演说，引起很大的反响，很多人也被康有为的演说所倾倒。康有为的第三位夫人便是他的崇拜者之一。

1907年，康有为到美国西部的菲士那市向当地华侨发表演说。十七岁的华侨姑娘何旃理从几十里外赶去听讲。康有为的演说风采深深地吸引了她，她便主动向康有为请教维新救国的理论。当时，康有为也想找一位通晓英文的女子为伴，以便在周游各国中充当翻译。于是，在朋友的撮合下，康有为便与何旃理结为夫妻。

何旃理，又名何金兰，祖籍广东开平，出生于美国。其父何胜芳在美国种植果园致富，很重视子女教育。因此，何旃理不仅精通几国文字，而且对中国经史、诗文、词曲也有深厚的功底。和康有为结婚后，她成为康有为的得力助手。她为康有为生了一子一女。1913 年，随同康有为回国，第二年患猩红热病逝于上海，死时年仅二十四岁。

康有为在海外漂泊了十四年后，便在中国的东邻日本居住下来，不再远游。1911 年夏初，康有为到达日本神户须磨。在此建起别墅，命名为"天风海涛楼"，康有为带领三夫人何旃理、幼子及随从人员住在这里。由于来访的日本客人较多，只好雇用了一位十六岁的日本少女市冈鹤子做女佣。1913 年秋天，康有为举家回到上海。不久，康有为就写信给日本的鹤子，请她到上海康家作客。十八岁的鹤子欣然来到上海，受到康家的热情接待。鹤子在康家的工作只是协助整理康有为的书房。不久，康有为便纳鹤子为四夫人。康有为比鹤子大四十岁，他非常喜欢她，常带着鹤子到苏、杭游览，到青岛避暑。康有为死后不久，鹤子就回到日本，1974 年在日本须磨卧轨自杀。

康有为的第五位夫人名叫廖定征。康有为第三位夫人何旃理病逝后，康有为悲痛万分，精神恍惚，也许是为填补内心的空虚，1915 年冬天，康有为便纳廖定征为第五位夫人，当时康有为已五十八岁。廖定征为他生有一女。此女在康有为去世几日后，也随父而去，年仅十二岁。

1919 年，康有为又在西子湖畔纳了一妾。当时康有为已六十二岁，仍风流不减当年。西湖船家女张光，字明漪，小名阿翠，天生丽质。一天，张光在西湖浣纱，被在湖中游览的康有为看中，便穷追不舍，多次派人说亲。后来，张光也终于成为他的第六位夫人，张光当时芳龄二十。

康有为的感情世界非常丰富。他虽夫人众多，但却不分亲疏，与她们感情都很深厚。他在世时，有两位夫人先后离他而去，康有为对此都悲痛不已，都赋诗或写祭文表示哀悼。三夫人生前喜欢绘画，康有为就常在其画上题诗作配。她病逝时，有些画还没来得及题诗，而康有为仍没忘记继续为她读画题诗。其中一首表达了康有为对三夫人的深情厚意：

> 浓艳凝香带叶研，粉痕墨晕态犹鲜。
> 而今落尽残红后，读画题诗更惘然。
> 一枝浓艳发遗香，剩粉残笺空断肠。
> 色相华严常示现，殿将画谱拾群芳。

1922 年，康有为元配夫人张云珠因病去逝。他们结发近半个世纪，感情尤为深厚。康有为悲痛至极，亲自为她执佛送葬，并写下祭文："四十七载同糟糠而共患难兮，悼伤逝者千秋"，以表达对亡妻的深切怀念。

康有为晚年在上海维持着一个人口众多的大家庭。1914年6月，康有为把盛宣怀家一座大观园式的住宅——上海新闸路十六号辛家花园租下来，并在此定居。这座辛家花园规模不小，园内亭台楼阁，小桥流水，四周围以红墙，此园主人原是犹太人辛溪，后来园主破产，只得将花园卖与盛家，但上海人仍按习惯称之为"辛家花园"。康有为有意把里边两座豪华的二层楼房，分别命名为游存楼和补读楼，这座花园当时每月租金一百二十元。康及家人在此共住了八年。

1921年，康有为又在愚园路购买了十亩地皮，建造了一座建筑风格融贯中西的花园别墅，命名为"游存庐"。这座康家别墅当时门牌号是地字三十四号，后来改编为一百九十二号和一百九十四号。

座落在愚园路上的康公馆游存庐，是座豪华的深宅大院。临街筑有两幢西式楼房，院中为一座中西合璧的二层楼房，名为"延香堂"，楼上楼下一共有十间房，楼下的一个客厅很大，是康有为和他的家属居住活动的地方。

在院子的中间还有一座平房，名为"三本堂"，正中供奉昊天上帝、至圣孔子和康有为列祖列宗的神位。康有为根据《荀子·礼论》，称引"天为生之本，祖为类之本，圣为教之本"。所以把供奉上帝、孔子、祖宗这座平房命名为"三本堂"。除了"三本"之外，堂内还供奉着康广仁的遗像。院内还有一座"竹屋"，风格古朴。里面是用木头所建，外面用竹子搭盖，充溢着自然情趣，这里是康有为招待朋友和休息的地方。另外还有一些附属建筑，那是用作厨房、仓库以及供雇员住的地方。

院子里挖了一个很大的池塘，两座木桥穿过曲折的池塘。池塘旁边有一座假山，这是用挖出来的泥土堆成的。山腰有茅亭装点。院内四处种有1200多株树，其中有从日本买来的400株樱花，从苏州邓尉买来的数十株红梅，有400株桃花，还有很罕见的开绿花的梨树。池塘边的房子旁搭有爬满葡萄和紫藤的棚架，还有很多菊花和玫瑰点缀其中。另外，园内还养了两只孔雀，一只麋鹿，一只猴子，一头肪子，和500尾颜色不同的大金鱼。这里一年四季鲜花盛开，鹿鸣猿啼，芳草鲜美，空气清新，好一派田园风光。

康有为家中人口众多，其中有他的五位夫人和六个未婚子女，十个女仆、三十多个男雇员。另外还有门生、故旧、党人。康有为还雇了两个印度人看门，他们头上包有卷起来的白布，满脸络腮胡子。另外还雇有厨师、男仆、阿妈等共有七八个人，加上不断有寄居的门生故旧和食客，他们少则十余人，多则三十余人。

人多消费自然就大，一担米只够吃四天，其他副食品和煤炭的消耗也不少。每次采购时经常用汽车运输，每月单伙食费一项就花掉四十元。住在康公馆的人还可得到薪金或零用钱。男女雇员每人平均月薪十二元。康有为还给女儿每人每月发五元零用钱，儿子每人每月只发两元。再加上应酬费，每月总开支，不下一千元。此外，康有为还经常与外界进行联系，对国家大事不时发表一下言论，时常打电报，每月单是电报费一项，就要花一千元左右。

同时，康有为喜欢与海内外学者大家交往，如画家徐悲鸿、刘海粟，女书法家刘绚、萧娴和后定居新加坡的李微尘，都是他的拜门弟子；书法篆刻家吴昌硕、著名诗人陈三立、教育家蔡元培等，也是他的座上客。徐勤和梁启超在《致宪政党同志书》中曾这样称颂他们的老师："先生以国为家。凤不治家人生产作业，每遇国难，辄毁家以图纾救，居恒爱才养士，广厦万间，绝食分甘，略无爱惜。"

那么，康有为怎样应付家庭如此庞大的开支呢？据说一部分是海外的宪政党提供的，剩下的是经营家产，买卖古董字画，以及开办农场来维持康家这样高消费的生活水平。1913年康有为结束海外流亡生活回到国内后，在广东士绅邓华熙等人的联名请求下，广东政府发还了被清政府抄没的康氏家产，另外，为了对康有为十六年的损失进行补偿，还向康有为加发官产，他在上海定居后，就把广东的房产变卖了，在上海买下地皮。不久上海地皮飞涨，康有为从中获利颇丰。

康有为买卖字画是最有意思的。他老人家晚年喜欢到古董店看字画，并且总是提出要看唐宋名家。古董商以为可以糊弄他，就拿出大量赝品，并且标价高得惊人。但康有为每次看后总是赞赏地说："好。不贵！"就把字画带回家去了。等到年底结账，他老人家却毫不客气将账单上千百万元的价目，逐一改为十元、几十元付款。古董店老板见骗不了他，无奈之下，只好收回点成本，权当成交。

康有为的事业心很强。"老当益壮，宁移白首之心？"他是近代书坛上的一位巨匠，完全可以依靠其名扬海内的书法艺术来自食其力。中国书法是一门古老而又常新的艺术，它在中国人的生活中无处不在。康有为的书法风格古朴高雅，时而浑朴雄健，潇洒奔放，时而飘逸流动，时而拙中见巧，真是多姿多彩，各具奇趣。他一纸在手，游笔有余，真可谓大胆泼辣随心所欲而又不逾其矩。其书法理论，也有惊人创见，言前人所未言。理论上的成就又反过来促进他的艺术实践，使他的书法艺术不断创新，为这种艺术之花开辟新的天地，丰富了它的宝藏。康有为在报刊上大登广告卖字润格，有时也在上海、北京各大书店放置"鬻书告白"，中堂、楹联、条幅、横额、碑文杂体，他是有求必应，无所不写。当时许多官僚、地主、军阀、富商，都慕"康圣人"大名，附庸风雅，趋之若鹜，纷纷收藏康有为的字书，据说此项收入相当可观，月入在一千元左右。

从现在发现的康有为三件卖字润格，可以看出，他晚年的重要活动之一就是舞弄书法艺术。第一件润格广告是设在上海三马路和北京竹斜街两地的长兴书局，登在1917年1月出版的《不忍》杂志上："康南海先生书法集汉隶北碑南帖

之大成，近世少见。顷哀天津惨灾鬻书减价以赈"。第二件润格广告是设在上海三马路山东路口和北京厂甸海王村公园的长兴书局，登在该局出版的康有为著《物质救国论》最后一面，上写"康南海先生鬻书例"。最后一件是康家自己于"甲子朔日"印刷的"康南海先生鬻书例"，虽然说康有为卖字是他晚年生活费的一大来源，但是，他在江苏句容西旸镇开办的一个叫"述农公司"的农场，却并没有赚钱，最终反倒赔进去几万块钱。

# 二、老有所好

康有为的一大癖好就是游览名山大川。他这样说过："吾人生于拵拵之大地，凡大地之名山，皆当翕受之。吾人生于区区之中国，凡中国之名山尤不可失也。"事实的确如此，他在继周游世界之后，又于1914年到1927年的十余年间，三游茅山、二游庐山、二游"五岳之首"泰山、四游"镇江三山"、一游佛教名山普陀山、登太行山、攀西岳华山、赴登封上中岳嵩山。他为游名山，不辞劳苦，这些名山都留下了他的历史足迹。

康有为第一次游览江苏茅山，是在1914年。这是他遍游神州的开始。后来于1916年和1918年又曾两次来此神游。茅山一带多低山丘陵，山青水秀，风景优美，最著名的山峰叫大茅峰。这里宫、亭林立，历代江南名士常来此隐居或小住，观景赋诗。同时，此处也是东南道教名山，素有道家第八洞天之称，也算得上是文化名山。康有为第一次登上大茅峰顶，似有凌空飞渡飘飘欲仙之感。他颇有感触地说："及登大茅峰顶，壮观飞扬，如出天外，想象飞升，遂忘人世矣。"他对堪称道家第八洞天的茅山产生了特殊的情感。

康有为的封建思想较深，尤其相信封建迷信。当他看到茅山群山幽静、山水宜人的环境时，立刻产生了两个想法，一是在此为康家建造阴宅；二是在此投资创办实业。他的这两个愿望后来都实现了。康有为之母、其弟广仁、三夫人何旃理葬于此，又在此处创办了一家资本主义性质的农场，即上文提到的述农公司。从此以后，他与茅山结下了不解之缘。

康有为对庐山也情有独钟。庐山的惊险奇峰、银色飞瀑都深深地吸引了他。游庐山也是他的一大心愿。他一生中曾三游庐山。

康有为初登庐山是在1889年。那是康有为从北京回粤，途中慕名登庐山游览。他参观了白鹿洞书院，并在海会寺拜会至善禅师，受到了禅师的热情接待。他在此看到了元代书法家赵孟頫书写的《华严经》，欣赏了心月和尚镌刻的五百罗汉图拓本。康有为从这些文化瑰宝中汲取了丰富的营养。他还来到黄龙寺，参观了寺前由两棵柳杉、一棵银杏组成的三宝树，并在寺前亲手植两棵婆罗树，以永志纪念。他又参观了东林寺，该寺是晋代高僧慧远所创建，是我国佛教八大道场之一。康有为在此意外发现了新的历史奇迹。他在寺里厨房的地下发现了唐代书法家柳公权所书的《复东林寺碑》，该碑虽损坏严重，碎成几块，但依稀可辨的字仍有四十八个，另外还有八个字只见字形不能确认，经他一番整理，柳公权遒劲有力的笔峰再现于世人面前。饱览了庐山的自然风光和人文景观后，康有为感慨万端，赋诗一首《庐山谣》，予以赞美。《庐山谣》中共有长短三十四句，现摘前四句，以飨读者：

> 紫汉吹落青芙蓉，随风飘堕江之东。
> 瓣开四面花玲珑，化作碧玉千百峰。

光阴似箭。康有为第二次登庐山，已是近二十年之后的 1918 年。在此前一年他协助张勋复辟失败后，落得个身败名裂。政治上的失意，使他心灰意冷。故地重游，风光依旧，但游者却大不一样了。他内心充满了凄楚哀伤，却又无可奈何。他来到黄龙寺，看到当年他亲手种下的两棵婆罗树已经高过屋顶了。这时，恰有人前来拜谒，带来戊戌八月吴淞口外康有为准备投海自杀时写给弟子的遗书真迹，请康有为为其题跋。他感叹世事多变，"故旧亦鲜存"，看到自己"尚能曳杖看山，与五老周旋"，悲伤之余又有了一份自慰。

1926 年，康有为已年近七十，仍有兴致三游庐山。庐山山水依旧，只可惜亭台殿宇因年久失修而残破不堪。他深感痛心，不禁发出了"坏殿颓垣太寂寥"的感慨。他踏着往日的游迹而观览，在黄龙寺，手抚婆罗树，追今抚昔，又不免生一番感慨，并作诗《空生谷》留念。在东林寺，他发现的那块柳碑被嵌于殿廊，又赋诗一首《东林寺柳碑记》，寺僧后来将此诗刻石立于柳碑之侧。他还在庐山温泉附近购地十亩，交由海会寺代管，每年地租捐给海会寺作为香火灯油之资。他当夜住在归宗寺，并题诗一首：

> 讽天云气金轮塔，洗尘风流内史池。
> 无数香樟合抱树，又来三宿立多时。

康有为三次游庐山，在庐山留下了诸多的墨宝，已成为后人瞻仰的古迹，为中华文化留下了一笔宝贵的精神财富。

东岳泰山乃五岳之首，也是我国历代帝王封禅的名山，文物古迹随处可见，是我们中华民族的艺术宝库。热爱历史，酷爱艺术的康有为当然不会放过游览它

的机会。康有为于 1916 年和 1922 年两上泰山，观光游览。初观泰山，他被泰山的气势深深震撼。他依次游泰山岱庙，抚唐槐汉柏；过经石峪，临摩《金刚经》，被石峪中的雄奇大字所折服；登上南天门，夜宿玉皇顶；上封台，东至日观峰；观日出于东海之上。登上泰山之巅，才深切感到泰岳之尊。康有为为泰山的壮美所感染，不禁赋五言长诗以抒情怀。诗中写道：

> 泰山何岩岩，积铁立峭壁。
> 峻崖张巨嶂，嶬嶂皆黑石。
> ··········
> 仰首南天门，碧城观五楼。
> 峻立绝崖巅，眩若天上浮。
> ··········
> 遂上登封台，绝顶壮观开。
> 意气四飞扬，天外招蓬莱。
> ··········
> 白云忽然合，神仙想骑鸾。
> 人息难交通，始觉岱宗尊。

该诗文采飞扬，气势恢宏，一气呵成，是歌颂泰山的不可多得的佳作。

康有为一生酷爱游山玩水，堪称是中国近代史上的第一位大旅行家。他在大自然中观赏青山绿水，在人文景观中寻访古迹。他感情丰富，充满激情，在赞美祖国大好河山的同时，又不忘对屈辱历史发出悲叹。1920 年，康有为四游江南历史文化名城苏州。唐代诗人张继留下的《枫桥夜泊》中"姑苏城外寒山寺，夜半钟声到客船"的著名诗句，使寒山寺成为苏州的一大景观，而尤为引人注目的是寺中的古钟，康有为当然也想一睹为快。但是，当他来到寺内时，他失望了，同时也愤怒了。原来，寺中的古钟已被日本侵略者掠走了。1905 年重修寒山寺时，曾要求日本归还古钟。但日本却矢口否认，拒不归还。日本为掩盖事实，只送来一口小钟，钟上刻有伊藤博文写的铭文，为其侵略行径辩护。康有为没想到看到的竟是日本小钟，感到莫大的耻辱。于是，他提笔写下了一首雄浑跌宕，气势夺人的七绝：

> 钟声已渡海云东，冷尽寒山古寺风。
> 勿使丰干又饶古，化人再到不空空。

诗的大意是说，因为寒山寺古钟被日本盗走，连同钟声也东渡扶桑，从此寒山寺香火冷清，古风荡然。你伊藤博文不要学习喜欢多嘴的丰干，还是趁早把古钟归还中国吧！将来我康有为再来寒山寺游玩时，不要像现在这样空空如也不见古钟呀！

这首诗由寒山寺住持近舟法师立石，吴郡张仲森刻于石碑之上，至今还与刻有张继诗的那块石碑，昂然相对立于寒山寺碑廊里。游人至此，在兴味盎然地高吟完那如醇如醒的《枫桥夜泊》后，再吟诵康有为揭露日本侵略者掠夺中国珍贵文物的诗篇，无不深深被康有为强烈爱国思想所感染。

康有为通晓中国的历史，他还有一个心愿就是参拜历史古都。中国的六大古都北京、南京、杭州、开封、洛阳、西安，都留下了康有为的足迹和历史的回音。

康有为到南京游玩。他在莫愁湖，参观了郁金堂里六朝南齐莫愁女的石刻雕像，回想到这位妙龄少女的刚烈忠贞，心中佩服不已。登上荷香水榭，眺望掩映于翠柳之中的万顷碧波，不禁大赞湖光的优美。正在这时，寺僧拿来端方所画的莫愁湖图，请康有为在图上题字。他面对优美的自然风光，联想到世事的纷乱，即兴在画卷末题诗一首：

> 一角城墙万顷荷，六朝金粉剩烟波。
> 湖山应让佳人领，免使争棋劫局多。

登钟山，游览了灵谷寺，又泛舟玄武湖上，他的心境与大自然已完全融为一体。

开封，位居中原大地，历来是兵家必争之地。在宋代，开封被称为"东京"。1923 年，康有为来此进行观光游览。他参观了禹王台，游览了龙亭。龙亭是康熙年间建于宋、金故宫遗址之上，又称为龙陵。康有为站在龙亭前，深感历史更迭的无情，各朝代更替的频繁，就像奔腾的黄河之水，一去不复返。为此，他又要写诗作赋，发情怀。他在龙亭石坊上口占一首七绝：

> 远望高寒俛汴州，繁台铁塔与云浮。
> 万家无数无烟阙，唯见黄河滚滚流。

又作一对联："中天台观高寒，但见白日悠悠，黄河滚滚；东京梦华销尽，徒叹城郭犹是，人民已非"以表达对历史的感慨。他又登上铁塔顶。此塔建于北宋年间，塔身由琉璃砖瓦建成。康有为认为这种结构的塔为国内仅有。因琉璃砖瓦颜色为褐色，酷似铁色，故称铁塔。在塔顶，他极目远眺，放眼四方，尽观古

都全貌。为叙铁塔之奇，他特地写了《开封琉璃塔记》："崒巍崔巍于汴城东北之夷山，晃昱丹青紫翠碧蓝之琉璃色，妙庄八棱十三层之华严，嵲嶭三百六十尺之峻崇，盫窱万佛像设之内壁。上奉丈六金身之大佛，下地藏陀罗尼经者，非琉璃塔耶？"该铁塔由于年久，地基下沉，故塔身向西北倾斜，是座斜塔，康有为把它与意大利比萨斜塔相提并论，称之"同为天下未有之奇宝"。在这篇短文中，他还把琉璃砖瓦发明的经过记述下来，并认为铁塔旧称与实际情况不符，应"证其名曰琉璃塔，以与阎浮提万国珍护之"。

康有为一路踏着历史的节拍向西游去，游洛阳，过函谷关，进西安，人咸阳。途中他饱览了秦关古道，西岳华山，汉墓昭陵。几乎游遍了周、秦、汉历朝的历史遗迹。他心情久久难以平静，故赋诗以表之：

> 渭桥古渡水沙萦，万点空鸦落日明。
> 秦代苑宫天汉像，汉时陵阙毕原晴。
> 久经历劫沧桑感，只賸高邱烟露横。
> 晚上咸阳城上望，千家云树暮茄声。

康有为在古城西安，游兴大发，名胜古迹无一漏掉。他先后参观考察了西周的镐京遗址、阿房宫、长乐宫、未央宫、大明宫、兴庆宫等历朝遗迹。西安古都历史悠久，同时它又是历史文化名城，各种艺术珍品名扬海内外，康有为最为神往的是作为书法艺术宝库的碑林。碑林是为保存唐朝《开成石经》于 1090 年开始修建的。以后规模不断扩大。唐代大书法家颜真卿、柳公权、欧阳洵等人的书法碑刻都陈列于此。康有为被前人的艺术成就所折服，同时也得到了一次高品位的艺术享受。

康有为一边游览西安名胜古迹，一边还进行了多次的演讲。古城的历史留下了他的深深的足迹。1923 年 11 月 14 日，陕西省督军兼省长刘雪雅请军署暨嵩军总司令部全体各师长、统领、省署政务、财政、教育、实业各厅长、审检各厅警务、督察各处及省内局所各全体，共邀康有为发表讲演。这表明了陕西各界对这位昔日叱咤一时的维新领袖的敬重。在此之后，他又应邀在西安青年会、孔教会、万国道德会、女子师范学校、报界公会、佛教会等处讲演。他在此主要讲"天人之故"，包括佛教、道教、孔教、人生、共和政体等。除了四处讲演外，他还在董仲舒祠堂拜祭，并发表演讲，康有为对这位"罢黜百家、独尊儒术"的开创者进行祭奠，表明了他对儒教的特殊感情。西安的演讲，是康有为在晚年发表演说最多的一次。后来人们将他在西安的演说，录成《康南海先生长安演说集》。

西子湖畔，是康有为颐养天年的好地方。康有为第一次到杭州，是在 1897

年，再游杭州已是十九年后的 1915 年。因此，他不禁发出了"苏武重来十九年"的感慨。他喜欢秀美的西子湖，更喜爱秀丽的西湖少女。1919 年，康有为纳西湖船家刚刚年满二十岁的少女张光为妾，这是康有为最年轻的小妾。康有为为了在杭州安家，从 1920 年开始，就在西湖畔丁家山修建园林式的别墅——一天园，历时三年方才建成。康有为留下很多关于一天园的记述，著名的有《一天园记》和《一天园诗十章》。这些对一天园优美景色的赞叹和誊念，表明康有为在晚年已沉醉于自然景色，超脱尘世了。

北京，是康有为神游中国的最后一站。康有为自从海外归来后，先后两次到北京，第一次是阴谋搞复辟活动，而后一次是在 1926 年 9 月，主要是旅游观光，聚朋会友。到北京后，康有为住在文园，也就是他的女婿罗文仲家。他故地重游，追忆往昔。在颐和园仁寿殿，他眼前不禁又浮现了二十八年前君臣问答的一幕，感慨万千，不禁赋诗一首，以抒情怀：

> 御床嵃嵃抗丹霄，银烛当年记早朝。
> 卅年重来仁寿殿，黄帘不卷柏萧萧。

接着，他还去了玉澜堂，光绪帝当年曾在此居住过。戊戌政变后，光绪帝被软禁于此。康有为触景生情，感念戊戌变法时光绪帝对他的重用，却因此遭囚禁的经历，又占绝进行凭吊：

> 玉澜堂里昔囚尧，栏槛摩摩久寂寥。
> 侠士频呼为救国，微臣感痛望青霄。

康有为对北京有着特殊的感情，游北京对他来说，意义也非同一般，尤其是生命将要终结的时候更是如此。他怀念昨日在北京的一切，更留恋他曾叱咤一时的短暂辉煌。但是，时光在流逝，过去的一切风光不会再现，他回天乏术，只能借诗表达对历史的无奈：

> 草堂万木久萧萧，吾道何之离索遥。
> 旧学新知穷兀兀，乐天知命故嚣嚣。
> 银河雾散星辰夜，绿酒入怀今古潮。
> 华月明明光可掇，超观各自上丹霄。

虽然康有为晚年在政治上是失意的，但他寄情山水，游览祖国大好河山的热

情丝毫不减当年。在他去世的前十年，他游览过的著名城市有：青岛、大连、旅顺、杭州、绍兴、凤阳、典阜、海门、定海、普陀、保定、开封、南京、济南、洛阳、西安、咸阳、武昌、岳阳、长沙、天津、北京等地。此外，他还不畏艰险，曳杖看山，庐山、泰山、茅山、清凉山、灵岩山、千佛山、崂山、华山、终南山、嵩山、岳麓山、天台山、雁荡山等中华名山都留下过他的足迹。游名山，访古城，记以诗文，宠辱皆忘，何其乐也！

康有为才华横溢。他首先是一位政治家、思想家，同时还是一位艺术家和诗人。他勤奋好学，手不释卷，而又兴趣广泛，拥有多种艺术才能。他擅长吟诗作赋，工于书法，同时酷爱文物古玩并长于鉴赏。这些都使他一生硕果累累，成为我国近代不可多得的全才。

康有为是位伟大的诗人。他自己就曾说："五十年来诗千首"，事实的确如此。五十年里，他为了救国救民和推行社会改革，不停奔波，长期漂泊他乡，以亲身的经历见闻，作诗一千五百余首，已编成《康南海先生诗集》十五卷。其中戊戌变法前的诗篇有三卷，流亡海外十六年间的有九卷，剩下三卷为归国后所作。分析起来，康有为的诗歌创作的审美特征主要有两个。

首先，通过具体的思想内容和强烈的抒情意识，呈现出忧国忧民、慷慨悲壮的豪情。如1895年甲午战争后，康有为在发动第一次"公车上书"时，愤而作诗：

> 海东龙泣舰沉波，上相怆轩出议和。
> 辽台朒朒割山河，抗章伏阙公车多。
> 连名三千毂相摩，联轸五里塞港过。
> 台人号泣秦桧歌，九城谣谍遍网罗。

他以慷慨激昂之气，通过对群众抗议的声情描绘，使人们仿佛可以看见三千人上书后群情激昂的悲壮场面。全诗大气磅礴，于悲壮之中不失士气豪情。

其次，言志和抒情相互交织，通过形象创造表达了诗人的豪情壮志，呈现出豪气淋漓、阔大雄奇的意境美。如康有为在二次上清帝书受阻后所作的诗中，展开了丰富的联想：

> 沧海惊波百怪横，唐衢痛哭万人惊。
> 高峰突出诸山炉，上帝无言百鬼狞。

诗人在境遇和情志的交织中，表现了社会的动荡，也表达了自己的愤懑之情。

康有为在进行诗歌创作时，常常大量运用比喻、夸张、设问等手法，同时也常以摹状、叠声等修辞手法，来描写客体世界，表达主体的内心感受。诗人笔锋犀利，笔区云谲，诗作声情俱美，形象感人。

康有为还是位书法家。早在戊戌变法以前，他就著有《广艺舟双楫》，一共六卷。该书是我国书法理论和书法史上不可多得的杰作。它论述了我国书法的渊源、沿革和发展，并对历史上繁多的书法流派的特点进行评论，在很多方面都有独到的见解。其一，他一贯主张"尊碑轻帖"。帖学盛行于宋代，但到清代以后，系统庞杂混乱，体貌失真，形神俱丧。他认为："今日所传诸帖，无论何家，无论何帖，大抵宋、明人重钩屡翻之本，名虽羲、献，面目全非，精神尤不待论。"因此，他认为只有"尊碑轻帖"才能保书法之形神。其二，他主张论书应弃唐碑而尊南北朝碑。他认为："欲尚唐碑，则磨之已坏，不得不尊南北朝碑。尊之者非以其古也。笔画完好，精神流露，易于临摹一也；可以改隶楷之变二也；可以考后世之源流三也；唐言结构，宋尚意态，六朝碑各体毕备四也；笔法舒长刻入，雄奇角出，应接不暇，实为唐宋之所无有五也。有是五者，不亦宜于尊乎。"因此，他告诫初学书法者，因为唐碑书法浅薄，绝不可学从唐人，而应从"六朝拓本"入手。此外，康有为还系统地阐述了学习书法的顺序和运笔的技巧。

康有为本人的书法造诣很深。他下笔偏下而中正，大字纯用肘力而很少兼用腕力；稍小一点的字则用腕力而很少兼用指力。中锋圆润，左右开张，落笔似放而不过其矩。故笔画既无直不曲，亦无曲不直，这都是融会钟鼎篆隶北碑而得来，非谨守一碑一帖之功。因此，他博采众家之长，自成一体，被人们称为"康体"。晚年他的几位入门书法弟子像徐悲鸿、刘海粟、肖娴、孙巍等，都继承了他的书法艺术，成绩斐然。

此外，康有为还是收藏鉴赏古玩的大家。他酷爱书画，收藏的古今中外名人字画有几百幅之多。1917年随同张勋复辟失败后，他逃进美国公使馆避难五个多月，他利用这段时间对所藏书画进行了整理。不久，他写出了《万木草堂藏画目》，第二年由长兴书局石印出版。他列出的中国画目共有三百八十八件，大多为唐代以后的各朝名画，还有数百件国外书画。在此书中，评论文字占有很大的篇幅，分析品赏有很多独到的见解，而且还提出了许多新颖观点。因此，该《画目》也是他的绘画理论著作。

收藏古董古器也是康有为的一大爱好。他在神游海外期间，曾经用保皇会的赠款在各国购买了不少中外文物古董。他认为中国人对外国文化认识不多，主要是因为国内缺少可作中外文化对比的感性材料，因此，遇到文物古玩或艺术品，只要能使国人开眼界长见识的，他都要买下来，如意大利高数尺的石雕人像、西班牙的金银软剑、庞贝的软石、锡兰的贝叶经等他都加以珍藏。他看到世界上有

的一些文明古国，历史古器古迹保存完好，但中国的历史古迹却破坏严重，残缺不全，很多流失国外，他担心要不了多久中华古物精华就会散失殆尽，因而写了《保存中国名迹古器说》，发表于 1913 年《不忍》杂志。此文洋洋洒洒七百言，其中心内容，是保存国粹，即古董古物，开博物馆展览，以宣传中华文明；在历史古迹处，开辟旅游胜地，供人们参观。既可增加收入，又可向世界传播中华文化。他的这些思想在当时确实是难能可贵的。

康有为毕生极力推崇"礼教"，并充任孔教会长，在世界各地讲演孔学，他不愧为一代大儒。但他不像孔夫子那样，"敬鬼神而远之"，相反，他笃信天命，尤其是到了晚年，十分迷信风水，热衷于占卜问卦。

"聚散成毁，皆客感客形，深阅死生，顺天俟命"，是康有为的人生哲学。他认为，人的一生是由上天安排的。在戊戌政变中遇险境却能有幸走脱，使他更加相信命运。他说，戊戌之变，"身冒十一死，思以救中国，而竟不死，岂非天哉"。信天命与迷信往往相伴而生，因此，康有为的迷信思想也十分严重。

康有为的迷信活动主要表现在以下两个方面：

第一，扶乩问卜。扶乩，是古代人在做大事之前所做的一项活动，目的是询问吉凶或成败与否，询问的对象是所谓的"神仙"。此活动的具体过程是：用一根筷子支起一只箩（类似农村筛面用的细筛子），扶乩人用一个手指顶住箩的另一边，使箩保持平衡，放在铺有面或细米的桌面上。然后，扶乩人默语乞求"神仙"显灵。不久，筷子就会在桌面上划出沟沟道道，扶乩者根据这些痕迹，判断吉凶。这虽然是一种愚人之举，但康有为却对此深信不疑。

在上海北京路上有一座名叫一贯道的道馆，人们称之为"集云轩"，这是个有名的乩坛，许多迷信的人都去那里扶乩问卜，尤其是那些清朝遗老，他们不甘心退出历史舞台，就来此扶乩问卜何时再能重现昔日的荣耀。康有为也常常出入"集云轩"，在 1917 年复辟以前，他和沈曾植即去扶乩叩问复辟能否成功。乩语曰为可成，他认为"仙判大吉"，对此深信不疑，认为是上帝的造化。于是，他积极参与策划复辟活动。但"仙人"却一直没有"显灵"。复辟失败，他逃到美国使馆避难将近半年，在出北京前，他还写信给他的二夫人，让她再去"集云轩"扶乩问卜，何时可以脱险。由此可以看出康有为迷信思想之严重。

第二，迷信风水。康有为自命为一个善观风水的堪舆家，多次因风水而购地建屋或修筑墓地。当他去江苏茅山旅游时，看到几处地方风水很好，便在此买地，为其母亲劳连枝、弟弟康广仁及三夫人何旃理修墓。为了给其母安葬，他花费了不少时间，寻找具有气土特征的正穴。据说，正穴土质具有某种特征，俗称"气土"，其中有一块硬土叫"土瓜"，球形，如西瓜大小。所以，康有为雇了很多人挖坑寻找"土瓜"，但几天过去了，也不见"土瓜"的踪影。手下人看到康有为如此着急，便动手制作了一个"土瓜"，把它埋在积金峰下青龙山南坡。当手下人挖出这个"土瓜"时，康有为信以为真，兴奋异常，认为终于找到了正穴，于是就在此地安葬他的母亲。康有为对此很自豪，认为先辈的坟墓落在"龙穴"之上，一定会造福子孙后代。在葬母的祭文中，他还扬扬自得地赞美了这座墓地。他说："茅山郁郁，实翼金陵，秀发飞扬，翳集仙灵，积金作屏，狮峰献英，遂吐青龙，地荫荡荣。嗟吁择藏，八年未成，奔走旁徨，今乃获营。"然而，康有为未曾料到，数十年后的"文化大革命"，这个位于"龙穴"上的坟墓被夷为平地，再好的风水也不能保佑他的祖坟了。

康有为到各地旅游时，也不忘察看风水宝地。在游终南山时，他发现一处堪舆家术语称之为"龙中第一"的地方，曾前往探土，寻找"龙眼"。可见，他对风水迷信之深，已达到了何等程度。

# 三、老有所为

康有为不仅是位政治家思想家，同时又是教育家。在他的一生中，有三个讲学时期，第一次是在广州长兴学舍和万木草堂，第二次是在桂林讲学，最后一次是他晚年在上海天游学院讲学。

康有为一生热心教育事业，办学授徒是他的一大乐趣。晚年定居上海时，他曾应聘在仓圣明智大学讲学。1923年，他曾提出同山东地方绅商拟办曲阜大学，但后来未能如愿。因此，他决定自办学院，培养弟子。1926年春天，他终于开办了天游学院，院址就造在上海愚园路一百九十四号自家宅院游存庐临街的一幢两层楼房里。他自任院长并兼主讲，聘龙泽厚为教务长兼讲经学，聘阮鉴光授日文及伦理学，罗安讲授英文，况夔生讲授词曲。总务由王志渊充当。能进入此学院的学员必须有一定的学问基础。

《天游学院简章》由康有为亲自编定，他首先确定学院的宗旨，规定学院的宗旨是研究天地人物之理，为天下国家身心之用。学制采用书院制，致师弟之亲，酌情采用学校制。所开学科分五大类：（一）道学：经学、历代儒学、史学。（二）哲学：天文、地理、电学、生物、人类、人道、周秦诸子、东西洋哲学、心理、伦理、人群、灵魂、鬼神、大同。（三）文学：散文、骈文、诗、词、曲、书、画。（四）政学：政治、宪法、理财、教育、列国。（五）外国文：英文、法文、德文、日文。学生有正规生和特别生之分，正规生入学需通过考试，先入预科学习，后升本科，年限前一后二，共读三年。但对那些好学之士，又不能依规定学科修业者，也可来学院随意听讲，此为特别生，不需考试。学院适当收费，

每学期学费四十元，食宿费五十元，杂费六元，共九十六元，入学前缴纳，如果中途退学，所缴费用概不退还。

从其简章来看，天游学院办学颇为正规，这也体现了康有为一丝不苟的办学风格。教室内悬挂有康有为题写的对联：

> 天下为一家，中国为一人。
> 知周乎万物，仁育乎群生。

这与康有为一贯提倡的大同思想是一致的，也反映了康有为晚年仍念念不忘大同境界。

天游学院第一期招收的学员只有十几人，其中有三人是北方人，其余的都是江、浙一带的学子。康有为每星期讲五小时的课。上半学期讲诸天，下半期则多讲文章、书法及各家杂说。在教学方法上，他注重自修，而不是课堂，认为所谓讲解者不过对学习起启发诱导的作用；主要功课在于笔记，每月布置十道论文，要求随同笔记一并送呈，康有为亲自批阅，仔细圈改，并及时发放。这种教育方法自由灵活，有助于培养学生的分析、理解能力。

康有为学识渊博，兴趣广泛，讲起课来常引经据典。讲天文，他认为："地乃日所生，而与水、金、木、火、土、天王、海王星同为绕日之游星。吾人生于星中即生于天上，为天上人。愚人不知天，只知有个人，有家庭，则可谓家人。或只有里闾族党而不知天，则可谓为乡人。进而知有郡邑而不知天，则可谓为邑人。又进而知有国土而不知天，则可谓为国人。环游世界者而不知天，则可谓为地人。"他通过望远镜里看见火星上有火山之海，便认为其他星球亦有人类，进而还推测"必亦有无量之人物、政教、风俗、礼乐、文章焉"。

讲文章，他认为："古今大文章只有二十余篇，以李斯《谏逐客书》为第一，贾谊《过秦论》第二，其次则司马相如、刘向、刘歆、谷永、杨雄、匡衡诸家敦厚典雅，皆含经义。"康有为评选文章眼光极高。但在讲书时，他却并不注重文法、章句，往往是讲着讲着就出乎本题之外，海阔天空地漫谈起来。

讲史学，他以《史记》、《两汉书》为主。以《资治通鉴》为编年史籍例。他要求学生必通读《史通》、《通考》、《职官》、《地理》诸书。若通晓边陲风情，则参考《朔方备乘》、《蒙古游牧记》、《藩部要略》、《卫藏志》等。康有为一生读书勤奋，涉猎又广，对中国典籍知之甚多。

讲书法，则他尤其要求以泰山《经石峪》为榜书。他在游泰山时，在经石峪观碑，曾长久驻足，不忍离去。因此，在讲学中，他常以此碑为例。其他如《石门铭》、《郑文公》等，也是他讲学的蓝本。他常对弟子说："写字须先摹碑，五日一换；能摹百碑，即可拔群绝俗。若欲成家，则镕铸古今，截长去短，得其神似，而不取其形貌。"康有为的书法艺术思想是难能可贵的，也正因为理论上的独到见解，使他的书法技艺也颇有成就。

康有为才高志大，好高骛远。晚年讲学，也常盛气凌人。一天，他在讲堂大声说："有人谓我不能为骈体文，然我并非不能，实不愿为。少时读六朝文，皆能背诵。今日请诸君戏出一题，余在讲室口述，诸君笔记，不经窜改，即可成骈体一篇。"他确实有点自负，但也的确有才学。然而他讲学的内容很多在当时都比较陈旧，一些政治主张都早已过时，如宣传君主立宪和虚君共和理论。这在当时，与历史的脚步不相协调，这表明了他的政治思想已经落后于时代的发展了。但是，他的教育活动是值得肯定的。他不顾年迈体弱，年近古稀，还登坛讲学，精神尤为可佳，他献身教育的精神永远值得我们尊敬。

泉城济南是一座风景优美的古城，自古以来就为文人骚客所讴歌，因其地理位置重要，成为古往今来改造中国的思想家关注的对象。1923 年的盛夏，草木繁茂，大地一派欣欣向荣，康有为满怀兴致地来到古城济南游玩。

他来到城里，只见"家家泉水，户户垂杨"，果然是个好地方。剪子巷的石板缝隙里汩汩地冒出清澈的泉水，在青石板上哗哗流过。人在水中走，泉在石上流，比起江南风景，别有一番情趣。

济南有三大旅游名胜：趵突泉、大明湖、千佛山，一城尽揽山、泉、湖三色，这在中国山水优美的城市里也很少见。千佛山好似一架数十里长的巨大屏风，趵突泉日夜不息欢腾跳跃着三股泉眼，大明湖垂柳环抱、明晃晃的波平如镜，这些都曾经拨动过无数文人墨客的心弦。

大明湖与名泉相连。从趵突泉、珍珠泉、黑虎泉等流出的泉水，自南而北，穿城而过，最后汇集于大明湖。大明湖垂柳依依，水平如镜，实在令人陶醉。有数处名胜古迹位于湖上，如汇泉亭、历下亭、南丰祠、铁公祠、小沧浪亭，大量名人墨迹镶嵌其中，因此，大明湖既有自然之美，又有人文之韵，是文人雅士观光弄墨的绝好去处。

康有为乘一画舫，在大明湖上泛游。他欣赏湖光之美，时而止舟凝视湖亭之胜处。他游兴大发，登上湖心岛上的历下亭，此亭是八角重檐式建筑，古风犹存，亭门楹上高悬着杜甫的诗句：

海右此亭古，济南名士多。

游兴激起了诗兴，在情景交融中，康有为写下了《游大明湖登历下亭》的七言绝句：

城墙一角水拖蓝，画艇穿芦垂柳。

历下亭前湖水瑟，济南风景似江南。

康有为游完大明湖接着又登上千佛山，一览千佛阁。极目四望，可以看到济南城全景。他惊奇地发现，济南城位于山脉一隅，在它的北面有黄河，南面有千佛山阻隔，正为弓背之上，阴阳既误，流水之反，宅民虽居盛都邑，但发展的余地不大，所以他认为，济南应该有新的发展规划。

在济南东北方，有座名叫华不注的山耸立于此。康有为又兴致勃勃地登上此山，顿觉眼前豁然开朗，坚信此处风水绝佳。他脑海中涌现出一个大胆的设想——开发新济南。为此，他特意撰写了《新济南记》和《新济南诗》。

在《新济南记》中，他提出了开发新济南的构想。文中说：

> 然山水之美皆不如华不注也。诚宜移都会于华不注前，然今亦不必移也，但开一新济南，尤美善矣。今驰道已至黄台山，黄台桥有农林学校在焉。诚宜从黄台桥通驰道于华山前，以华山为公园，稍缀亭台，循花木，先移各学校于山前，驰道间设一公会堂，为吏士公会之所，徒酒楼女间于其间，因人情之怡乐，藉以开辟之，则游人相率而来，车马杂沓，咸愿受一廛而为氓，乃为之限定园宅之制令，宅地必方十丈以外，宅必楼，瓦必红，宅式不得同，庶几青岛之闳规美观焉。不十年，新济南必雄美冠中国都会。

康有为旅游时也不忘关心国家建设，他以拳拳之心描绘新济南的美好前景。在《新济南记》中，他勉励山东人士，希望将来能看到更加美丽富饶的济南。为此，他又作《新济南诗》一首，以此来表达对新济南的殷切期望：

宜移新济南，华山下作绘。

大开数驰道，公馆聚冠盖。

# 四、"盗经"风波

1923年4月，康有为到洛阳参加军阀吴佩孚的五十寿辰，后又畅游全国各地，十月份，他又来到洛阳。洛阳离关中很近，他想趁此游览一下关中，关中是周、秦、汉、唐故都，数千年来为中华第一文化之区，他自然是倾慕已久。他想自己既然到了洛阳，不如干脆就近到关中一游，而不必像孔子一样，西游不过秦。当时任陕西督军兼省长的是刘镇华。吴佩孚即专函刘镇华希望他照顾好康有为。

刘的思想一贯落后守旧，这一点与晚年日趋保守的康有为是一致的，而且他还好附庸风雅，便当然欢迎这位"康圣人"过秦一游。

康有为从农历十二月份开始，不顾严寒，在关中参观游览。他南游樊川、萃华山、南五台，北边到过三原县、富平县，西到醴泉县昭陵。他遍游周原古地，饱览三秦风光。作诗以抒情怀：

> 渭桥古渡水沙萦，万点空鸦落日明。
> 秦代苑官天汉像，汉时陵阙毕原晴。
> 久经历劫沧桑感，只賸高邱烟露横。
> 晚上咸阳城上望，千家云树暮笳声。

康有为精于孔孟儒学，同时对佛学也颇有研究，擅长对文物古籍版本进行鉴别。有一天，康有为由陕西佛学界人士康继尧、郑子屏等陪同参观卧龙寺，见到该寺收藏的《碛砂藏经》，惊羡不已，热心地说："如此珍宝，一定要妥为保管！"为此他建议把它影印出版，以使它能广为流传。该书当时就杂乱堆积在卧龙寺，任由虫蛀鼠咬，懂得它的佛学价值的人很少。当时康有为提议影印，佛学界许多有识之士及接待康有为的有关人员都纷纷表示赞同。具体协商此事的是万春安与卧龙寺住持静慧法师，经过商谈达成协议，并签订了合同。

当时西安没有照相制版的印刷设备，故协议规定由康有为对古经进行整理查对后运往上海印制。这样谈妥之后，就派士兵把《碛砂藏经》从卧龙寺拉到康有为的住处——中州会馆。据说在搬运途中有古经丢失，被书院一带群众拾到。因为此经在卧龙寺无人整理，保管混乱，在《碛砂藏经》中难免也夹有其他藏经，寺院僧人后来发现这种情况，大为不满，说道："合同规定只拉《碛砂藏经》，你们怎么把我们的其他经书也拉走了呢？"双方为此各执一词。外界人士闻知此事，竟纷纷鼓噪，一时闹得满城风雨。

其实，细察内情，这里边充满了新旧思潮冲突的火药味。一些具有新思想而反对康有为的人士，借此对康有为进行猛烈抨击。康有为学识渊博，见多识广，来西安后常向陪同人和地方官询问情况，如果有谁回答错误，他常以师长身份严厉训斥，毫不留情，确实给人以傲慢的感觉。时任陕西省建设厅厅长刘楚才是留美的新思潮人物，陪康有为游华清池时，康有为说："你这个建设厅长，能告诉我温泉水含的化学成分是什么吗？"刘当时还真的被难倒了，弄得十分尴尬。还有一次，康有为在游长安县兴教寺时，县长王山樵陪同，康问王："你们长安县总共有多少人口？"王即如实作答。康又问："一共有多少户？"王确实不知，在慌乱中回答的数字与人口相同，康有为即毫不留情地讽刺说："每户都只有一口人吗？"弄得这位王县长面红耳赤。康有为的这些做法，自然引起了一些地方官和文人的忌恨和不满。

还有一些乡土情感很深的正直人士，如李仪祉、杨叔吉等，听到康有为盗取陕西宝物的消息，义愤填膺，也纷纷向康有为兴师问罪。

可是，由于各种不同的原因，怀着不同目的的人凑在一起成立了"陕西保存会"，向当地的省参议长马陵甫反映这件事情。当时，共进社的进步人士、省参议员、高等法院院长绍都极力支持"保存会"的斗争，并说"不经地方政府同意就要运走地方的文物，这就属盗窃行为"，并受理了"保存会"的起诉。

除向法院起诉外，"保存会"还向西安以东沿途驻军发出呼吁，要求截留运经。实际上当时经书并未运出西安，这样做不过为了制造声势而已。另外，还找上海著名的帮会头目徐朗西出面帮忙，请他在上海制造舆论，阻止康有为"盗经"的行为。徐是陕西三原县人，也不忘乡情，在上海一家小报登启事刊漫画，攻击康有为的"盗经"行为。

康有为万万没有料到事情闹到如此地步，颇为惊慌，连连发表声明说："我们是完全按照协议合同行事，怎么叫盗呢？"并立即把运来的《碛砂藏经》归还寺院，同时废除合同。负责陪同康有为的张鹏一了解此事，曾仗义执言，站出来替康有为辩解，还专门在《新秦日报》上刊登启事辟谣。康有为这时几乎游遍了陕西名胜，当时直奉战争即将爆发，直奉双方军阀都在拼命拉拢刘镇华的势力，刘镇华这时再也无心思去附庸"康圣人"的风雅了。康有为此时辞行，也算知趣。于是刘镇华派汽车于1924年1月6日一路护送康有为出东门，匆匆离陕西去洛阳。康有为从1923年11月5日至1924年1月5日，整整在西安游览讲演了两个月的时间。康有为这一走，影印《碛砂藏经》的计划也就暂时无人问津了。

有人不禁要问：《碛砂藏经》到底有什么重要学术价值呢？众所周知，我国至今发现最早的雕版印刷品是《金刚经》卷子，刻印于868年。历史上，佛经和雕板印刷的关系十分密切，金刚经佛经在当时只是零叶的雕板印刷品。大规模的刻印藏经则始于北宋宋太祖在四川刻印的第一部大藏经《开宝藏经》。其他著名的有1080年的福州《崇宁万寿大藏经》，契丹辽政权刻印的《契丹藏经》，金政权在山西刻印的《金赵城藏经》。这几部大藏经，只有《金赵城藏经》完好地保存在北京图书馆，其余的几部或仅存残篇零卷，或已绝迹。西安卧龙寺这部《碛砂藏经》，是非常难得的稀世珍品。

《碛砂藏经》是由南宋平江府陈湖碛砂延圣院僧人善成等发起，从1231年至1322年，前后经历九十一年方才刻成。它共收佛教各种译经1521种，计6362卷，刻印精良，纸质装帧考究。这部《碛砂藏经》是研究佛学和我国造纸、印刷术的绝好材料，具有极高的历史和学术价值。

值得欣慰的是，影印《碛砂藏经》的设想在康有为去世五年后终于实现了。1931年，经朱庆澜、叶恭绰、狄葆贤、徐乃昌、蒋维乔、吴兆曾、黄翊昌等人提议，在上海发起成立"上海影印宋版藏经会"，原计划把经书运往上海照像制版印刷，但陕西有关部门不同意将此经书运出省，无奈他们只好将制版设备运到陕西，并请上海技术人员到陕西工作。那时照像机械笨重，底片不是胶片而是玻璃制品，上海至西安还没通火车，加上军阀战乱频繁，盗匪猖獗，因此费了很大周折，才把影印器材和人马运到陕西。当时在西安中山大街佛化社内，设立了"影印宋版藏经会西安办事处"，以负责影印《碛砂藏经》事宜。他们在西安工作了整整十个月，共摄制了玻璃版52142块，但仍然缺少千卷左右。后来他们在全国遍访公私藏家予以补充，主要有北京松坡图书馆藏的宋思溪本、康有为藏的元普宁本、叶恭绰藏的宋景定陆道源本、福州涌泉寺藏的元亦黑迷失本、狼山之明永乐本等。

最后出版的影印本仍然缺少十一卷，即宁字三、四、九、十卷，更字一、二、三卷，横字七、八卷，何字八、九卷。所以影印本《碛砂藏经》除二册目录外，实际为6351卷591册。由上海同孚印刷公司承印，佛学制本所装订。制本所不慎失火，第一批印成的一百五十册全部被焚毁，后来又委托韦寿记厂装订完工。从筹款到制版、印刷再到推销整个工作十分复杂艰巨，耗资324400元，印书五百部，每部售价五百二十元。理事们从筹备到发行结束，前后共召开过五十一次会议，为保护祖国的优秀文化遗产可谓是费尽心血。

这部大藏经设计精美，白连史纸质，封面为深蓝色，印刷清晰，在我国当时技术条件下，印刷这样大部头的古籍，在我国出版史上，确实是一件了不起的大事。今天宋版《碛砂藏经》得以流传幸赖这次影印之功，也幸赖康有为首谓之功。

然而，事情过去七十多年了，有些史籍专著、报章杂志，仍然对所谓康有为西安"盗经"之说纠缠不清，使南海先生蒙受不白之冤。陕西省图书馆历史文献部的高峰先生，以严肃的历史责任感，不顾年逾花甲体弱多病，进行了深入的社会调查，以可考的文献，写出了《关于康有为"盗经"》一文，以大量令人信服的事实证明"盗经之说实不必加于康有为先生"。从而揭开了牵延七十年未决的扑朔迷离的康有为西安"盗经"的谜团，还康有为爱护祖国文化典籍的历史清白。

# 五、死亡之谜

康有为到老年，对亡清的感情似乎更加浓厚。1924年10月23日，直系将领冯玉祥阵前倒戈，发动北京政变，囚禁贿选的总统曹锟，并把溥仪逐出故宫。康有为为此立即给北京当局打电报，指责冯玉祥，说这是"挟兵搜宫，何以立国"？第二年，溥仪逃到天津，住在日租界宫岛街前清陆军第八镇统制张彪的"张园"里，俨然建立了一个封建小朝廷。康有为怀念旧主圣恩，不顾自己年迈体弱，从上海一路风尘仆仆赶到天津，面见"圣上"。康一见到溥仪，立即行跪拜大礼，重温君臣旧梦，好不凄惨悲戚。

1926年秋，康有为再游北京，居于文园即二女婿罗昌的家里。在门生张伯桢和二女儿康同璧等人陪同下，他怀着悲怆的心情，先到菜市口凭吊为戊戌变法牺牲的弟弟康广仁和谭嗣同等戊戌六君子。接着来到南海会馆，他站在馆外，感慨万千，回想当年叱咤一时，如今都已成为历史的陈迹，不禁老泪纵横，久久不肯离去。为了安慰尊敬的老师，门生们连日举行宴会，席上觥筹交错，人声鼎沸，明月照席，美酒流光，康有为白发苍颜，呆坐其中，终席闷闷不乐，心境很是悲凉。张伯桢即席赋诗，康有为作诗以答，并示诸子：

> 草堂万木久萧萧，吾道何之离索遥。
> 旧学新知穷兀兀，乐天知命故嚣嚣。
> 银河雾散星辰夜，绿酒人怀今古潮。
> 华月明明光可掇，超观各自上丹霄。

1927年仲春，在康有为七十大寿的前一天，徐勤的儿子徐良从天津专程赶到上海康家，送来了一幅匾额上有溥仪亲笔题写的"岳峙渊清"四个大字，并送上玉如意一柄，为康有为贺寿，这又勾起了康有为一片忠君之情。他一口气写了1181字的谢恩折，折中回顾自己一生，叙述戊戌变法的历史，表达他受先皇重用，感恩戴德之情，对溥仪的笼络表示："永戴高天厚地之恩，以心肝奉至尊，愿效坠露轻尘之报。"并让书记杜长钦用小楷清缮，石印一千份，分赠每位祝寿贺客。康有为在清朝已被推翻十六年的时候写此折，和废帝溥仪仍藕断丝连，自称老臣，感谢圣恩，这暴露了康有为身中封建主义流毒之深，同时也必然为人民所鄙弃。

1927年3月8日是康有为七十寿辰，原来准备在济南祝寿，后来改变计划在上海摆宴。前往祝寿的有梁启超等门生和亲属。梁启超当时在清华大学任教，亲撰一篇寿文和一副寿联，并用恭笔正楷写在寿屏上，情文并茂，被传诵一时。其寿联集汉贤成语，俊语星驰，文彩斐然，表达了学生对老师的衷心爱戴之情：

> 述先圣之玄意，整百家之不齐，入此岁来已七十矣。
> 奉觞豆于国叟，致欢忻于春酒，亲授业者盖三千焉。

康有为在他过最后一个生日时，已感到身体不适。当时北伐军正已横扫长江流域，前锋逼近上海。他似乎不愿看到北伐军的胜利，穿上前清的礼服，拍摄了在上海的最后一张照片，然后于3月18日乘轮船离沪去了青岛。后来据康同璧回忆说："先君去沪时，亲自检点遗稿，并将礼服携带。临行，巡视园中殆遍，且曰，'我与上海缘尽矣！'以其相片分赠工友，以作纪念，若预知永别者焉。"

3月21日，康有为抵达青岛，住在他的别墅天游园里。他在青岛仍续上海庆寿余波，在朋友吕振文公馆宴请宾客。一连多日的劳累，使康有为感到周身不适。3月29日晚，一位广东同乡在英记酒楼宴请康有为，席间，康有为突然觉得腹部剧痛，被人抬回天游园。当天夜里，呕吐不止，先后请两位医生诊治过，其中一位日本医生诊断为食物中毒。经过治疗，第二天稍有好转，并能接待来客。不料到了夜间，病情复又加剧，于3月31日在天游园溘然长逝，享年七十岁。康有为女儿康同环回忆说："康有为卒前挣扎痛苦，七窍都有血渍，当然是中毒的现象。不过所谓食物中毒，可能是酒楼的食物不洁所致，未必是因为政治斗争而牺牲的。"关于康有为的死，众说纷纭，到底是何种原因，至今仍是一个不解之"谜"。

康有为的逝世，完全出乎人们的意料，以至他的妻妾子女大多不在身旁，门人弟子也都远在千里之外。当梁启超等弟子闻此噩耗后，悲痛不已。4月17日，梁启超牵头联合康门弟子在位于北京宣武城南的畿辅先哲祠举行公祭。弟子们身穿素服，怀念先师生前教诲，禁不住失声痛哭。梁启超含泪宣读了祭文《公祭康南海先生文》。文中这样说道："吾师受特达之知，奋草茅以陟庙堂。上书痛哭，前席慷慨，谓瓜分迫于目睫，非维新无以自强。帝遽动容，举国将从，緊百日之施设，实宏远而周详……虽骤起而卒蹶，后有作新中国史者，终不得不以戊戌为第一章。"对于复辟一役，也颇有申述："复辟之役，世以多此为师诉病，虽我小子亦不敢曲从而漫应。虽然丈夫立身，各有本末，师之所以自处者，岂曰不得其正……宁冒天下之大不韪，而毅然行吾心之所以自靖。斯正吾师之所以大过人，抑亦人纪之所攸托命。任少年之喜谤，今盖棺而论定。"梁启超的祭文在肯定康有为的历史功绩的同时，也委婉地批评了他的过失。这是对康有为的一生比较公

正的评价。

由于康有为的子女及弟子们大多不在身边，所以操办他的丧事的任务便落到了青岛市市长赵祺、友人吕振文等人的肩上。他们把康有为的灵柩暂厝于他生前选好的青岛李村象耳山墓地。原先准备将灵柩迁往河北清西陵，葬于光绪帝的陵墓旁，以使君臣相伴于另一个世界。可是，由于经费没着落，只好作罢。因此，康墓前直到两年后才树立起墓碑，碑中间有吕振文书写大字"南海康先生之墓"。碑的背面刻有吕振文写的碑文，对康有为的生平和逝世经过作了简单介绍。

康有为逝世时的葬礼比较简单。十六年之后，万国道德会和康门子弟、亲友，又将康有为墓修整营造一番，并于1943年11月17日举行隆重的公葬典礼，有数千人参加，这也是对康有为的最好祭奠。修整后的康墓，焕然一新，引来无数旅游者和观光客。之后凡是到青岛旅游的人，基本上都来康墓前凭吊。人们没有忘记这位叱咤一时的维新领袖。

康有为的一生，是不平凡的一生，是奔波坎坷的一生。刘海粟大师在九十高龄时撰写的《南海康公墓志铭》，书法精湛，情深谊长，对康有为的一生给予了新时代的评价，激荡着近代维新运动历史的回声，正是对他一生的真实写照：

> 公讳有为，原名祖诒，字广厦，号长素，戊戌后易号更生，广东南海人也。公十九岁时乡试不第，即慨然以天下为己任。光绪十四年伏阙上书，不得达。十七年撰《新学伪经考》，二十年入京会试，遭弹劾，书被焚而名益彰。次年，中日马关订约，天下鞶鞶，公深耻之，与弟子梁启超合各省举人上书拒和议，世称"公车上书"。值会试榜发，成进士，授工部主事，辞不就。返粤讲学于万木草堂，撰《孔子改制考》。二十三年公复赴京。明年岁首，李鸿章、翁同龢等延晤于总理衙门，公纵论变法维新之宜，众莫能难。翁以公言之奏，德宗下诏陛见。变法诏下，倡君主立宪，忤西太后那拉氏，又为袁世凯所卖，谭嗣同等六君子死焉。公亡命海外十有六年，三周环瀛，经三十二国，行六十万里，撰《大同书》诸作。辛亥后丁母忧归国，在沪创天游书（学）院，自号天游化人。公博学善文，擅诗书，精鉴赏；力主革新，然军阀横行，志不得酬，郁郁终于青岛。公生于咸丰戊午，卒于民国丁卯，享年七十。公墓毁于丙午，今得青岛市人民政府重修，背山临海，肃穆壮观。铭曰：公生南海，归之黄海。吾从公兮上海，吾铭公兮历沧海。文章功业，彪炳千载！